智能网联汽车研究与开发丛书

智能网联汽车测试与评价技术

组　编	中国汽车技术研究中心有限公司			
主　编	秦孔建	吴志新	陈　虹	
副主编	熊　璐	应朝阳	朱　冰	赵祥模　李功清
参　编	陈君毅	邢星宇	马依宁	范志翔　秦征骁
	程　晨	严慈磊	张培兴	孙宇航　雷　鹏
	申静峰	王润民	朱　宇	闵海根　徐志刚
	张志强	李晴宇	邓　堃	石　娟　张晋崇
	王霁宇	贺可勋	方熙宇	张宏伟　张　通
	王　宇	叶　枫	窦汝鹏	吴飞燕　赵肖龙
	张起朋	武丹丹	孙文军	杨智博
主　审	李德毅			

机械工业出版社

《智能网联汽车测试与评价技术》基于对智能网联汽车测试评价技术的深入研究与分析，从智能网联汽车概述、系统功能仿真测试、关键零部件测试、整车测试、信息安全测试、功能安全测试 6 方面系统介绍了智能网联汽车的测试技术及评价方法，提供了现阶段较为完整的测试链条的技术解析和特点分析；同时，针对系统级和整车级的评价给出了成体系的评价方法及相应的评价指标。本书由中国汽车技术研究中心有限公司联合同济大学教授陈虹等共同编写，由中国工程院院士李德毅主审。

《智能网联汽车测试与评价技术》对汽车及零部件企业开展设计验证、产品测试，以及相关政府主管机构研究制定标准具备较高的参考价值，对汽车及零部件企业科研工作者、检测认证行业从业人员及高等院校相关专业学生也有较大参考作用。

图书在版编目（CIP）数据

智能网联汽车测试与评价技术/中国汽车技术研究中心有限公司组编；秦孔建，吴志新，陈虹主编. —北京：机械工业出版社，2021.9（2023.3 重印）
（智能网联汽车研究与开发丛书）
ISBN 978-7-111-69409-0

Ⅰ.①智⋯ Ⅱ.①中⋯ ②秦⋯ ③吴⋯ ④陈⋯ Ⅲ.①汽车-智能通信网-测试②汽车-智能通信网-评价 Ⅳ.①U463.67

中国版本图书馆 CIP 数据核字（2021）第 213097 号

机械工业出版社（北京市百万庄大街 22 号 邮政编码 100037）
策划编辑：母云红 责任编辑：母云红 王 婕
责任校对：张亚楠 封面设计：鞠 杨
责任印制：李 昂
北京中科印刷有限公司印刷
2023 年 3 月第 1 版第 2 次印刷
169mm×239mm・18.75 印张・342 千字
标准书号：ISBN 978-7-111-69409-0
定价：159.00 元

电话服务	网络服务		
客服电话：010-88361066	机 工 官 网：	www.cmpbook.com	
010-88379833	机 工 官 博：	weibo.com/cmp1952	
010-68326294	金 书 网：	www.golden-book.com	
封底无防伪标均为盗版	机工教育服务网：	www.cmpedu.com	

编委会

主　任　李德毅

副主任　周　华　余卓平　王　兆　邓伟文　付志坚

委　员　马依宁　王长园　王润民　王霁宇　方熙宇
　　　　　邓　堃　石　娟　叶　枫　邢星宇　朱　宇
　　　　　刘传龙　孙　航　孙宇航　严慈磊　杨智博
　　　　　吴飞燕　张天雷　张志强　张晋崇　张培兴
　　　　　陈君毅　陈晓东　范志翔　罗　蕾　郑英东
　　　　　赵志成　姜国凯　贺可勋　秦征骁　徐志刚
　　　　　郭魁元　雷　鹏　窦汝鹏

序 / FOREWORD

　　智能网联汽车作为各国新一轮产业布局的必争之地及全球汽车产业发展的战略制高点，涉及汽车工程、交通工程、通信工程、电子工程、互联网、物联网、人工智能等多个行业及技术领域。随着智能网联汽车的快速发展，传统的汽车产业链、技术链被打破，产业边界日趋模糊，随之带来了对标准法规制定、检测认证技术升级的迫切需求和全方位挑战。

　　我们欣喜地看到，包括本书的研究在内，国家、地方、行业、企业、高校等各方已经积极行动起来，正在不断探索和寻求解决智能网联汽车落地所面临的难点和问题。智能网联汽车的落地和高质量持续发展，不仅依靠政府的政策支撑，根本还在产品的技术和质量水平提升上。智能网联汽车必须经过科学系统的测试与评价验证，这已经成为行业共识，并且该项事业在行业的共同努力下正沿着正确的方向前进。

　　由中国汽车技术研究中心有限公司牵头组建的以陈虹教授为首席科学家的研究团队，围绕国家重大战略需求、依托国家重点研发计划"新能源汽车专项"，联合国内20余家智能网联汽车测试与评价领域优势单位，开展了为期四年的联合攻关。项目团队以"瞄一流，补空白"的原则，在智能网联汽车测试与评价共性技术、智能网联汽车全链测试工具、智能网联汽车测试与评价体系三个方面取得了重大突破，填补了智能网联汽车测试与评价理论、适用于中国路况的测试场景库建设、复杂气象条件模拟测试技术等多项国内空白，实现了我国智能网联汽车测试与评价技术的跨越式发展。

　　这本书从原理、方法、技术、设备应用等方面全面、系统、科学地梳理了项目团队的研究，介绍了智能网联汽车测试与评价领域所取得的最新研究成果；以实用性为指导原则，从智能网联汽车产业现状、仿真测试技术、关键零部件测试技术、整车测试技术、信息安全测试技术、功能安全测试技术以及智能网联汽车的测试评价体系七个方面，详细阐述了智能网联汽车测试与评价的理论基础、技术创新和工程实践。相信该书能够成为广大智能网联汽车领域科技工作者和大专院校学生的良师益友，并对行业的技术进步、产品质量提升具有重要的促进推动作用。

祝智能网联汽车测试与评价事业的发展在大家的共同努力下，不断取得更丰硕的成果！

中国工程院院士

前 言 / PREFACE

　　智能网联汽车产业融合汽车、人工智能、信息通信等多个高新技术产业，具有产业深度融合、技术体系复杂、价值链长、市场规模大等特点，是汽车产业发展的战略方向。发展智能网联汽车是实现创新驱动发展战略的重要抓手，是我国汽车产业实现换道超车的重要历史机遇。智能网联汽车多产业、多技术融合的特点，决定了任何单一行业都难以完全承担其发展需求，也决定了原有汽车行业的相关制度及研发方法难以满足技术发展要求。这就需要统筹监管、整合资源、打破原有产业链结构，通过多部门、多行业协调，推进产业政策、法律标准、检测验证技术的更新，才能推进智能网联汽车产业的创新发展。智能网联汽车技术的进步与测试评价体系的发展相辅相成，测试与评价体系的建设与发展将有力推动智能网联汽车的落地和量产化。科学合理的测试评价体系可以全面检验智能网联汽车各方面的性能表现，在产品的设计、研发、测试与认证各个环节发挥重要作用。因此，开展智能网联汽车测试评价技术的研究，对于助推智能网联汽车产业健康快速发展有不可忽视的重要意义。

　　为了推动我国智能网联汽车的健康发展，提高产品的安全性、成熟度，加快智能网联汽车的商用落地，中国汽车技术研究中心有限公司（以下简称中汽中心）在科技部国家重点研发计划项目的支持下，联合22家国内智能网联汽车测试评价领域优势单位，组建了以中汽中心为牵头单位、同济大学陈虹教授为首席专家的研究团队。团队依托国家重点研发计划"新能源汽车专项"项目"自动驾驶电动汽车测试与评价技术"，针对智能网联汽车的测试评价技术开展了扎实的基础研究和工程技术开发。

　　本书系统总结了团队科研工作所取得的成果，从智能网联汽车概述、系统功能仿真测试、关键零部件测试、整车测试、信息安全测试、功能安全测试6方面系统介绍了智能网联汽车的测试技术及评价方法，提供了现阶段较为完整的测试链条技术解析和特点分析；同时，针对系统级和整车级的评价给出了成体系的评价方法及推荐的评价指标。本书对企业开展设计验证、产品测试，以及相关政府主管机构研制标准具备较高的参考价值，对企业科研工作者、检测认证行业从业人员及高等院校相关专业学生也有较大参考作用和学习价值。

  本书由秦孔建、吴志新、陈虹担任主编，熊璐、应朝阳、朱冰、赵祥模、李功清担任副主编。参与编写的还有陈君毅、邢星宇、马依宁、范志翔、秦征骁、程晨、严慈磊、张培兴、孙宇航、雷鹏、申静峰、王润民、朱宇、闵海根、徐志刚、张志强、李晴宇、邓堃、石娟、张晋崇、王霁宇、贺可勋、方熙宇、张宏伟、张通、王宇、叶枫、窦汝鹏、吴飞燕、赵肖龙、张起朋、武丹丹、孙文军、杨智博。在编写过程中，围绕相关理论与方法，中国工程院院士李德毅给予了非常专业的指导和帮助。本书同时也得到了科技部的大力支持。在此，对给予本书关心和支持的所有专家学者、配套企业、国家和地方政府等单位和组织表示特别感谢！

  尽管参与本书编写的作者都是在相关领域具有多年研究的学者和工程师，但由于智能网联汽车技术仍处于飞速的创新发展过程中，所以本书的内容并不能涵盖所有知识。在此希望广大读者能够用批判的态度和创新的眼光阅读本书，并为本书的不断更新和持续完善提出建议。

  希望本书的出版能够对提升行业整体技术水平有所帮助，为我国智能网联汽车技术和产业的高速健康发展尽微薄之力。

编　者

目录 / CONTENTS

序
前言

第1章 智能网联汽车概述 / 1

1.1 智能网联汽车概况 / 1
    1.1.1 智能网联汽车的基本概念 / 1
    1.1.2 智能网联汽车国内外发展历程 / 2
    1.1.3 智能网联汽车的关键技术 / 6
    1.1.4 智能网联汽车的主要特点 / 9

1.2 智能网联汽车的测试评价 / 10
    1.2.1 智能网联汽车测试与评价的意义和必要性 / 10
    1.2.2 智能网联汽车测试与评价技术的体系理论 / 11

1.3 本章小结 / 12

参考文献 / 12

第2章 智能网联汽车的系统功能仿真测试 / 13

2.1 测试场景库 / 13
    2.1.1 测试场景 / 14
    2.1.2 测试场景构建 / 18
    2.1.3 测试场景库的应用 / 32

2.2 基于软件在环的智能网联汽车仿真测试 / 35
    2.2.1 测试环境模型 / 35
    2.2.2 整车模型 / 37
    2.2.3 环境感知系统模型 / 40
    2.2.4 Panosim 仿真测试应用 / 42
    2.2.5 软件在环虚拟仿真测试技术 / 45

2.3 基于硬件在环的智能网联汽车仿真测试 / 48
    2.3.1 环境感知系统的硬件在环测试 / 48
    2.3.2 控制执行系统的硬件在环测试 / 55

2.4 本章小结 / 64

参考文献 / 64

第3章 智能网联汽车关键零部件测试 / 66
- 3.1 毫米波雷达 / 66
  - 3.1.1 产业现状 / 66
  - 3.1.2 毫米波雷达技术简介 / 66
  - 3.1.3 毫米波雷达测试 / 67
- 3.2 激光雷达性能测试 / 74
  - 3.2.1 激光雷达发展历程 / 74
  - 3.2.2 激光雷达传感技术的定义及分类 / 74
  - 3.2.3 激光雷达传感技术的工作原理 / 76
  - 3.2.4 激光雷达传感技术的特点 / 77
  - 3.2.5 激光雷达性能测试 / 77
- 3.3 车载摄像头的测试 / 77
  - 3.3.1 车载摄像头发展现状 / 78
  - 3.3.2 车载摄像头相关标准 / 78
  - 3.3.3 车载摄像头测试 / 78
- 3.4 定位模块性能测试 / 81
  - 3.4.1 车辆高精度定位系统简介 / 81
  - 3.4.2 导航定位国内外标准情况 / 85
  - 3.4.3 定位性能测试 / 85
  - 3.4.4 精度定位技术发展方向探讨 / 88
- 3.5 车载通信终端 / 88
  - 3.5.1 蓝牙、Wi-Fi性能测试 / 89
  - 3.5.2 基于LTE-V2X的车载信息交互系统性能测试 / 96
- 3.6 电子不停车收费系统 / 106
  - 3.6.1 产业现状 / 106
  - 3.6.2 工作原理 / 107
  - 3.6.3 标准及政策现状 / 109
  - 3.6.4 ETC OBU测试 / 110
- 3.7 本章小结 / 119

参考文献 / 119

第4章 智能网联汽车的整车测试 / 120
- 4.1 整车硬件在环测试 / 120
  - 4.1.1 封闭场地整车硬件在环测试 / 120

4.1.2 转鼓平台整车硬件在环测试 / 123
4.1.3 整车硬件在环测试的意义 / 125
4.2 封闭测试场地的构建 / 126
　4.2.1 封闭测试场地的场景柔性构建 / 127
　4.2.2 封闭测试场地的道路环境设计 / 131
　4.2.3 封闭测试场地的气象条件模拟 / 139
　4.2.4 封闭测试场地的V2X路侧系统 / 157
4.3 封闭测试场地的测试 / 164
　4.3.1 封闭测试场地的测试项目 / 165
　4.3.2 封闭测试的测试仪器 / 167
　4.3.3 封闭测试的测试方法 / 176
4.4 开放道路测试 / 196
　4.4.1 开放道路测试概述 / 197
　4.4.2 开放道路测试的测试设备 / 202
　4.4.3 开放道路测试的测试方法 / 204
4.5 本章小结 / 215
参考文献 / 215

第5章 智能网联汽车的信息安全测试 / 219

5.1 智能网联汽车信息安全概述 / 219
　5.1.1 基于统计分析的入侵检测方法 / 222
　5.1.2 基于预定义规则的入侵检测方法 / 222
5.2 智能网联汽车信息安全威胁分析 / 222
　5.2.1 终端层安全风险 / 223
　5.2.2 传输通道安全风险 / 225
　5.2.3 云平台安全威胁 / 226
5.3 智能网联汽车信息安全关键技术 / 226
　5.3.1 汽车安全技术 / 226
　5.3.2 移动终端安全技术 / 228
　5.3.3 通信网络安全技术 / 228
　5.3.4 信息服务平台安全技术 / 228
　5.3.5 数据安全保护技术 / 229
5.4 智能网联汽车信息安全测试方法 / 230
　5.4.1 符合性测试 / 230
　5.4.2 渗透测试 / 230
5.5 智能网联汽车信息安全评价方法 / 230

        5.5.1　赋权方法调查　/　230
        5.5.2　层次分析法基本原理　/　231
    5.6　本章小结　/　232
    参考文献　/　232

第6章　智能网联汽车的功能安全测试　/　**234**
    6.1　功能安全概念阶段　/　235
        6.1.1　相关项定义　/　235
        6.1.2　危害分析和风险评估　/　235
        6.1.3　功能安全概念　/　236
    6.2　ALKS 的功能安全分析　/　237
        6.2.1　相关项定义　/　237
        6.2.2　HARA 分析　/　237
        6.2.3　安全目标　/　239
    6.3　ALKS 的功能安全测试准备　/　239
        6.3.1　测试内容和目的　/　239
        6.3.2　测试准备　/　240
    6.4　ALKS 的功能安全测试　/　240
        6.4.1　测试场景　/　240
        6.4.2　测试步骤　/　245
    6.5　本章小结　/　245
    参考文献　/　246

第7章　智能网联汽车系统级和整车级评价方法　/　**247**
    7.1　系统级评价方法　/　247
    7.2　整车级评价方法　/　257
        7.2.1　智能网联汽车整车评价国内外研究现状　/　257
        7.2.2　智能网联汽车评价目的及意义　/　260
        7.2.3　智能网联汽车评价方法流程分析　/　260
        7.2.4　智能网联汽车评价指标框架　/　261
        7.2.5　安全性评价　/　263
        7.2.6　舒适性评价　/　274
        7.2.7　能效评价　/　278
        7.2.8　SAW 智能度评价　/　279
    7.3　本章小结　/　286
    参考文献　/　286

第1章
智能网联汽车概述

随着汽车在世界范围内的保有量与日俱增,交通安全、交通拥堵等问题也日益突出。世界卫生组织(WHO)2016年的统计结果显示,全年道路交通事故中的死亡人数约为135万。道路交通事故带来的损失占大部分国家国内生产总值的近3%,道路交通伤害是5~29岁儿童和年轻人的主要死亡原因之一。在交通拥堵方面,以中国为例,截至2019年6月,汽车数量超过100万辆的城市有60个,在繁忙市区约有75%的道路会出现高峰时段交通拥堵。尽管各大城市近些年来不断加强基础设施建设,大量建设高架路、快速路等,旨在改善交通状况,但我国大城市的交通容量仍普遍较低,并且道路发展速度难以满足日益增长的交通需要。智能网联汽车(Intelligent Connected Vehicle, ICV)技术的提出为上述问题提供了新的解决思路和方法,并逐渐得到世界各国的重视。2019年,国家发展和改革委员会(以下简称国家发改委)、科学技术部、工业和信息化部(以下简称工信部)联合发布的《汽车产业中长期发展规划》,明确将智能网联汽车技术作为汽车产业发展的重点突破领域。

1.1 智能网联汽车概况

智能网联汽车将车联网与智能汽车有机结合,是目前汽车工业界和学术领域研究的热点之一,涵盖了机械、控制、信号处理、模式识别、人工智能和计算机技术等多学科领域。智能网联汽车具备环境感知、决策规划、协同控制等功能,同时融合现代网络与通信技术,是一个集多项功能于一体的综合智能系统。在当今世界范围内新一轮科技革命和产业变革方兴未艾之际,智能网联汽车面临巨大的应用需求,拥有广阔的发展前景,已成为全球汽车产业发展的重要战略方向。

1.1.1 智能网联汽车的基本概念

智能网联汽车是智能汽车和车联网的融合产物,因此其概念包含了智能化和网联化两方面的含义。广义的智能汽车包含配备驾驶辅助系统的汽车、自动驾驶汽车，或其他具备一定智能功能的汽车（如配备智能座舱的汽车等），一般搭载先进的车载传感器、控制器等，能实现车辆的智能控制；网联汽车则主要指具备与网络连接和通信功能的汽车，如车联网、车路协同等功能应用，能实现车与X（人、车、路、后台等，即V2X）的信息交换与共享。随着人工智能、移动互联网、大数据及云计算等技术的发展，以及产业界的不断实践探索，汽车智能化与网联化融合逐渐成为共识。

就技术手段而言，智能网联汽车主要涉及智能驾驶技术和车联网技术。具体而言，智能驾驶汽车是在传统汽车基础上增加智能软硬件系统，如环境感知系统、决策规划系统和控制执行系统等，获取车辆运行环境中的人、车、路等信息，通过车辆运算单元的计算和处理进行行为和路径规划，并控制车辆到达目的地。智能驾驶汽车的自动化水平根据自动化系统在执行动态驾驶任务中的角色分配，以及有无设计运行条件限制等要素，可以划分为6个级别，见表1-1。

车联网技术主要依托无线通信等技术，实现车与车（V2V）、车与路（V2R）、车与人（V2P）、车与路面基础设施（V2I）等的全方位网络连接和信息交互。基于车联网技术的智能网联汽车可以发送、收集并处理其他交通参与者、基础设施和云端的动态信息，例如，基于车车通信可以实现货车队列行驶、特殊车辆通过提醒、车辆故障提醒等；基于车路通信实现交通信号灯智能控制、绿波通行、道路限速提醒等；利用云端管控平台，接入车、路、人等信息，进一步实现交通智能化管理。

表1-1 驾驶自动化等级与划分要素的关系

分级	名称	车辆横向和纵向运动控制	目标和时间探测与响应	动态驾驶任务接管	设计运行条件
0级	应急辅助	驾驶员	驾驶员及系统	驾驶员	有限制
1级	部分驾驶辅助	驾驶员及系统	驾驶员及系统	驾驶员	有限制
2级	组合驾驶辅助	系统	驾驶员及系统	驾驶员	有限制
3级	有条件自动驾驶	系统	系统	动态驾驶任务接管用户（接管后成为驾驶员）	有限制
4级	高度自动驾驶	系统	系统	系统	有限制
5级	完全自动驾驶	系统	系统	系统	无限制①

① 排除商业和法规因素等限制。

1.1.2 智能网联汽车国内外发展历程

在智能网联汽车的发展进程中，美国、欧盟、日本等发达国家和组织起步较早，在智能驾驶汽车领域布局耕耘多年；中国虽起步较晚，但有很强的后发优势，且更加注重智能化与网联化的深度融合。按照智能网联汽车所涉及的智能驾驶技术和车联网技术，国内外智能网联汽车发展历程也主要以上述两个方向为主。

1.1.2.1 国外智能网联汽车发展历程

1. 智能驾驶技术发展历程

（1）探索阶段

1925年8月，人类历史上第一辆有证可查的无人驾驶汽车正式亮相。来自美国陆军的电子工程师Francis P. Houdina坐在一辆用无线电操控前车的汽车上。这辆组合式的汽车通过后车发射无线电波来控制前车的转向盘、离合器、制动器等部件。1956年，通用正式对外展出了Firebird Ⅱ概念车，这是世界上第一辆配备了汽车安全及自动导航系统的概念车。1961年，美国斯坦福大学制造的Stanford Cart可以利用摄像头和早期的人工智能系统来绕过障碍物，但移动速度极慢，每移动1m需要20min。探索阶段代表性无人驾驶系统如图1-1所示。

图1-1 探索阶段代表性无人驾驶系统

（2）发展阶段

20世纪七八十年代，来自德国慕尼黑联邦国防军大学的航空航天教授Ernst Dickmanns开创了一系列"动态视觉计算"的研究项目，成功地开发出多辆自动驾驶汽车原型。1984年，美国国防部高级研究计划局（DARPA）与陆军合作，发起自主地面车辆（ALV）计划。自1986年开始，美国卡内基·梅隆大学研制了NavLab系列智能车辆。1987年，奔驰公司与慕尼黑联邦国防军大学一起推出无人驾驶车VaMoRs。1998年，意大利帕尔马大学视觉实验室VisLab的ARGO项目进行了长距离无人驾驶试验，试验中94%的路程是通过自动驾驶行驶的。DARPA于2004—2007年举办了3届DARPA无人驾驶挑战赛，在一定程度上推动了无人驾驶技术的快速发展。

（3）蓬勃阶段

2009年，谷歌在DARPA的支持下，开始了自己的无人驾驶汽车研发项目。2015年，第一辆原型汽车正式亮相，并且可以正式上路测试。同年，法国的EasyMile无人驾驶公交车EZ10投入运营，EZ10通过全球定位系统（GPS）、摄像头、雷达等感应位置和障碍，乘客通过手机 App 就能轻松查阅当前公交车位置并呼唤其停车。同年，福特 Fusion 迎来了无人驾驶汽车的载客"首秀"，梅赛德斯-奔驰发布超现实 F015 概念无人驾驶车辆。2018 年 8 月，日本致力于无人驾驶技术的 ZMP 公司和大型出租车企业"日之丸交通"在东京都内进行供普通乘客使用的无人驾驶出租车试运行。2019 年 12 月，Nuro.ai 在美国休斯敦地区与沃尔玛开展无人配送合作。2020 年 3 月，Waymo 公布了其第五代自动驾驶测试车 Waymo Driver。Nuro 无人驾驶配送车如图 1-2 所示。

图 1-2　Nuro 无人驾驶配送车

2. 车联网技术发展历程

在车联网方面，世界各国都已经将 V2X 无线通信技术发展看作是未来技术创新、产业培育和交通运输服务变革的重要方向。

早在 1992 年，美国就出台了《智能车-高速路系统战略规划》（*Intelligent Vehicle-Highway System Strategic Plan*），明确规定智能车-高速路系统的 7 大领域和 29 个用户服务功能。1995 年，美国运输部与美国智能交通协会（ITS America）联合编制了《美国国家 ITS 项目规划》，详细阐述了包含智能交通系统（ITS）的推进目标、投资决策、基础设施、用户服务等内容的引导性政策，并制订了具体研究计划。1998 年，美国政府颁布《面向 21 世纪的运输平衡法案》（*Transportation Equity Act for the 21st Century*，TEA-21），从立法的角度宣布了工作重点由 ITS 研究开发转为 ITS 基础设施建设与集成，美国 ITS 的发展正式进入实际应用阶段。

2010 年，美国发布《智能交通系统战略规划 2010—2015》（*ITS Strategic Plan 2010—2015*），从国家战略角度明确大力发展网联汽车，并于 2015 年继续发布《智能交通系统战略规划 2015—2019》（*ITS Strategic Plan 2015—2019*），将汽车智能化和网联化作为双重发展战略，重点推进智能汽车的安全性应用研究、移动性应用研究、政策研究、智能网联技术研究和示范工程研究。

2017 年 10 月，福特、诺基亚、AT&T 和高通宣布开展美国首个 C-V2X 试验项目；2018 年 6 月，福特、松下、高通以及加利福尼亚州的科罗纳多交通局宣布商用 C-V2X 技术取得突破。

欧洲各国也大力推动车联网技术的发展。2010 年，欧盟委员会制定的《ITS 发展行动规划》是欧盟范围内第一个协调部署 ITS 的法律基础性文件。2014 年，欧盟委员会启动"Horizon 2020"项目，推进智能网联汽车研发。2015 年，欧盟委员会发布《GEAR 2030 战略》，重点关注高度自动化和网联化驾驶领域等技术的推进与合作。2016年，欧盟委员会通过"合作式智能交通系统战略"，旨在推进2019年在欧盟成员国范围内部署协同式智能交通系统（C-ITS）服务，实现V2V、V2I等网联式信息服务。2018年5月，欧盟委员会发布《通往自动化出行之路：欧盟未来出行战略》，明确到2020年在高速公路上实现自动驾驶、2030年进入完全自动驾驶社会的目标。

2019年，欧盟委员会再次出台新规，计划全面在欧洲道路上部署协同式智能交通系统。新规的出台是实现车联网，即车辆间通信技术的一个重要阶段。从2019年开始，在欧盟范围内的车辆、交通标识和高速公路将配备智能化技术，以便与所有交通参与方实现信息共享。欧盟连续多年组织开展基于ETSI ITS-G5的Plugtest技术试验，欧洲5GAA联盟联合汽车业和电信业共同推动C-V2X的技术成熟和产业化。

1.1.2.2 中国智能网联汽车发展历程

1. 智能驾驶技术发展历程

（1）探索阶段

清华大学在国防科学技术工业委员会和国家"863计划"的资助下，从1988年开始研究开发THMR系列智能车，THMR-V智能车能够实现结构化道路环境下的车道线自动跟踪。"八五"期间，由北京理工大学、国防科技大学等5家单位联合成功研制了ATB-1（Autonomous Test Bed-1）无人车，这是我国第一辆能够自主行驶的测试样车，其行驶速度可以达到21km/h。2009年，首届中国"智能车未来挑战赛"在西安举行，几年里共吸引了南京理工大学、陆军军事交通学院、陆军装甲兵学院、北京理工大学、武汉大学、湖南大学、西安交通大学、上海交通大学、同济大学、厦门理工学院、国防科技大学、清华大学、长安大学等多家研究单位的数十辆无人驾驶车辆先后参加该项比赛。"智能车未来挑战赛"与美国国防部高级研究计划局（DARPA）在2004年开始举办的"机器车挑战大赛"（Grand Challenge）一样，在很大程度上促进了无人驾驶技术的发展。

（2）蓬勃阶段

2012年，陆军军事交通学院的"军交猛狮Ⅲ号"实现了以无人驾驶状态行驶114km，最高速度可达105km/h。2015年12月，百度无人驾驶汽车完成北京开放高速路的自动驾驶测试。在2016年4月的北京车展上，北汽集团展示了其基于EU260打造的无人驾驶汽车，其搭载的无人驾驶感知与控制设备大部分都实现了国产化采购，目的是为未来的量产打基础。2017年百度发布阿波罗（Apollo）计划，未来将向合作伙伴提供开放、完整、安全的自动驾驶软件平台。2018年5月，宇通客车在其2018年新能源全系产品发布会上宣布，已具备面向高速结构化道路和园区开放通勤道路的L4级自动驾驶能力。2019年8月，上汽红岩5G智能重卡在上海洋山深水港成功首秀，完成了全球首次 5G+AI 智能化港区作业任务，并在进口博览会期间在深水港物流园、东海大桥、洋山码头的开放道路完成集装箱智能转运工作。

2020 年 3 月 6 日，上汽通用五菱对外宣布，以宝骏新能源无人物流车作为运输载体，率先基于宝骏基地厂区建成了一条无人驾驶物流线路。2020 年 4 月 20 日，百度 Robotaxi 上线百度地图及智能 App Dutaxi，向长沙市民全面开放试乘服务，运营范围约 130km^2。上汽红岩 5G 智能重卡如图 1-3 所示。

图 1-3　上汽红岩 5G 智能重卡

2. 车联网技术发展历程

国内始终注重车联网技术的发展。在标准化方面，国内 LTE-V2X 标准体系建设和核心标准规范也基本建设完成，包括总体技术要求、空中接口技术要求、安全技术要求以及网络层与应用层技术要求等各部分。在产品研发方面，我国已建成全球最大的 4G 网络，并初步形成了覆盖 LTE-V2X 系统、芯片、终端的产业链。在应用示范方面，工信部、交通运输部从车联网、车路协同不同角度积极推动国家示范区建设；无锡建成世界首个车联网（LTE-V2X）城市级开放道路示范样板，为跨行业产业协同营造有利条件；上海支持开展了世界首个跨通信模组、终端设备、整车厂商的"三跨"互联互通应用展示，验证了中国 V2X 标准的全协议栈有效性。在测试验证方面，IMT-2020 5G 推进组 C-V2X 工作组协同跨行业各方完成了实验室和小规模外场环境下的 LTE-V2X 端到端通信功能、性能和互操作测试，为大规模应用示范和商用部署奠定了基础。

1.1.3　智能网联汽车的关键技术

1.1.3.1　环境感知技术

环境感知作为智能汽车的关键技术之一，其获得的环境信息是智能网联汽车决策与规划的输入条件，是智能网联汽车完成行驶任务的基础。环境信息主要以车辆行驶的动静态环境为主，包括道路、交通标志、车辆、行人等要素。

针对行驶场景信息的获取，按照感知信息的方式不同，主要可以分为基于主动式传感器和基于被动式传感器的环境感知技术。主动式传感器的典型代表包括毫米波雷达和激光雷达等。毫米波雷达通过发射毫米波（探测信号）并探测回波（反射信号）来获得被测对象的相关信息；激光雷达则采用激光作为辐射源，测量收发激光的时间间隔实现距离探测。被动式传感器主要以视觉传感器为主，通过感知外部环境对光线的反射来获得环境图像。

环境感知的各类传感器提供硬件基础，同时需要运行在处理器上的环境感知与认知算法，才能够实现环境信息的感知与识别。基于视觉传感器的认知算法，通过图像处理，采用支持向量机、深度神经网络等方法可以从图像中提取和识别特征，进一步实现语义分割、对象识别与跟踪、态势识别等不同深度层次的环境信息获取，作为决策系统的依据。

借助多种传感器的信息融合技术和深度学习技术，环境感知系统能够提供更准确、更丰富的环境信息；随着传感器技术和计算机技术的不断发展，环境感知技术将逐步从对象级别的感知认知，向场景全局的态势理解与预测方向发展，从而更好地满足智能驾驶的需要。

1.1.3.2 决策规划技术

决策规划系统在智能网联汽车中处于信息处理的中心位置。它接收并处理感知系统获取的环境信息，进行行为决策和运动规划，之后发送指令信息至运动控制模块。因此，决策规划系统在智能网联汽车信息传递与处理的过程中占据非常重要的地位。

决策功能系统是智能驾驶系统的"大脑"，需要在复杂环境中，融合多种环境信息，选择最优的驾驶行为和行驶路径，以保证行驶安全性，并满足其他各行驶性能的要求。目前主要有两类决策模型。①基于规则的行为决策模型，例如，将行驶行为划分为有限个状态，根据行驶规则、知识、经验等建立行为规则库，实时依据环境信息进行行为规则匹配，从而确定车辆当前状态和行驶行为。②基于机器学习的决策模型，如模仿学习的决策方法，直接模仿专家并根据专家数据学习从状态到规则的映射；如基于强化学习的决策模型，通过与环境的不断交互，进行迭代学习，获得最优的动作策略。

规划是指根据环境信息、车辆实时位姿和行为决策指令，考虑交通规则和道路边界，以及车辆运动学和动力学约束，实时规划车辆运动轨迹，并将轨迹发送至底层控制系统。规划功能主要包括全局规划和实时局部规划两方面。全局规划是在道路网络的数字地图上进行从起点到目的地的路线规划；局部规划则是在全局规划的基础上，考虑与周围交通参与者的交互，生成具备安全性、舒适性和鲁棒性的轨迹。

1.1.3.3 运动控制技术

车辆的运动控制系统根据决策规划系统的输出和实时车辆行驶状态来控制底盘执行器的操作，使车辆稳定、平滑、精确地跟踪期望轨迹。运动控制分为纵向控制和侧向控制，其性能表现直接影响车辆行驶安全和用户体验。

纵向运动控制主要是指通过对驱动和制动执行器的协调，实现对期望车速或期望距离的精确跟随。这类控制问题可归结为对驱动电机、发动机、传动和制动系统的控制。纵向控制通常会采用分层控制结构，控制方法主要包括比例积分微分（PID）控制、滑模控制、模型预测控制等。

侧向运动控制是指对转向执行器以及直接横摆力矩的控制，在保证车辆稳定性的前提下实现侧向位移跟踪误差收敛，使行驶路径趋近期望路径。

1.1.3.4 定位导航技术

对于智能网联车辆来说，确定自身在道路上的具体位置是自动驾驶的基础。在地理位置信息的获取中，根据工作原理可将定位信息获取的方法分为三大类：①以全球卫星导航系统（Global Navigation Satellite System，GNSS）为代表的基于信号的定位；②利用惯性导航、轮速传感器等，通过轨迹推算方式的定位；③以激光雷达、相机为传感器，采用同步定位与建图（Simultaneous Localization and Mapping，SLAM）技术的基于地标的定位方法。

全球卫星导航系统具有全球性、全天候、实时性的优点，使得其在导航领域占据了重要地位。同时，其也有不可忽视的缺点，如自主性和可靠性差、易于受各种环境因素的影响等。惯性导航技术广泛用于各个领域，有着极强的独立性和可靠性。惯性导航在短时间内精度比较高，但由于误差积累，长时间工作精度不高，这也限制了惯性导航的应用。基于地标的定位技术则根据视觉或者激光雷达的感知数据，与数据库中的特征匹配，确定车辆本体的位姿。

由于各种定位系统均有一定的使用局限性，故而组合导航技术已成为研究重点方向。

1.1.3.5 无线通信技术

无线通信技术是利用电磁波信号可以在自由空间中传播的特性进行信息交换的一种通信方式。在车联网产业中，无线通信技术主要包括基于LTE移动通信技术演进形成的LTE-V2X/LTE-eV2X技术以及基于5G NR平滑演进形成的NR-V2X技术。无线通信技术可将人、车、路、云交通参与要素有机地联系在一起，一方面可以支持车辆获得比单车智能更多的信息，如解决非视距感知或易受恶劣环境影响等问题；另一方面能够支持构建智慧交通体系，通过车-路-云的融合，实现车辆优先级管理、交通优化控制等应用。

1.1.3.6 信息处理技术

信息处理技术主要包含信息融合以及信息安全两方面内容。智能网联汽车采集和传输的信息种类多、数量大，必须采用信息融合技术才能保障实时性和准确性。信息融合是指在一定准则下利用计算机技术对多源信息分析和综合以实现不同应用的分类任务而进行的处理过程，主要用于对多源传感器所获取的信息进行采集、传输、分析和综合，将不同数据源在时间和空间上的冗余或互补信息依据某种准则进行组合，产生出完整、准确、及时、有效的综合信息。

智能网联汽车接入网络的同时，会引发信息安全等问题，因此，信息安全技术在车辆间信息传播的过程中举足轻重。信息安全技术是指保证己方正常获取、传递、处理和利用信息，而不被无权享用的他方获取和利用己方信息的一系列技术的统称，主要由信息保密技术、信息确认技术和网络控制作用三部分组成。分层密钥管理和身份认证技术是现阶段车联网解决信息安全的重要突破口之一。

1.1.4　智能网联汽车的主要特点

智能网联汽车是智能驾驶与车联网技术深度融合形成的汽车交通发展新方向。其所涉及的不同领域技术形成的综合特点，集中体现为系统组成及架构的复杂性，依赖人工智能、传感器技术的智能性，以及与基础设施和交通参与者互联互通的互联性。

1. 复杂性

智能网联汽车的复杂性，一方面体现在系统组成的复杂性。智能网联汽车包含环境感知、决策规划、控制执行、网联通信等多个子系统，各个子系统涉及不同的技术领域，包含大量软硬件模块和部件，任何子系统都缺一不可，方可实现智能网联汽车的多种功能。复杂性的另一方面体现在系统架构的复杂性。由于智能网联汽车所涉及的物理网络系统组成的复杂性，为了保证功能的实现以及安全性，系统架构也趋于复杂化，尤其涉及系统冗余、信息安全等问题，使得构建安全可靠的智能网联汽车系统架构非常困难，需要进行大量的测试与验证工作。

2. 智能性

智能性是智能网联汽车的显著特点之一。具体表现为车辆具备代替人类执行动态驾驶任务的能力。不同自动化等级的智能驾驶车辆虽然智能性有所差别，但总体而言，智能驾驶汽车具备对复杂环境的感知、认知甚至综合理解能力，并能够根据对行驶场景的理解和评估做出判断决策，并最终控制车辆按照期望的路线行驶。而由于智能网联汽车在环境感知、量化计算和评估、精确控制以及数据接入和存储方面的优势，其感知能力、计算能力及控制能力等方面具备优于人类驾驶员的巨大潜力。在合理的安全性、舒适性、经济性指标引导下，智能网联汽车将能更好地发挥其智能性特点，满足人类多样的交通出行需求。

3. 互联性

互联性是智能网联汽车的另一个显著特征，也是其区别于一般智能驾驶车辆的重要特点。依托无线通信技术，智能网联汽车可以与交通基础设施、周围车辆和行人等建立数据联系，从而大大扩展自车的感知边界和算力限制，实现基于路侧传感器的超视距环境感知、基于边缘云计算和中心云计算的群体决策与控制等车路协同应用。在云平台、路侧单元（包括路侧感知、边缘云计算、路侧通信）以及高可靠低时延通信技术的支持下，智能网联汽车能够与道路、其他车辆和行人互联互通，成为有机系统，共享感知信息、行驶数据、交通数据等，大大提高交通系统的安全性和效率。

总而言之，智能网联汽车可以提供更安全、更高效、更舒适、更节能的驾驶方式和交通出行综合解决方案，是城市智能交通系统的重要组成部分，是构建绿色汽车社会的核心要素，其意义不仅在于汽车产品与技术的升级，更有可能带来汽车以及相关产业全业态和价值链体系的重塑。

1.2　智能网联汽车的测试评价

一套科学完善的测试方法和评价体系，可以支持智能网联汽车在开发阶段和认证阶段的测试和评估需要，为系统的开发迭代提供技术手段，为车辆的上路认证提供依据。有效的测试方法与评价体系，是支持智能网联汽车技术发展的重要基础。

1.2.1　智能网联汽车测试与评价的意义和必要性

智能网联汽车技术的进步与测试评价体系的发展相辅相成，测试与评价体系的建设与发展将有力推动智能网联汽车的落地和量产化。科学合理的测试评价体系可以全面检验智能网联汽车各方面的性能表现，在产品的设计、研发、测试与认证各个环节发挥重要作用。

智能网联汽车的测试与评价包括测试和评价两方面内容。从测试角度来讲，完善有效的测试技术是智能网联技术进步的重要支撑，是验证系统功能有效性、可靠性的重要手段，是迭代优化系统不可或缺的基础条件。一方面，就车辆本身而言，智能网联汽车是一个多软硬件系统耦合的、高度集成的复杂系统，其是否能够正常运行并达到预期功能和性能，需要经历系统性的测试过程；另一方面，就车辆运行的环境条件而言，是复杂多样且充满不确定性的，即使车辆系统能够良好运行，但在不同场景下是否能够正确理解场景并执行安全的驾驶动作仍需要反复测试。由于车辆的安全高度相关属性，不充分的测试将带来无法控制的潜在风险，对车辆乘员、交通参与者和整个交通体系造成损害。因此，建立健全的测试技术非常重要且必要。

从评价角度讲，科学的评价体系是引导系统和功能设计、促进技术良性发展的重要方向。一方面，评价体系是工程师、用户、监管部门等对其价值评判的提炼和系统性表达，体现了人们对于智能网联汽车在安全性、舒适性、经济性、友好性等各方面的需求、偏好和目标，在上述评价体系的引导下，才有可能以合理的投入开发符合需求的产品。另一方面，评价体系也是产品功能和性能的综合展现，便于不同智能网联汽车的比较，对系统开发形成有益反馈。总体而言，评价体系的建立对智能网联汽车的发展有着正向促进和推动作用，从而加速智能网联汽车的迭代更新。

1.2.2 智能网联汽车测试与评价技术的体系理论

在智能网联汽车技术的发展过程中，完善的测试和评价体系是支撑研发的有力保障，是加速智能网联汽车落地的基础。本节分别对测试和评价两方面的体系理论进行阐述。

就测试而言，智能网联汽车的复杂性决定了对其进行测试的复杂性。面对这样的复杂性，需要建立完善的测试体系，既要满足不同产品阶段的测试需求，还需尽可能降低人力、物力、财力成本，做到有的放矢，提高测试效率。

在对智能网联汽车进行测试时，应根据产品不同的研发周期，采取分阶段多级测试方法，以满足测试需求。测试技术的多级体系主要由基于虚拟环境的软硬件在环仿真测试、基于半虚拟环境的整车在环测试以及基于受控试验场的实车测试和开放道路测试等环节组成。在实际测试过程中，需要针对智能网联汽车不同研发阶段特点，匹配合适的测试方法。在智能网联汽车的开发初期，测试对象主要以智能网联汽车的子模块和子系统为主，如环境感知传感器测试和决策规划算法测试等。这些测试主要通过构建纯虚拟仿真场景的软硬件在环仿真测试工具实现，其主要特点是测试灵活性强、测试场景覆盖范围广；当产品模块和子系统研发逐渐成熟，具备试验原型车测试条件时，测试的重点就应该由分散转向集中，更多地关注车辆集成系统的整体表现。这时，主要通过基于半虚拟的整车在环测试，或在真实受控场地中的实车测试继续对车辆系统进行测试。该类测试方法的特点是提供了最接近真实道路交通环境和网络通信环境的测试条件，并能够以较低的安全风险开展测试；在整个测试的最后阶段，智能网联车辆必须要经过开放道路的测试，以完全真实的交通环境全面测试车辆的整体性能水平。

就评价而言，由于智能网联汽车整车集成系统是一个多系统耦合的复杂系统，这一特性决定了对其评价应该包括从系统到整车的完整评价，并形成全面、规范、科学的多维评价体系。

多维综合评价体系的本质是基于不同评价方法，从多个维度对车辆进行评价，并将评价结果通过一定的数学方法融合成一个或多个综合评价指标，使得被评价对象的相关属性可量化评估，进而使得多个评价对象之间具有可比性。对于整车来说，评价的维度既应涵盖传统车辆的基础性能，如安全性、经济性、动力性、操控性和平顺性等方面内容，也应逐渐包括智能网联汽车在驾驶能力方面的表现，如行驶智能性、车内人员的驾乘舒适性，以及融入既有交通系统的能力等维度。

对于系统级评价，需要针对不同系统的技术特点制订合适的评价维度和指标，如感知系统侧重于对传感器的感知精度和范围、可靠性等性能的评价，决策控制系统则更侧重于对算法鲁棒性、实时性等性能方面的评价。最后，从系统到整体的多维评价体系中的不同指标需要融合为一个或多个量化的综合评价指标，用于不同被测对象间的横向比较。

1.3　本章小结

本章分别从智能网联汽车的含义、国内外发展历程、关键技术和主要特点等方面对智能网联汽车进行了基本概述，其中关键技术和主要特点分别围绕"智能性"和"网联性"两方面内容展开阐释。接下来，提出测试与评价在智能网联汽车发展过程中的重要意义和必要性。最后，基于智能网联汽车的开发流程概括了测试方法的体系理论，从智能网联汽车的系统到整体两方面介绍了评价技术的体系理论。总体而言，科学健全的测试评价理论体系可加速智能网联汽车的发展和落地进程。

参 考 文 献

［1］国家发展和改革委员会. 智能汽车创新发展战略［Z］. 2020.
［2］戴一凡，李克强. 智能网联汽车发展现状与趋势分析［J］. 汽车制造业，2015（18）：14-17.
［3］SAE On-Road Automated Vehicle Standards Committee. Taxonomy and definitions for terms related to driving automation systems for on-road motor vehicles［Z］. 2018.
［4］工业和信息化部. 汽车驾驶自动化分级［Z］. 2020.
［5］工业和信息化部，公安部，国家标准化管理委员会. 国家车联网产业标准体系建设指南［Z］. 2020.
［6］刘天洋，余卓平，熊璐，等. 智能网联汽车试验场发展现状与建设建议［J］. 汽车技术，2017（1）：7-11，32.
［7］陈慧岩，熊光明，龚建伟，等. 无人驾驶汽车概论［M］. 北京：北京理工大学出版社，2014.
［8］陈君毅，李如冰，邢星宇，等. 自动驾驶车辆智能性评价研究综述［J］. 同济大学学报（自然科学版），2019，47（12）：1785-1790，1824.

第2章
智能网联汽车的系统功能仿真测试

随着智能网联汽车技术及产业在全球范围内的快速发展,部分企业已经开发出具备有条件自动驾驶(L3级别以上)的汽车产品。当前,行业正处在加速发展阶段,智能网联汽车的技术及性能将在短期内不断突破。作为集环境感知、决策、规划与控制等多项功能于一体的综合智能系统,智能网联汽车的运行环境复杂多样、驾驶任务动态多变。因此,对智能网联汽车进行测试评价时,其对象及维度纷繁复杂,特别是其自动驾驶功能的测试评价对象已经从传统汽车的人、车二元独立系统变为"人-车-环境-任务"强耦合系统,传统的测试手段无法满足对自动驾驶功能的测试与验证的需求。有数据显示,智能网联汽车的自动驾驶功能最少需进行 2.4 亿 km 的测试且没有事故发生,才能证明其系统安全性不低于人类驾驶员。基于虚拟场景的仿真测试技术配置灵活、测试效率高、重复性强且过程安全,测试成本低,可实现自动测试和加速测试,节省了大量的人力物力。因此,仿真测试技术作为智能网联汽车的自动驾驶功能测试验证的重要一环,已得到业内的广泛认可。

2.1 测试场景库

测试场景是真实驾驶场景的凝练与升华,测试场景库则是测试场景的数字化集合。对智能网联汽车测试而言,测试场景库是支撑自动驾驶功能应用及其测试评价的核心要素与关键技术,大量应用于仿真测试。由于智能化水平不断提高,智能网联汽车要应对的场景呈现出数量几何增长和复杂程度提升这两方面的特点:首先,场景数量增长方面,从高级驾驶辅助系统(ADAS)只需满足特定场景下的功能要求,扩展到有条件的自动驾驶(L3)或高度自动驾驶(L4)、完全自动驾驶(L5)系统等需要满足各类场景的功能需求,致使用于智能网联汽车的自动驾驶功能测试与验证的场景数量以几何级数增加;其次,场景复杂程度提升方面,随着自动驾驶功能水平的提升,从较为封闭的高速公路辅助驾驶向开放的城市交通环境自动驾驶发展，致使测试场景包含的要素种类和数量增加。此外，由于基于里程测试的方法带来的高成本和低效率等问题，也必须利用测试场景库进行针对性的测试和验证，降低里程测试的测试量。综上，不难看出对于智能网联汽车的测试，测试场景库是至关重要的基石。

2.1.1　测试场景

2.1.1.1　测试场景的含义

"场景（Scenario）"一词来自于拉丁语，最初的意思为舞台剧；现多指戏剧和电影中的场面，或泛指生活中的特定情景。针对特定的研究领域，"场景"一词的含义存在一定差异。例如，在经济学领域，场景通常被定义为"对未来的描述"；在交互设计领域，场景被定义为"关于人们进行活动的简单故事"。

在驾驶领域，场景被认为是一定时间和空间范围内行驶环境与驾驶行为的综合反映，它描述了外部场地、道路、气象和交通设施以及车辆自身的驾驶任务和状态等信息，而服务于特定测试目的的场景则被称为测试场景。测试场景可以帮助人们把特定的测试对象放置在具体的情况下进行研究和测试，用于评价并推动完善车辆的有关功能性能。

对于智能网联汽车的自动驾驶功能测试场景，往往描述的是某类或某个行驶环境，以及被测车辆在上述行驶环境中的任务。具体来讲，行驶环境描述了基本的交通环境情况和交通参与者状态及其行动，能够呈现或反映真实世界中交通情景的发生环境以及发生过程；被测车辆的目标及行为描述了被测车辆在上述行驶环境下，需要完成的任务或预期完成的任务。上述两部分共同组成了某个或某类特定测试场景。在测试场景中，可以对被测车辆的特定功能在行驶环境下的表现进行考查和分析。

一个完整的测试场景往往可以从时间与空间两种维度进行描述，包含一定时间和空间范围内的交通行驶环境以及被测车辆的测试任务。测试场景具有动态要素，其反映的是一个动态过程，有一定的时间跨度。同时，测试场景的所有要素被布置在一定空间尺度的环境下。需要说明的是，时间和空间尺度的大小主要是依据测试任务而确定的。对于时间尺度而言，紧急避障场景，一般持续数秒；而对于跟车行驶场景，则可能持续数分钟甚至数小时。对于空间尺度而言，测试场景可能包含一段道路或者数条道路组成的路网。

在对测试场景进行描述时，通过不同的视角观察将得到不同的数据信息。当前，测试场景视角可分为主观（第三方）、直接、间接三类。首先，主观（第三方）视角是研发人员或场景设计者的视角，该视角下能够获得最为完整的场景信息，类似于一种"上帝视角"，主要用于测试人员构建测试场景以及测试结果的评价。其次，直接视角是被测车辆视角，该视角下的场景信息是不完整的。智能网联汽车主要通过车载传感器、通信设备等获取周围行驶环境和交通参与者的信息，因此这些信息的范围有限，且存在一定误差。该视角是车辆在实际行驶过程中的视角，是分析行驶环境和驾驶任务的重要视角。最后，间接视角是其他交通参与者视角，与被测车辆视角类似，该视角下的场景信息也是不完整的，从该视角出发可以对被测车辆的交通协调性等行为进行评价。

总体来说，通过测试场景可对智能网联汽车的自动驾驶功能性能进行测试、验证或评价。由于开发人员需要通过测试评价得到预期的反馈结论，所以应用测试场景必须有明确的测试目的，可包含预期的行为、性能要求等。测试人员可通过被测车辆在测试场景中的表现对车辆进行验证和评价，从而将预期的指标或结论反馈至开发人员。需要说明的是，对于智能网联汽车的自动驾驶功能测试场景，其来源应该是全方位的交通场景，涵盖高速公路、城市道路、国省道路、乡村道路等各种交通环境。为形成测试场景，可以通过分析和筛选已有的各类交通场景数据获得测试场景；或者根据测试需求，通过相关理论知识和经验，构建能够反映真实交通场景的测试场景。

2.1.1.2 测试场景要素

一个完整的测试场景通常由若干要素组成，包括交通、环境、行为等。德国的 pegasus 项目将真实驾驶场景定义为六个层次，包含静态的道路、准静态的道路附属设施、准动态的道路临时变更、动态对象，以及环境、信息。真实驾驶场景是智能网联汽车的自动驾驶功能测试场景的来源之一，其包含了提炼测试场景需要的所有要素信息，将真实驾驶场景中的要素按照可变程度和变化频率进行划分，可形成用于组成测试场景所需的各类要素与层次模型。

结合各测试场景要素间的功能性与耦合关系，对于智能网联汽车的自动驾驶功能测试场景而言，其要素可分为四类：①一定空间范围内的行驶环境；②环境中的交通参与者及其初始状态；③一定时间范围内的交通参与者行为以及行驶环境的动态变化；④被测车辆及其初始状态、目标和行为。综上，前三类要素可构成交通行驶情景；最后一类要素将构成被测车辆测试任务。

对于一定空间范围内的行驶环境，最重要的项目之一是具有特定几何形状的道路环境，如具有出入口的高速公路、乡村道路或十字路口。其具有所需的细节信息，如道路线形、车道的数量和尺寸、人行道设置情况等。其他环境信息还可以包含行车道的状态、交通标志、交通灯的位置以及静态障碍物、测试场景中的光照条件、测试日期与采集时间、环境温度与湿度、天气情况、方向与城市信息以及地理信息等。

对于交通参与者及其状态，应包含除被测车辆外的所有交通参与者，如机动车、非机动车、行人等。所有这些动态元素都具有预定义的条件，指示其初始位置、速度以及各实体之间的关系。未将被测车辆包含在内的主要原因是其行为不一定必须是预定义的。交通参与者的行动以及行驶环境的动态变化描述了一定时间范围内车辆的加减速、换道、超车、转向等行为，行人、动态障碍物的移动,以及道路状态的变化、交通信号的变化等。在测试场景中,设置上述行动和动态变化的最终目的是服务于被测车辆的测试,须对被测车辆造成影响或形成交互。

对于被测车辆及其初始状态、目标和行为,在具备完整交通行驶情景的基础上,将被测车辆置于其中,并设定车辆的初始状态、目标和行为,就形成了完整的测试场景。目标是根据测试目的设置的车辆在特定情况下的预期行为或性能要求,车辆能否达成目标以及达成目标的程度,即可反映车辆功能与性能的水平。行为的设定主要是为了被测车辆参与到特定的交通行驶情景中,与环境进行交互,如跟车行驶、换道、超车等行为;或重现某些特定危险行为,如偏离车道等。对于较高级别的自动驾驶系统的功能测试,也可以不设定其具体行为而只设定目标。

2.1.1.3 测试场景的分类

产品在开发过程中有三个阶段:概念阶段、系统开发阶段和测试阶段。

概念阶段对项目进行定义,并进行危险分析和风险评估。定义包括功能定义、系统边界、操作环境、法规需求以及对其他项目的依赖关系的描述。危险分析和风险评估包括两个步骤:首先,分析出所有故障行为,并描述导致危险事件的所有操作场景,将操作场景和故障行为加以组合从而得到危险场景;其次,依据汽车安全完整性级别(ASIL)对所有危险场景进行评级。

在系统开发阶段,需要提出安全需求,描述可量化的条件。为了减少场景的数量,需要给定状态量的取值范围,或者进一步划分有效/无效的取值范围,从而明确系统边界。

测试阶段,为了生成测试用例的输入数据,必须从指定场景的连续参数范围中选择离散参数值,通过不同的测试方法(如模拟或场地测试),确定用于执行基于场景的测试用例所需的所有参数,导出参数化场景作为被测系统的一致输入参数,用于验证系统功能。

通过比较这三个阶段不同的场景需求,将场景抽象为三个级别:功能场景、逻辑场景、具体场景。不同场景之间的抽象等级和场景数量的关系如图2-1所示。

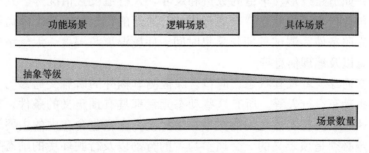

图2-1 不同场景之间的抽象等级和场景数量的关系

功能场景是最抽象层级的场景。在概念阶段，功能场景用来进行项目定义、危害分析和风险评估。功能场景是语义级别的操作场景，通过语言场景符号来描述实体和实体之间的关系。场景的表达形式应该规范一致，用来描述场景的词汇应为定义好的专用术语，可以来源于标准和法规。场景的细节内容，则取决于实际的开发阶段。例如，在高速公路上行驶时的功能场景，需要描述道路的几何结构和拓扑结构、与其他交通参与者的交互以及天气状况等；而在地下停车场行驶时的功能场景，则只需要描述建筑物的布局，不需要对天气条件进行详细描述。功能场景对于跟车的描述如图 2-2 所示。

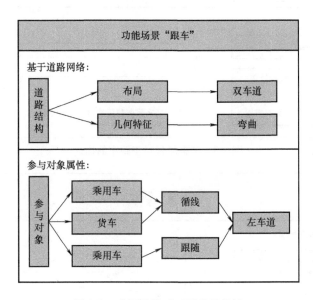

图 2-2　功能场景对于跟车的描述

逻辑场景是基于状态空间变量对功能场景的进一步描述，可以用于在项目开发阶段生成需求。由于逻辑场景通过状态空间来描述实体和实体之间的关系（如本车和前车），因此需要对状态空间的参数范围进行确定。一般采用概率分布的方式，通过收集到的信息来确定状态空间的参数范围，不同参数之间的关系可以通过一定的公式或数值来确定。逻辑场景包括了场景中能满足解决问题需求的所有要素。逻辑场景对于跟车的描述如图 2-3 所示。

具体场景，通过在逻辑场景的状态空间中选择确定的参数值来表示实体和实体之间的关系。由于逻辑场景的状态空间中的参数是连续的，因此可以通过选择离散的具体参数值来生成任意数量的具体场景。但是，为保证生成具体场景的效率，应选择有代表性的离散值进行组合，此时生成的具体场景就可以作为测试用例的基础。在之前描述的功能场景、逻辑场景和具体场景中，只有具体场景可以用来生成测试用例。具体场景对于跟车的描述如图 2-4所示。

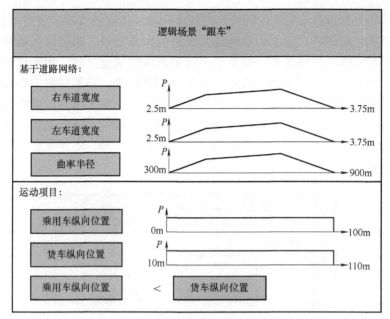

图 2-3　逻辑场景对于跟车的描述

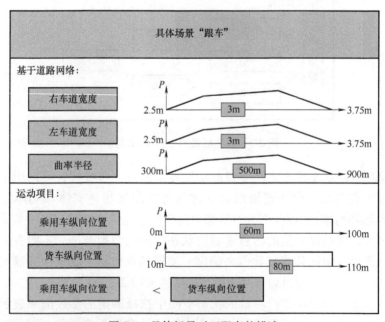

图 2-4　具体场景对于跟车的描述

2.1.2　测试场景构建

2.1.2.1　测试场景来源

为保证用于智能网联汽车测试的场景类型足够丰富、涵盖全面，需要根据需求采集海量的典型交通场景数据，研究典型场景数据的处理方法，并建立有代表性的测试场景。在这样的大背景下，世界上多个国家已着手构建自动驾驶测试场景库，欧盟的 PEGASUS、KITTI、美国 NHTSA 自动驾驶测试架构项目、加州大学伯克利分校 BDD100K，中国"昆仑计划"、百度 ApolloScape 等均致力于为智能网联汽车技术的研究和测试提供更为实用的测试场景数据资源。从测试场景构建的典型性需要上看，智能网联汽车的自动驾驶功能测试场景的来源主要有现行道路通行规则梳理与真实驾驶场景采集这两种途径。

1. 道路通行规则梳理

提炼国内现行的道路通行规则，被认为是一种基于专家经验的研究方法，即通过对法规标准与相关知识经验进行总结，进而得到具有代表性的交通情景、场景要素等信息。

为保障道路通行的有序畅通，各国都形成适用于本国特征的交通通行体系，规定了道路通行的基本要求，对交通参与者进行通行规范与制约。《中华人民共和国道路交通安全法》和《中华人民共和国道路交通安全法实施条例》规定了我国道路通行的基本方式，包括基本时速要求、礼让要求、优先通行模式等。结合此类法律法规的相关条款，以道路通行条件、道路通行规定及高速公路行驶要求为基础，可以得出智能网联汽车的自动驾驶功能所应具备的基本通行能力要求，形成对应的测试场景及评价指标，包括在不同路段、不同环境等条件下，对机动车的速度、车距等变量的要求。

结合智能网联汽车自动驾驶功能的实现，提炼法律法规中与自动驾驶功能对应的识别、决策与执行等要素。识别要素包括交通标线、信号灯、交通标志、交警指挥手势；决策要素包括超车、路口通行、故障处理、礼让与避让及停车等行为决策；执行要素包括速度、车距、方向等控制。根据《中华人民共和国道路交通安全法》和《中华人民共和国道路交通安全法实施条例》（以下简称条例），分别按照道路、行为、特殊区域等要素划分测试场景，具体见表 2-1。

表 2-1　测试场景及通行要求

序号	场景主要内容	道路交通安全法要求	关联条例
1	右侧通行	机动车、非机动车实行右侧通行	第四十八条
2	分道行驶场景	根据道路条件和通行规则，道路划分为机动车道、非机动车道和人行横道，机动车、非机动车、行人实行分道行驶。没有划分机动车道、非机动车道和人行横道的，机动车在道路中间行驶，非机动车在道路两侧通行	第四十四条

（续）

序号	场景主要内容	道路交通安全法要求	关联条例
3	专用车道通行场景	道路划分专用车道的，在专用车道内，只准许规定的车辆通行，其他车辆不得进入专用车道行驶	—
4	交通信号灯通行场景	车辆、行人应当按交通信号通行；遇有交通警察现场指挥时，应当按照交通警察的指示通行；在没有交通信号的道路上，应当在确保安全、畅通的原则下通行	第三十八~四十三条
5	通过交通管制道路场景	公安机关交通管理部门根据道路和交通流量的具体情况，可以对机动车、非机动车、行人采取疏导、限制通行、禁止通行等措施	第三十五条
6	按规定速度行驶场景	机动车在道路上行驶，不得超过限速标志标明的最高车速。在没有限速标志的路段，应当保持安全车速；夜间行驶或者在容易发生危险的路段行驶，以及遇有沙尘、冰雹、雨、雪、雾、结冰等气象时，应当降低行驶速度	第四十五、四十六、六十七条
7	禁止超车情形场景	同车道行驶的机动车，后车应当与前车保持足以采取紧急制动措施的安全距离。有下列情形之一的，不得超车：①前车正在左转弯、掉头、超车的；②与对面来车有会车可能的；③前车为执行紧急任务的警车、消防车、救护车、工程救险车的；④行经铁路道口、交叉路口、窄桥、弯道、陡坡、隧道、人行横道、市区交通流量大的路段等没有超车条件的	第四十七~五十条
8	交叉口通行规则场景	机动车通过交叉路口，应当按照交通信号灯、交通标志、交通标线或者交通警察的指挥通过；通过没有交通信号灯、交通标志、交通标线或者交通警察指挥的交叉路口时，应当减速慢行，并让行人和优先通行的车辆先行	第五十一、五十二条
9	通过拥堵路段场景	机动车遇有前方车辆停车排队等候或者缓慢行驶时，不得借道超车或者占用对面车道，不得穿插等候的车辆。在车道减少的路段、路口，或者在没有交通信号灯、交通标志、交通标线或者交通警察指挥的交叉路口遇到停车排队等候或者缓慢行驶时，机动车应当依次交替通行	第五十三条
10	避让行人场景	机动车行经人行横道时，应当减速行驶；遇行人正在通过人行横道时，应当停车让行。机动车行经没有交通信号的道路时，遇行人横过道路，应当避让	第六十七条

(续)

序号	场景主要内容	道路交通安全法要求	关联条例
11	交通事故现场场景	机动车在道路上发生故障,需要停车排除故障时,驾驶员应当立即开启危险报警闪光灯,将机动车移至不妨碍交通的地方停放;难以移动的,应当持续开启危险报警闪光灯,并在来车方向设置警告标志等措施扩大示警距离,必要时迅速报警	第六十条
12	避让特殊车辆场景	警车、消防车、救护车、工程救险车执行紧急任务时,可以使用警报器、标志灯具;在确保安全的前提下,不受行驶路线、行驶方向、行驶速度和信号灯的限制,其他车辆和行人应当让行	第六十六条
13	避让低速车辆场景	道路养护车辆、工程作业车进行作业时,在不影响过往车辆通行的前提下,其行驶路线和方向不受交通标志、标线限制,过往车辆和人员应当注意避让	第六十三条
14	停车位置选择场景	机动车应当在规定地点停放。禁止在人行道上停放机动车;但是,依照本法第三十三条规定施划的停车泊位除外。在道路上临时停车的,不得妨碍其他车辆和行人通行	—
15	避让非机动车场景	驾驶非机动车在道路上行驶应当遵守有关交通安全的规定。非机动车应当在非机动车道内行驶;在没有非机动车道的道路上,应当靠车行道的右侧行驶	第六十八~七十二条
16	避让超速非机动车场景	残疾人机动轮椅车、电动自行车在非机动车道内行驶时,最高时速不得超过15km	第七十一~七十二条
17	行人横穿道路场景	行人通过路口或者横过道路,应当走人行横道或者过街设施;通过有交通信号灯的人行横道,应当按照交通信号灯指示通行;通过没有交通信号灯、人行横道的路口,或者在没有过街设施的路段横过道路,应当在确认安全后通过	第七十五、七十六条
18	高速公路行驶场景	行人、非机动车、拖拉机、轮式专用机械车、铰接式客车、全挂拖斗车以及其他设计最高时速低于70km的机动车,不得进入高速公路。高速公路限速标志标明的最高时速不得超过120km	第七十八、八十一、八十三、八十四条
19	高速公路事故现场场景	机动车在高速公路上发生故障时,应当依照本法第五十二条的有关规定办理;但是,警告标志应当设置在故障车来车方向150m以外,车上人员应当迅速转移到右侧路肩上或者应急车道内,并且迅速报警	—

(续)

序号	场景主要内容	道路交通安全法要求	关联条例
20	通过施工道路场景	施工作业单位应当在经批准的路段和时间内施工作业,并在距离施工作业地点来车方向安全距离处设置明显的安全警示标志,采取防护措施;施工作业完毕,应当迅速清除道路上的障碍物,消除安全隐患,经道路主管部门和公安机关交通管理部门验收合格,符合通行要求后,方可恢复通行	第三十五条

2. 真实驾驶场景采集

真实驾驶场景的来源,主要包括自然驾驶数据、事故数据、路侧单元监控数据,以及驾驶员考试、智能汽车封闭试验场测试、开放道路测试中所产生的交通状态。自然驾驶数据是通过在传统汽车上加装雷达、摄像头、高精度惯性导航系统等多传感器采集平台,在车辆正常行驶的过程中,采集智能网联汽车自动驾驶功能测试场景所需的场景素材,如图2-5所示。典型的自然驾驶数据采集工况包括高速公路、城市道路、停车场等。

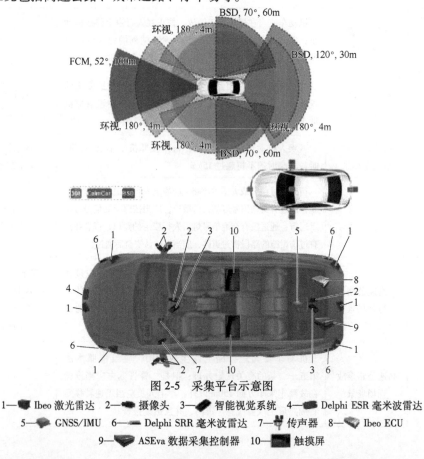

图 2-5 采集平台示意图

1——Ibeo 激光雷达 2——摄像头 3——智能视觉系统 4——Delphi ESR 毫米波雷达
5——GNSS/IMU 6——Delphi SRR 毫米波雷达 7——传声器 8——Ibeo ECU
9——ASEva 数据采集控制器 10——触摸屏

第 2 章 智能网联汽车的系统功能仿真测试

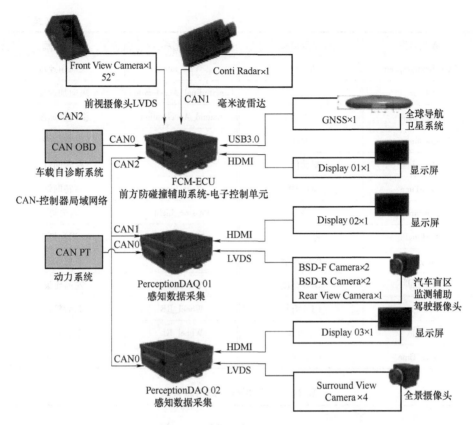

图 2-5 采集平台示意图（续）

场景采集的参数信息包括本车参数、交通目标参数、车道线参数等，典型的参数信息采集见表 2-2~表 2-4。

表 2-2 本车参数信息采集

参数名称	参数信息	参数名称	参数信息
FrameID	帧 ID，从 0 开始递增	CIPV	本车行进路径上最近目标的 ID
Indication	转向	THW	本车到目标的最小碰撞时间（使用本车速度计算）
VehicleSpeed	本车速度	RelativeTimes	相对于第 0 帧的时间
SteeringWheel	转向盘转角	DrivingScene	驾驶场景
Brake	制动力度	Accelerograph	加速踏板开度
EngineSpeed	发动机转速	Wiper	刮水器

(续)

参数名称	参数信息	参数名称	参数信息
AcceleratedSpeed	加速度	Yaw_rate	偏航角速度
Gear	档位	Longitudinal_Acceleration	纵向加速度
Mileage	里程	Lateral_Acceleration	横向加速度
OilConsumption	油耗	Whistle_Single	鸣笛信号
BrakeInfo	制动信号	Left_Light	左转向灯
DateTime	时间戳	Right_Light	右转向灯
InPark	停车	Passing_Light	近光灯
ParkingIn	停车入库	High_Light	远光灯
Longitude	GPS 经度	Wheel_FR	右前轮速
Latitude	GPS 纬度	Wheel_FL	左前轮速
Height	GPS 海拔	Wheel_RR	右后轮速
Angle	俯仰角	Wheel_RL	左后轮速
GPS_Time	GPS 时间	TMC_Pressure	主缸压力

表 2-3 交通目标参数信息采集

参 数 名 称	参 数 信 息
FrameID	帧 ID，从 0 开始递增
ObjectID	目标 ID，范围为 0~255
Class	目标类别
X	目标在图像中框的左上角 X 坐标
Y	目标在图像中框的左上角 Y 坐标
Width	目标在图像中框的宽度
Height	目标在图像中框的高度
Distance_y	目标相对于本车的纵向距离
Distance_x	目标相对于本车的横向距离
ObjectWidth	目标宽度
RelativeSpeed	目标相对于本车的速度
VehicleSpeed	目标的绝对速度
TTC	本车到该目标的碰撞时间（使用相对速度计算）

表 2-4 车道线参数信息采集

参数名称	参数信息
FrameID	帧 ID，从 0 开始递增
top_X	车道线起止点 X 坐标
top_Y	车道线起止点 Y 坐标
bottom_X	车道线起止点 X 坐标
bottom_Y	车道线起止点 Y 坐标
C0	车道线方程常数项系数
C1	车道线方程一次项系数
C2	车道线方程二次项系数
C3	车道线方程三次项系数
lanetype	车道线类型
lanecolor	车道线颜色
quality	置信度
dis_to_car	车道线到本车横向距离
line_width	车道线宽度
line_index	车道线编号
line_start_dis	车道线起始端到本车纵向距离
line_end_dis	车道线终止端到本车纵向距离

由于存在多种传感器信息，自然驾驶场景数据采集的关键是保证传感器数据之间时间、空间同步。时间同步，需要对不同传感器的数据采集周期进行同步，目前多使用 GPS、COMPASS、GLONASS 或 GALILEO 等统一时钟源设备，实现传感器数据之间的纳秒级同步；对于不同频率的传感器数据，可采用中值采样、样条差值采样等方法实现时间同步。空间同步，需要对不同传感器的坐标系进行统一，从而保证不同传感器数据在空间维度上匹配。

2.1.2.2 场景解构

通过道路通行规则梳理与真实驾驶场景采集得到的场景，包含有构建测试场景时所需的要素信息；对其进行解构的目的，在于将这些采集到的场景数据转换成测试场景的描述，包括场景中要素之间的关系以及各要素的数值参数区间。当前较为常用的解构方法为对真实采集的数据进行目标标注和场景标注，目标标注的目的是标注出场景要素的参数，比如目标车辆类型、位置、道路车道线位置等。

为了更好地提炼规则场景与真实驾驶场景中的关键要素，可通过分类的方法梳理真实场景中所包含的信息。结合测试场景的表述需求，真实场景在要素提炼时的关键信息可以大致划分为环境信息、路况信息和交通参与者信息三部分。环境信息主要包含光照与天气信息，路况信息包含道路信息、路面信息与车道信息，交通参与者信息可以分为机动车信息、非机动车信息、行人信息和本车信息四种。上述真实场景信息结构如图2-6所示。

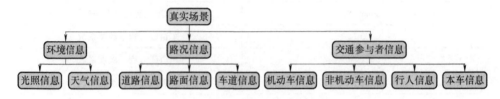

图 2-6 真实场景信息结构

1. 环境信息

环境信息状态示例见表 2-5。光照可存储当前场景的光照强度，状态有白天、傍晚/凌晨、黑夜、月夜、路灯。天气包含类型、强度、温度、风力：类型可存储当前场景的天气类型，状态有晴天、阴天、雾霾、雨、雪、沙尘、冰雹；强度可存储当前场景天气的强度，状态有弱、较弱、中等、较强、强；温度可存储当前场景的气温值，单位为℃；风力可存储当前场景的风力强度，状态有 0~3 级、4~6 级、7~9 级、9 级以上。

表 2-5 环境信息状态示例

光照状态	天气类型	天气强度	天气温度	风力强度
白天	晴天	弱	-20℃	0~3 级
傍晚/凌晨	阴天	较弱	-10℃	4~6 级
黑夜	雾霾	中等	0℃	7~9 级
月夜	雨	较强	10℃	9 级以上
路灯	雪	强	20℃	
	沙尘		30℃	
	冰雹		40℃	

2. 路况信息数据

将场景中的道路划分为路段，路段划分按照是否有坡度、是否为弯道、车道数进行，例如，平直四车道、平弯三车道等。一个场景中存在若干个路段，不同路段的路况信息各不相同，因此需要对每个路段的路况信息进行单独存储。每个路段的路况信息下都包含道路信息、路面信息与车道信息。

道路信息存储了该路段的道路形状、道路半径、道路坡度、道路长度与道路进口方向（图2-7）。道路形状的状态有环形交叉口、匝道/出入口、路段（只有两个方向的路口）、T形路口、Y形路口、错位T形路口、错位Y形路口、十字路口、斜交路口、多路路口。道路半径存储了该路段中心处的半径值，单位为m，如果为直道，其值为0。道路坡度存储了该路段的坡度值，单位为度（°）。道路长度存储了该路段的长度值，单位为m。道路进口方向的状态有北、东北、东、东南、南、西南、西、西北（表2-6）。

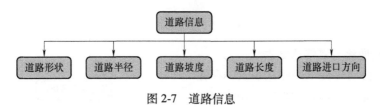

图2-7 道路信息

表2-6 道路信息状态示例

道路形状	道路半径	道路坡度	道路长度	道路进口方向
环形交叉口	50m	−10°	50m	北
匝道/出入口	60m	−8°	70m	东北
路段	70m	−6°	100m	东
T形路口	80m	−4°	120m	东南
Y形路口	90m	−2°	140m	南
错位T形路口	100m	0°	150m	西南
错位Y形路口	200m	2°	200m	西
十字路口	300m	4°	250m	西北
斜交路口	400m	6°	300m	
多路路口	500m	8°	400m	

路面信息存储了该路段的路面条件与路面结构。路面条件的状态有干燥、潮湿、积水、浸水、冰雪、泥泞。路面结构的状态有沥青、水泥、砂石、土路。一个路段中存在若干条车道，不同车道的车道信息各不相同，因此需要对每条车道的车道信息进行单独存储。每条车道的车道信息都包含车道类型、车道流向、车道宽度、标线状态与障碍物信息（图2-8）。

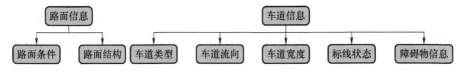

图2-8 路面信息与车道信息

一条车道中存在若干个障碍物（凹坑、凸起、抛撒物），不同障碍物的障碍物信息各不相同，因此需要对每个障碍物的障碍物信息进行单独存储。每个障碍物的障碍物信息都包含障碍物类型、障碍物大小与障碍物位置（图2-9）。

图2-9 障碍物信息

3. 交通参与者信息数据

一个自动驾驶车辆测试场景中存在若干个交通参与者，如图2-10所示，不同交通参与者的交通参与者信息各不相同，主要包含类型、颜色、运动状态等信息，因此需要对每个交通参与者的交通参与者信息进行单独存储。

图2-10 交通参与者信息

一个交通参与者在场景中可能有着若干个运动状态，在做不同的运动时有着不同的运动信息，因此需要将不同运动状态下的运动信息单独存储。每个交通参与者的运动状态都包含运动类型、速度与位置，对本车则多一个加速度（表2-7）。

表2-7 本车运动状态信息状态示例

运动类型	速度/(km/h)	位 置	加速度/(m/s²)
直行	0	所在路段编号	−1
左转弯	5	所在车道编号	−0.5
右转弯	10	偏离车道中心线距离	−0.2
超车	20	与车道起点的距离	0
变道	40		0.2
起步	80		0.5
停车	100		1

2.1.2.3 测试场景重构

进行测试场景重构前需要输入需求信息，具体分为道路类型与车辆行为，两者共同组成场景类型。针对不同的道路类型和车辆行为，通过分析两种输入类型间的约束条件，可以形成道路类型与车辆行为的耦合关系。以高速公路为例，高速公路车辆行为可划分为14类，详见表2-8。

表 2-8 高速公路车辆行为

序 号	车辆行为	行为分解	复杂度等级	备 注
1	循线行驶	纵向（直道） 横向+纵向（弯道）	1 5.2	单车行为
2	跟车行驶	纵向（直道） 横向+纵向（弯道）	2 5.5	两车交互
3	前方车辆切出	纵向	3	两车交互
4	相邻车道车辆切入	纵向	4	两车交互
5	前车紧急制动	纵向	5	两车交互
6	自由变更车道	横向+纵向	6	单车行为
7	强制变更车道	横向+纵向	7	单车行为
8	加速车道/应急车道并入主线	横向+纵向	8	单车行为
9	主线并入减速车道	横向+纵向	8	单车行为
10	超车	横向+纵向	9	两车交互
11	避让静态障碍物	横向+纵向	10	应急行为
12	避让速度冲突车辆	横向+纵向	11	应急行为
13	靠应急车道停车	横向+纵向	12	应急行为
14	避让行人	横向+纵向	13	应急行为

将上述车辆行为与道路类型进行匹配，可形成 23 类、58 种高速场景，详见表 2-9。

表 2-9 高速场景类型

序 号	道路类型	考核维度	车辆行为
1	ETC 收费站	纵向控制能力	1. 循线行驶 2. 跟车行驶
2	加速车道合流区	横向+纵向控制能力	本车从匝道并入主线
3	主线合流区至上游500m 路段	纵向控制能力横向+纵向控制能力	1. 相邻车道车辆切入 2. 他车从加速车道并入主线 3. 本车自由变更车道
4	高速公路平直路段	纵向控制能力 横向+纵向控制能力	1. 循线行驶 2. 跟车行驶 3. 相邻车道车辆切入 4. 前方车辆切出 5. 前方车辆紧急制动 6. 超车 7. 本车自由变更车道 8. 本车避让静态障碍物（落石、抛撒物） 9. 避让行人

（续）

序号	道路类型	考核维度	车辆行为
5	高速公路平曲线路段	横向+纵向控制能力	1. 跟车行驶 2. 变更车道
6	高速公路纵坡路段	纵向控制能力 横向+纵向控制能力	1. 跟车行驶 2. 避让速度冲突车辆
7	高速公路弯坡组合路段	横向+纵向控制能力	1. 跟车行驶 2. 变更车道
8	高速公路长直线-小半径平曲线衔接路段	横向+纵向控制能力	1. 跟车行驶 2. 前车紧急制动 3. 超车
9	隧道入口至上游500m道路	横向+纵向控制能力	本车强制变更车道
10	在高速公路隧道内	纵向控制能力	1. 循线行驶 2. 跟车行驶 3. 紧急制动
11	隧道出口至下游500m路段	纵向控制能力	1. 循线行驶 2. 跟车行驶
12	主线分流区至上游500m路段	纵向控制能力 横向+纵向控制能力	1. 前方车辆切出 2. 本车自由变更车道 3. 本车强制变更车道 4. 本车主线并入减速车道
13	分流区减速车道	纵向控制能力	前车紧急制动
14	高速公路服务区	其他	驶入服务区
15	高速公路主线分叉点至上游500m路段	纵向控制能力 横向+纵向控制能力	1. 前方车辆切出 2. 相邻车道车辆切入 3. 本车强制变更车道
16	高速公路交织区	纵向控制能力 横向+纵向控制能力	1. 相邻车道车辆切入 2. 本车靠应急车道停车
17	高速公路互通区	纵向控制能力	1. 循线行驶 2. 跟车行驶
18	行车道增多路段	纵向控制能力 横向+纵向控制能力	1. 前方车辆切出 2. 相邻车道车辆切入 3. 本车自由变更车道
19	行车道减少路段	横向+纵向控制能力	本车强制变更车道

(续)

序号	道路类型	考核维度	车辆行为
20	高速公路匝道	纵向控制能力 横向+纵向控制能力	1. 循线行驶 2. 跟车行驶 3. 强制变道（岔路口）
21	高速公路应急车道	横向+纵向控制能力	1. 本车强制变更车道 2. 靠应急车道停车 3. 应急车道并入主线
22	高速公路大桥	纵向控制能力 横向+纵向控制能力	1. 循线行驶 2. 强制变更车道（车道减少、道路变窄）
23	高速公路管控区域	横向+纵向控制能力	1. 本车通过施工路段变更车道 2. 本车通过事故现场变更车道 3. V2I（限速装置、信号灯）通信

每个场景类型对应一种场景生成方法。同时，根据测试环境的约束条件，可随机生成符合人类认知与测试需求的环境信息。在场景生成的过程中，将道路类型与车辆行为进行关联性分析后，可生成路况信息与所有交通参与者信息，与环境信息组合，将随机生成的测试场景数据转化为符合测试场景通用结构的标准化形式，即可形成所需的测试场景。场景重构流程如图 2-11 所示。

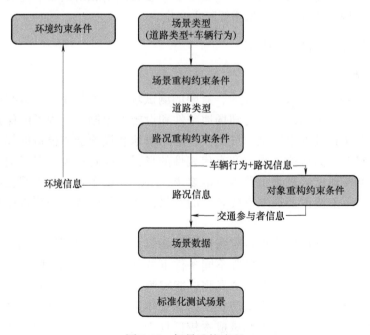

图 2-11 场景重构流程

需要注意的是，除了上述流程上的约束外，同一级别下的参数间也有着约束。以环境信息中的天气为例，从天气类型状态中随机选择一种天气类型；接着，随机生成天气强度；最后，根据天气强度、天气类型的约束生成温度与风力强度，如图 2-12 所示。例如，沙尘天的风力随机范围最小值要大于晴天的风力随机范围最小值；而且，随着天气强度的增加，风力随机范围最小值也要增加。

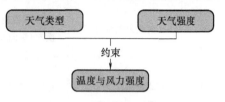

图 2-12 天气信息生成流程

同时，在测试场景重构的过程中，还需遵循分层生成的树状流程。即：先根据道路类型生成相应的路段数量，再为每个路段生成路面信息与道路信息，同时为各路段生成车道数量。确定完车道数量后，为每条车道生成车道信息，并生成车道上的障碍物数量，为每个障碍物生成信息。其后，根据车辆行为与道路类型确定当前场景下的各个交通参与者的数量，再为每个交通参与者生成信息。按照车辆行为输入，为某些特殊的交通参与者单独生成信息，调用相应的对象约束条件。例如，需要前方车辆变道时，需要调用变道信息约束条件，用于前方车辆生成符合预期的变道运动状态信息。

需要说明的是，测试场景重构时会产生不同参数的分布类型不同的问题，假设不同的子类型场景间参数独立分布，需要为每个子类型场景单独设置参数分布类型，并且需要考虑每个子类型场景中参数间的相对约束。随着某些参数的生成，其他参数的分布类型需要随之变化。

2.1.3 测试场景库的应用

2.1.3.1 应用需求分析

如图 2-13 所示，实车测试时，有限的测试场景并不能完全包含智能网联汽车的所有自动驾驶功能。在受到场地条件和设施的限制下，为了能保证智能网联汽车的基本行驶安全测试，只能在有限的场地和设施能够模拟的场景下测试车辆运行情况，力求测试重点和有代表性的场景。换句话说，实车测试主要用于保证被测车辆能够满足上路等标准要求，一般来说车辆的能力都会高于标准要求，所以一般测试要选取有代表性的场景，在有限的测试中覆盖标准等的核心要求。

虚拟仿真测试可以模拟特定条件下的场景，能够提供不同时间、道路、本车任务、交通目标、气象条件等不同条件下的交通场景模拟。同时，基于平行测试、加速测试等方法，虚拟仿真测试能够测试的场景数量比实车场地测试要多很多。因此，虚拟仿真测试需要根据场景体系对场景进行批量构建，力求做到测试没有遗漏。虚拟仿真测试成本较低且无危险性，可以对较为危险的场景进行测试，探询车辆安全性的边界。如图 2-14 所示，若圆圈为产品实际能力的参数空间，小圆点为测试用例，则小圆点应足够密且覆盖面应将圆圈包括在内，即测试用例要覆盖车辆的实际能力。

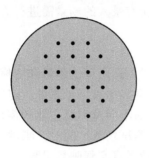

图 2-13 实车场地测试的测试场景需求

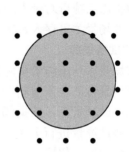

图 2-14 虚拟仿真测试的测试场景需求

2.1.3.2 测试场景数据库

依托测试场景库的数据信息，可形成具备标准格式与结构的测试场景数据库，为智能网联汽车的自动驾驶功能测试提供格式化的数据输出。2018 年度国家重点研发计划 3.2 项目"自动驾驶电动汽车测试与评价技术"开展了测试场景数据库的研究工作。本书基于该项目的研究成果简单介绍了测试场景数据库的一种构建形式。该项目中，测试场景数据库分为真实驾驶场景库、测试场景库、测试用例库 3 种类别，如图 2-15 所示。

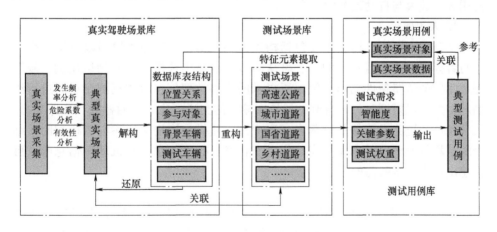

图 2-15 测试场景数据库架构

1. 真实驾驶场景库

真实驾驶场景库利用前端硬件设备采集真实场景信息，通过对场景的发生频率、危险系数、有效性进行分析，筛选和提炼出可以与测试场景关联的典型真实场景。运用测试场景解构技术，把场景分解为数据库表的形式，对场景中元素的位置关系、参与对象、背景车辆、测试车辆等进行参数拆解，并存储到真实驾驶场景库中。真实驾驶场景库的录入形式分为批量录入和表单录入两种形式，数据库系统可对录入的数据进行校验，所有录入的场景需进行人工审核，审核通过的场景才可存入真实驾驶场景库中。

2. 测试场景库

测试场景库利用场景重构技术生成测试场景，运用深度学习和图模型理论，构建测试场景特征要素分析与提取模型。结合真实驾驶场景来源，建立基于模糊匹配的测试场景库。依据场景数据标注信息的不同及测试主体的需求，可以对生成的测试场景进行分类，形成不同类别的测试场景。同时，测试场景的生成以真实驾驶场景数据为依托，数据库系统支持对真实驾驶场景数据进行修改，生成测试场景。

3. 测试用例库

测试用例库根据自动驾驶功能的智能度、关键参数、测试权重等测试需求，输出典型的测试用例，并可关联真实驾驶场景用例，提供测试用例的展示功能等。

2.1.3.3 仿真测试应用

通过测试场景库可输出标准化的测试场景结构信息，包含路况信息、车辆行为、环境条件等。依据仿真测试需求，利用 Prescan、Silab 等场景仿真软件，可构建出适用于仿真测试的对应测试场景。在仿真测试场景建模的过程中，可使用人工建模与自动建模两种方式。

1. 人工建模

基础仿真场景的构建主要包括构建道路模型、构建环境模型以及构建交通参与者模型。构建道路模型时，可从测试场景库中选择对应的测试用例，基于测试用例的道路条件输出，依据所提示的道路类型信息对仿真测试道路进行绘制。构建环境模型时，结合测试场景库输出的交通标志、交通标线、道路类型、天气条件、道路设施等关键信息，逐项进行建模。构建交通参与者模型时，结合测试场景库输出的本车信息、机动车信息、行人信息、非机动车信息等，可构建出此次测试所需的对象模型。

2. 自动建模

为实现测试场景的自动建模，需充分优化测试场景的数字化表达形式并解决数据库与其他建模软件的数据接口协议。对于数值化的场景，需记录场景初始时的状态信息，如环境、车辆、行人、交通信号灯等的状态和位置信息。对于场景过程（剧本）的描述，智能网联汽车在执行自动驾驶功能仿真测试时应能根据主要交通参与者（actor）状态的明显变化（如突然加速、转向、红灯等），将一个场景划分为不同的片段。这种划分是基于 actor 的，即每个受到智能网联汽车关注的主要交通参与者在这个场景中各自拥有独立的剧本，它们共同组成了整个场景。常见的场景数字化描述可通过 XML 代码格式设计完成。

2.2 基于软件在环的智能网联汽车仿真测试

智能网联汽车由于其横跨传统汽车电子、信息通信、人工智能等多领域，集成端-管-云多系统，耦合人-车-交通多维度，带来了功能与信息安全、环境适应性、人机相容性等新问题，传统汽车的测试方法已不能满足智能网联汽车开发和认证的需求。软件在环测试指通过传感器建模、车辆动力学仿真建模、高级图形处理、交通流仿真、数字仿真、道路建模等技术模拟车辆行驶环境，在虚拟环境中检测自动驾驶系统功能和性能的有效性及可靠性的方式，是真实路测的有效补充，可以大大提升自动驾驶测试速度，有效解决极端行驶条件下安全测试的实现问题。由于软件在环测试的仿真测试测试效率高、测试速度快、测试安全性强、测试覆盖场景丰富，所以在智能化等级不断增强的智能网联汽车测试过程中发挥着越来越重要的作用，已成为验证智能网联汽车安全性不可或缺的手段。因为模型保真度的问题，当前仿真测试尚不能完全替代道路测试，智能网联汽车的测试过程仍需虚拟世界和现实世界的紧密结合。基于软件在环测试主要包括 4 个部分的内容：测试环境模型、整车模型、环境感知系统模型、Panosim 仿真测试应用。

2.2.1 测试环境模型

构建虚拟测试环境是进行软件在环测试的基础，其为被测算法的运行提供真实道路行驶的状态。根据道路测试时的智能网联汽车行驶条件，软件在环测试的测试环境模型应包括气象环境、道路环境、动态环境要素、交通流环境。

气象环境包括驾驶环境温度、光照条件、天气情况等信息。环境温度会影响各元器件的使用精度；光照条件会影响场景采集过程中的能见度，尤其是影响各类摄像头的感知能力；天气情况包括晴、阴、多云、阵雨、雷阵雨、冰雹、小雨、中雨、大雨、暴雨、大暴雨、特大暴雨、阵雪、小雪、中雪、大雪、暴雪、雾、冻雨、沙尘暴、浮尘、扬沙、强沙尘暴、霾等，对传感器的工作精度和工作范围有很大的影响。以激光雷达为例，其发射的激光一般在晴朗的天气里衰减较小，传播距离较远，而在大雨、浓烟、浓雾等坏天气里，衰减急剧加大，传播距离大受影响，工作波长为 $10.6\mu m$ 的激光在恶劣天气下的衰减是晴天的 6 倍。

道路环境包括道路形状、路面情况、交通标志、交通标线和障碍物，各种环境模型的具体情况见表 2-10。

表 2-10 道路环境举例

道路形状	路面情况	交通标志	交通标线	障碍物
直行道路、直线上坡、直线下坡、弯道、弯道上坡、弯道下坡、弯道水平隧道、弯道下沉隧道、丁字路口、十字路口、多岔路口、环岛、主路入口、主路出口、匝道入口、匝道出口、临时停车区、人行横道、铁路道口	有标志线路面、无标志线路面、林荫道路、落叶路面、碎石路面、颠簸路面、湿滑路面、积水路面	车道导向、速度限制、禁止左转/右转/掉头、限高/限宽、让行优先、鸣笛/禁鸣、禁行/禁停、禁止超车、十字交叉、T形交叉、Y形交叉、环形交叉、向左急弯路、向右急弯路、反向弯路、连续弯路、上陡坡、下陡坡、右侧变窄	中心黄色双实线、停止线、禁止路边长时间停放车辆线、网状线、人行横道、减速带、车道线、左转待转区、停车位标线、直行箭头、左转箭头、右转箭头、掉头箭头、最高限速、最低限速、车距确认线、减速标线、禁行区、障碍物线	凸起井盖、道路施工、塑料袋、凹坑、石块、树枝

　　动态环境要素,即在车辆动态驾驶任务中处于动态变化的要素。动态环境要素包括动态指示设施及通信环境信息。动态指示设施包含交通信号、可变交通标志和交通警察等,通信环境信息主要为车辆之间变化的通信状况。动态环境要素在仿真环境中的逼真程度主要体现在三维驾驶场景的质量与用户的交互作用过程方面,动态要素的真实性决定了仿真结果的可信度。动态环境要素的具体内容如图 2-16 所示。

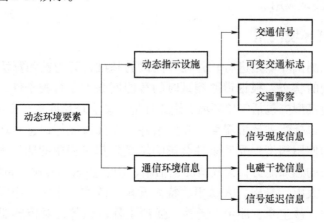

图 2-16 动态环境要素的具体内容

　　交通流环境包含两方面内容:宏观交通流环境和微观交通流环境。宏观交通流环境表示一段道路在一定时间内的整体交通情况,平均交通量、路段平均车速和平均密度是表示宏观交通流的 3 个基本参数;微观交通流环境表示被测车辆周围的车辆运动状态,包括周围车辆的位置及操作状态。当前宏观交通流模型主要使用元胞自动机的方式生成,设定道路为规则网格组成,每个单元格处于有限数量的状态之一中,对于每个单元格,称为其邻域的一组单元格相对于指定的单元格被定义,通过为每个单元格分配状态来选择初始状态(时间$t=0$),根据一些固定规则(通常为数学函数)、单元格的当前状态、邻域中单元格的状态来确定每个单元格的新状态,所有单元格组成的整体即为整个道路交通流环境。微观交通流模型包括被测车辆周围的车辆位置及其对应的运动状态,马尔可夫链是最为常用的微观交通流生成方法,其每台车辆的运动状态只与前一时刻的车辆运动状态及对应的概率相关。

2.2.2 整车模型

汽车是一个复杂的多刚体系统,其运动是人、车、环境三位一体相互作用的结果,其在运动过程中所受载荷是复杂多变的,在虚拟环境中体现真实的车辆运动状态是整个软件在环仿真的重要组成部分。当前常用的车辆动力学模型包括二自由度车辆动力学模型、三自由度车辆动力学模型、七自由度车辆动力学模型和十四自由度车辆动力学模型。

二自由度车辆动力学模型如图2-17所示,包括水平面内的横摆自由度以及侧向自由度。该模型将整车简化为单车模型,只考虑对车辆侧向动力学影响最大的整车质量、转动惯量以及轮胎侧偏刚度等因素,忽略了悬架系统的作用。

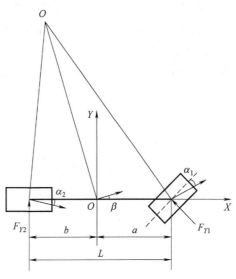

图2-17 二自由度车辆动力学模型示意图

由图2-17可知,汽车质心加速度在X轴和Y轴上的分量分别是

$$a_X = \dot{u} - v\omega_r \tag{2-1}$$

$$a_Y = \dot{v} + u\omega_r \tag{2-2}$$

式中,v、u分别是质心速度在X、Y轴上的分量;$\dot{u}$、$\dot{v}$分别是质心速度在X、Y轴上的分量对时间的导数;ω_r是横摆角速度。

根据车辆所受到的外力沿Y轴方向的合力与绕质心的力矩可以得到

$$\sum F_Y = k_1\alpha_1 + k_2\alpha_2 \tag{2-3}$$

$$\sum M_z = ak_1\alpha_1 + bk_2\alpha_2 \tag{2-4}$$

式中,α_1、α_2是前后轮侧偏角;k_1、k_2是前后轮侧偏刚度;a、b是汽车质心距离前后轴的轴距。

根据坐标系的关系,可以得到前后轮侧偏角为

$$\alpha_1 = \beta + \frac{a\omega_r}{u} - \delta \tag{2-5}$$

$$\alpha_2 = \frac{v - b\omega_r}{u} = \beta - \frac{b\omega_r}{u} \tag{2-6}$$

式中，β 是质心侧偏角；δ 是前轴转角；u 是汽车车速。

从而得到汽车二自由度运动微分方程为

$$k_1\left(\beta + \frac{a\omega_r}{u} - \delta\right) + k_2\left(\beta - \frac{b\omega_r}{u}\right) = m(\dot{v} + u\omega_r) \tag{2-7}$$

$$ak_1\left(\beta + \frac{a\omega_r}{u} - \delta\right) - bk_2\left(\beta - \frac{b\omega_r}{u}\right) = I_z\dot{\omega}_r \tag{2-8}$$

式中，$\dot{\omega}_r$ 是横摆角加速度；I_z 是汽车绕 Z 轴的转动惯量；m 是汽车质量。

三自由度车辆动力学模型在二自由度车辆动力学模型的基础上增加了悬架系统的影响，建立了包含簧上质量侧倾自由度的模型，如图 2-18 所示。该模型以车轮转角作为输入，考虑了车辆行驶过程中的横摆运动、侧倾运动以及侧向

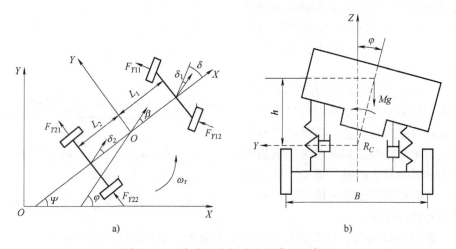

图 2-18 三自由度车辆动力学模型示意图

运动 3 个自由度，并首次引入侧倾中心，相比二自由度车辆动力学模型更为准确地描述了车辆的运动状态。

七自由度车辆动力学模型包括车身的垂向运动、俯仰运动、侧倾运动以及 4 个车轮的垂向运动，在建立过程中假设：左右车轮收到的垂向激励不同，车辆关于其纵轴线左右对称；车轴与其相连的车轮被视为非簧载质量；只考虑轮胎刚度，不考虑轮胎阻尼。七自由度车辆动力学模型示意图如图 2-19 所示。

十四自由度车辆动力学模型包括车身轴向的 3 个平移自由度及 3 个转动自由度、4 个簧下质量的垂直跳动自由度及其自旋自由度，整个模型以转向盘转角和轮

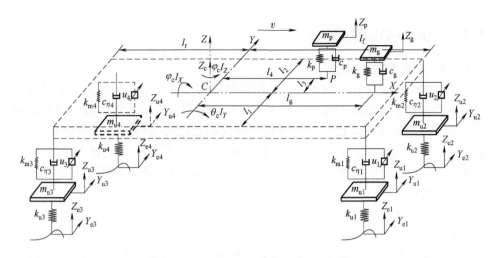

图 2-19 七自由度车辆动力学模型示意图

心力矩作为输入参量,通过建立各坐标系之间的相互转换关系,定义轮胎、簧下质量、悬架系统和车身等模块之间的相对位置关系并对其运动状态参量进行求解。在求解过程中,做出如下假设:忽略转向系摩擦阻力矩及空气阻力;忽略运动过程中悬架之间的摩擦力;忽略由于路面不平导致车轮相对于车身的上下跳动;除确定轮胎姿态角及其受力分析之外,车轮相对于车身只有垂直跳动和自旋两个自由度,其余 4 个自由度不予考虑。十四自由度车辆动力学模型如图 2-20 所示。

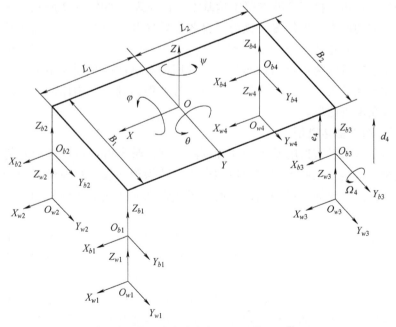

图 2-20 十四自由度车辆动力学模型示意图

2.2.3 环境感知系统模型

2.2.3.1 毫米波雷达模型

毫米波雷达模型分成两部分：几何模型和物理模型。几何模型属于功能性建模，模拟理想雷达的功能，不考虑实际雷达探测目标的具体机理，将其发射的电磁波束抽象成椭圆锥体，与搜索空域内的目标物体特征点集求交并输出。物理模型在几何模型的基础上，通过模拟实际雷达信号的处理流程和添加噪声，使毫米波雷达模型更接近真实情况。下文对毫米波雷达的几何模型和物理模型分别做详细的介绍。

毫米波雷达几何模型意在模拟实际雷达的探测功能，不考虑其具体的实现原理和硬件结构，将雷达发射电磁波波束抽象成空间锥体，将场景中感兴趣的目标离散成一系列预先定义的能充分表达出物体形状特征的特征点集（Points of Shape Characteristics，PSC），雷达的探测过程被转化成如何找到被雷达视锥照射到的 PSC 的问题。这些被找到的 PSC 应该满足以下条件：①位于雷达视锥内；②没有被遮挡，没有任何物体或 PSC 位于雷达视锥顶点至该 PSC 的连线上。雷达对周围场景探测的过程就是不断提出场景中的目标物体特征点，最终留下被雷达"照射"到的点集的过程，关键问题是如何快速筛选出符合条件的 PSC，流程如图 2-21 所示，主要由判断是否在最小可见区域、判断包围盒与视锥的位置关系、判断 PSC 是否在视锥内以及判断 PSC 是否被遮挡 4 个部分组成。

毫米波雷达的物理模型参照雷达基本工作原理，如图 2-22 所示。雷达发射机以电磁波的形式发射能量，该能量经收发转换开关传给天线，天线再向某一方向集中发射电磁波至空中，电磁波在空中传播的过程中遇到目标物体，一小部分能量会被目标物体反射回雷达，反射回的电磁波能量同样由天线接收，并经过收发转换开关，传给接收机，经过信号处理得到目标物体的相对距离、相对速度及角度等信息。

2.2.3.2 激光雷达模型

通过分析激光雷达的基本功能和探测原理，激光雷达也可进行几何模型和物理模型的搭建。几何模型用于模拟激光雷达探测功能；物理模型用于描述天气对激光雷达造成的探测缺陷，从而对天气带来的激光雷达信号功率衰减进行模拟。

几何模型的主要作用是基于虚拟驾驶环境中的目标全局位置、主车全局位置、目标车形状、激光雷达视野进行目标相对位置理想输出的求解。几何模型包含目标模型、光锥模型和环境模型，如图 2-23 所示。目标模型主要将虚拟目标几何参数化，描述其形状特征并定义关键点，目标可以根据计算需求使用包围盒或更复杂的多面体包络来描述。光锥模型主要将雷达包络或单束探测光束

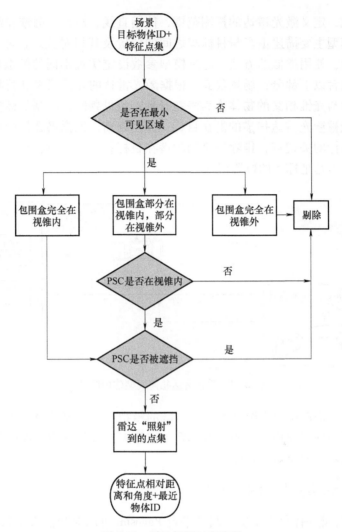

图 2-21 雷达探测过程流程

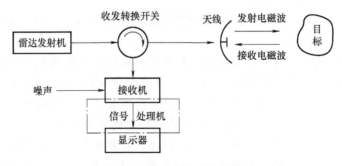

图 2-22 雷达基本工作原理

几何参数化，定义激光雷达的探测范围，使用直线、棱锥、圆锥和纺锤体来抽象。环境模型主要描述主车与目标车之间的位置及其相对关系。对于目标模拟和点云模拟，使用类似的方法，通过模型参数设定实现不同的模拟功能。几何模型主要包含以下部分：场景裁剪，根据激光雷达的光锥模型和目标模型快速筛选环境中与光锥相交的物体作为潜在目标；可见判断，根据目标模型的关键点排除不能被激光雷达扫描的潜在目标；遮挡判断，根据潜在目标在环境中的位置以及目标的关键点，排除被遮挡的潜在目标；位置计算，计算余下的潜在目标在激光雷达坐标下的位置信息。

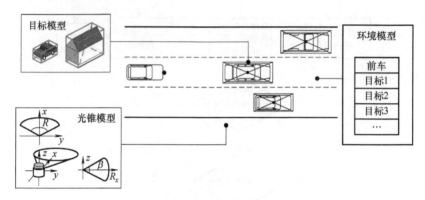

图 2-23　激光雷达几何模型建模原理

激光雷达物理模型主要考虑功率衰减的模拟，其主要针对不同天气带来的功率衰减影响进行建模，对雨、雪、雾和霾等天气进行建模，以确定不同环境条件下激光雷达的探测极限距离。

2.2.4　Panosim 仿真测试应用

人-机-环境一体化虚拟仿真测试平台 Panosim 可以对智能汽车系统进行 SIL 仿真测试，下面以基于毫米波雷达的自适应巡航控制（ACC）算法为例，通过 Panosim 软件对其进行测试。

首先进行 Panosim 仿真平台毫米波雷达模型初始化配置，配置界面如图 2-24 所示。

安装位置配置。汽车毫米波雷达在虚拟环境中首先需要确定的问题就是安装位置，其配置选项卡如图 2-25 所示，可以配置雷达的 X、Y、Z 坐标和偏航角（Yaw）、翻滚角（Roll）、俯仰角（Pitch）角度，用户可以根据实际车辆雷达的安装位置修改虚拟仿真测试平台中雷达模型的安装位置。

功能边界配置。功能边界就是几何模型，计算速度快，可以满足实时性的要求，其配置选项卡如图 2-26 所示，可以确定 3 个参量：水平视场角、垂直视场角以及最大探测距离。

第 2 章 智能网联汽车的系统功能仿真测试

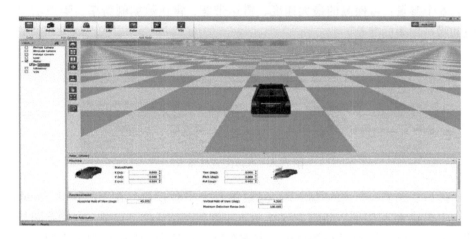

图 2-24 毫米波雷达配置界面

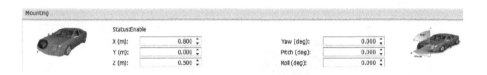

图 2-25 安装位置配置选项卡

Functional Model			
Horizontal Field of View (deg):	45.000	Vertical Field of View (deg):	4.500
		Maximum Detection Range (m):	150.000

图 2-26 功能边界配置选项卡

功率衰减配置。在几何模型输出的基础上,考虑雷达方程中的功率衰减作用,不考虑信号处理过程,从距离上对几何模型筛选结果进行修饰,有发射功率、天线增益、天线有效面积、雷达工作频率、检测阈值 5 个参量(图 2-27)。

Power Attenuation			
☐ Enable Power Attenuation			
Transmitting Power (w):	0.500	Antenna Effective Area (m^2):	100.000
Antenna Gain (dB):	1.0	Radar Frequency (GHz):	24
Sensitivity Threshold (dBm):	0.0		

图 2-27 功率衰减配置选项卡

噪声配置。噪声模型对应完整的物理模型,其配置选项卡如图 2-28 所示,包含5个参量：可探测的最大速度、雷达带宽、雷达数据刷新率、噪声功率均值和噪声功率标准差。

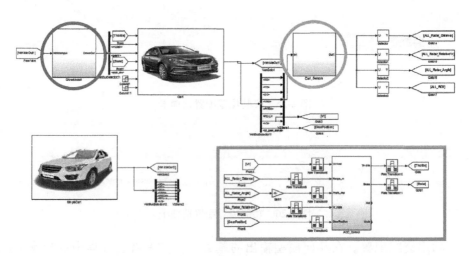

图 2-28　噪声配置选项卡

然后，在 PanoSim 的基础上，通过第三方平台接口，在 MATLAB/Simulink 平台上搭建 ACC 实例，如图 2-29 所示。左侧圆圈是驾驶员模型，右侧圆圈是雷达模型，矩形框是 ACC 控制算法，上方车辆图片是主车车辆动力学模型，下方车辆图片是交通车车辆动力学模型。

图 2-29　ACC Simulink 框图

最后，进行 ACC 仿真测试。主车起始位置为 5m，初始速度为 40km/h，在 ACC 控制器中设置的巡航速度为 55km/h。交通车起始位置为 45m，初始速度为 30km/h，先匀速运行 10s，然后匀加速 8s，车速增加到 40km/h，再匀减速运动 7s，速度恢复为 30km/h。仿真测试结果如图 2-30 所示，主车跟随交通车行驶，没有发生碰撞，最终当交通车行驶出雷达可探测范围时，主车速度逐渐稳定在 ACC 控制器设定的巡航车速 55km/h（15m/s）。画圈部分表示交通车辆已经驶出雷达可探测范围，程序中规定当雷达检测不到物体时，将相对距离和相对速度置为 -1。

第 2 章 智能网联汽车的系统功能仿真测试

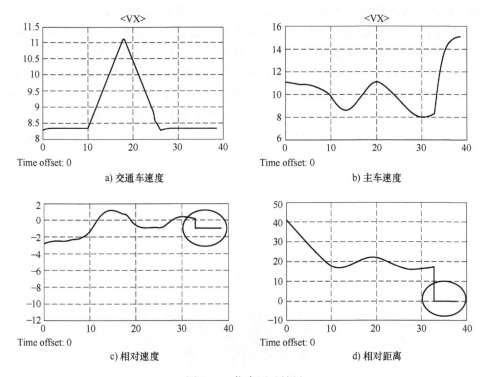

图 2-30 仿真测试结果

2.2.5 软件在环虚拟仿真测试技术

作为智能网联汽车测试验证过程中的新技术，软件在环测试仍未形成统一的测试流程，不同机构提出基于统计数据或功能边界的测试手段，当前存在的测试技术包括穷举测试方法、蒙特卡洛测试方法、组合测试方法、加速测试方法等。

穷举测试方法是最基础的软件在环测试方法，即在一个可能存在可行状态（可行解）的状态全集中依次遍历所有的元素，并判断是否为可行状态。在软件在环测试过程中，首先根据专家经验或智能网联汽车的功能边界，列举出可能遇到的所有逻辑场景，通过给定逻辑场景参数空间边界及离散条件等方式，生成所有可能的具体场景，然后将所有可能的场景依次进行试验，判断被测智能网联汽车算法在所有具体场景中的表现。这种方法可以发现被测算法在所有情况下的表现，对于算法的缺陷可以及时发现，但是穷举法测试效率低，测试成本高，尤其是智能网联汽车测试维度较多，极易发生维度爆炸的现象，无法将所有可能的场景全部进行测试。

组合测试方法通过分析被测车辆与周围车辆的运动关系来生成测试用例，

该方法将与被测车辆运动相关的周围11辆车的位置及运动状态考虑在内，从而分析它们处于何种运动状态时会对被测车辆的运动产生影响。以图2-31为例，被测车辆本车道前方车辆发生加速或者制动时，会对本车前方的运动空间产生影响，并且当其发生转向时，会对本车的右前或左前位置车辆产生干扰从而影响本车的运动状态，因此需要考虑本车前方车辆的4种运动状态。同理，其他车辆的运动状态也可进行推断，通过这些周围车辆位置和运动状态的组合，即可大量生成相关的测试场景。图2-32即为根据这种方法生成的测试用例示例。

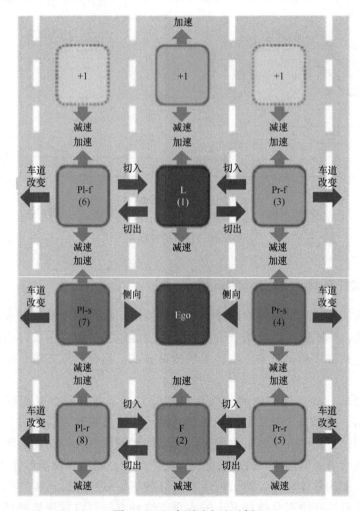

图2-31　组合测试方法示例

蒙特卡洛测试方法是一种统计学的方法，用来模拟大量数据。该方法用于智能网联汽车的测试过程中时，首先需要进行大量的数据收集用以描绘场景可能的概率分布并建立具体场景的概率分布曲线；根据概率分布曲线，随机生成

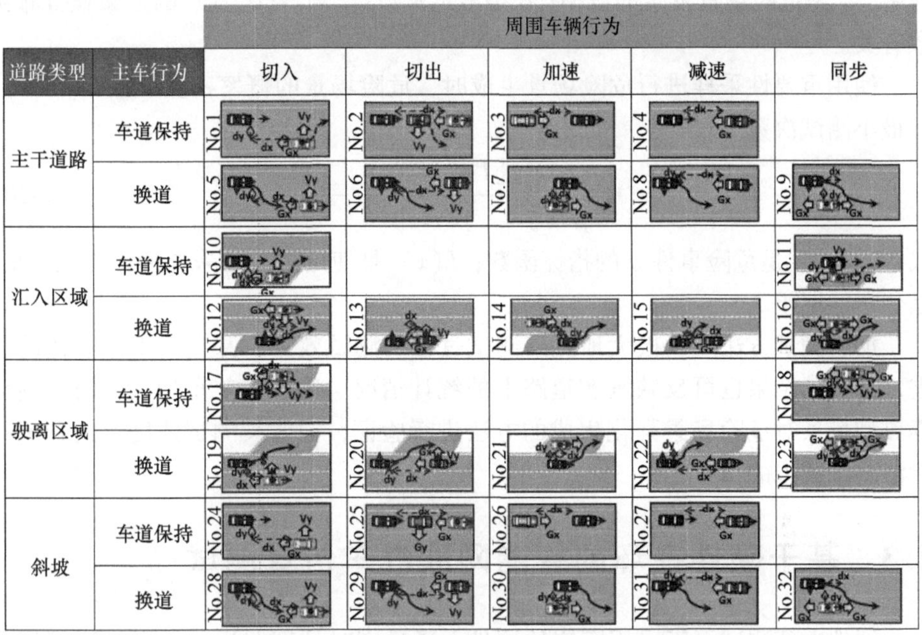

第 2 章 智能网联汽车的系统功能仿真测试

道路类型	主车行为	周围车辆行为				
		切入	切出	加速	减速	同步
主干道路	车道保持	No.1	No.2	No.3	No.4	
	换道	No.5	No.6	No.7	No.8	No.9
汇入区域	车道保持	No.10				No.11
	换道	No.12	No.13	No.14	No.15	No.16
驶离区域	车道保持	No.17				No.18
	换道	No.19	No.20	No.21	No.22	No.23
斜坡	车道保持	No.24	No.25	No.26	No.27	
	换道	No.28	No.29	No.30	No.31	No.32

图 2-32 基于组合测试方法的测试用例示例

海量具体测试用例；统计并分析被测算法在不同具体场景中的测试结果。蒙特卡洛测试方法的好处是其测试结果具有统计意义，可反映被测算法在真实道路情况下的统计学情况，但由于自然驾驶数据中的安全场景占比较大，蒙特卡洛测试方法在生成具体场景的过程中会生成大量的安全场景，这极大地降低了测试效率。

加速测试方法以重要性采样为代表，其针对数据的处理过程分为以下 6 步：①大量收集实际行驶过程中的数据；②对数据进行过滤，保留下包含自动驾驶汽车与人类驾驶的车辆进行有价值的交互的数据；③对人类驾驶行为进行建模，以此作为对自动驾驶汽车产生的主要威胁，并且是概率分布的随机变量；④减少日常驾驶中没有发生事故的数据，然后用发生了危险事故的数据进行取代；⑤在加速场景下使用蒙特卡洛算法，从而能够在人类驾驶员与自动驾驶汽车之间产生高频率高密度的相互作用；⑥使用统计分析的方式，根据测试的结果去反推在实际情况中自动驾驶汽车的表现情况。

加速测试的核心思想是引入一个新的概率密度函数 $f^*(x)$ 代替原本的 $f(x)$，增大危险场景的生成概率，从而减少测试次数。在使用随机采样的场景生成方法时，危险场景的概率密度函数为 $f(x)$，其最小测试次数为

$$n = \frac{z^2}{\beta^2} \frac{1-\gamma}{\gamma} \tag{2-9}$$

式中，γ 是危险场景发生的概率；β 是给定常数；z 与 $N(0,1)$ 的逆累积分布函数有关。

使用重要性采样进行危险场景生成时，危险场景的概率密度函数为 $f^*(x)$，其最小测试次数为

$$n = \frac{z^2}{\beta^2}\left\{\frac{E_{f^*}[I^2(x)L^2(x)]}{\gamma^2 - 1} - 1\right\} \qquad (2\text{-}10)$$

式中，$I(x)$ 是危险事件 ε 的指标函数；$L(x)$ 是使用重要性采样的似然比；E_{f^*} 是分布的期望。

加速测试方法可以极大地提高测试过程的测试效率，并且由于似然比的引进，其测试结果也可反映真实道路上的统计情况。通过对前车切入、前车制动等典型场景对危险场景强化生成的方法进行验证，证明其测试速度可达到蒙特卡洛测试模拟的 7000 倍。

2.3　基于硬件在环的智能网联汽车仿真测试

硬件在环测试由于采用真实的硬件，通过实时处理器运行仿真模型模拟环境信息，具有较高的真实性和可信度，并且可重复性好、测试效率高、安全性好，已成为智能网联汽车测试的重要一环。

2.3.1　环境感知系统的硬件在环测试

2.3.1.1　毫米波雷达在环测试

毫米波雷达广泛应用于汽车的 ADAS 中，如自动紧急制动（Autonomous Emergency Braking，AEB）、自适应巡航控制（Adaptive Cruise Control，ACC）、盲点监测（Blind Spot Monitoring，BSM）。因此，测试智能汽车毫米波雷达具有重要意义。

毫米波雷达在环测试原理如图 2-33 所示。首先，毫米波雷达发射毫米波信号，信号采集系统采集发射信号并对信号进行降频。其次，将信号发送到信号处理器进行波形分析，根据虚拟目标与毫米波雷达之间的距离和相对速度，信号处理器对信号进行适当的延时和多普勒频移。然后，将产生的模拟回波信号升频到 77GHz，通过天线发送回毫米波雷达。毫米波雷达接收回波信号并进行处理，探测到虚拟目标，ECU 中的 ADAS 算法对车辆执行器进行控制，通过 Carsim 车辆动力学模型产生响应，更新主车和目标车辆相对距离和相对速度等信息，形成闭环。

智能汽车应用的毫米波雷达一般为线性调频连续波毫米波雷达（LFMCW）。其原理简单，功能容易实现，并且具有发射功率低、接收灵敏度高、距离分辨

第 2 章 智能网联汽车的系统功能仿真测试

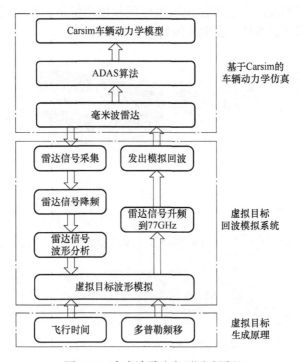

图 2-33 毫米波雷达在环测试原理

率高、结构简单等优点。将发射信号波形延时合适的时间，可以模拟目标的相对距离；将发射信号按照目标的速度进行多普勒频移，可以模拟目标的径向速度。

目标包含的属性除了相对距离和径向速度之外，还有一个重要的属性，就是目标的雷达散射截面积（Radar Cross Section，RCS）。当具有确定极化的电磁波照射到目标时，入射波将被再次辐射，一部分辐射向其他方向，其他部分辐射向雷达（向雷达辐射的波被称为后向散射波）。雷达接收天线只对具有相同极化的目标后向散射波做出响应，对不同极化的散射波不做出响应，模拟目标的RCS 也是雷达回波模拟的重要工作。目前，求解 RCS 分为精确求解和近似求解两类。精确求解首先采用波动方程构建边界条件，然后根据波动方程求出精确解。近似求解方法的选择与物理的电尺寸有关，电尺寸是物体的尺寸与波长的关系，当物体的尺寸小于波长时，称为电小尺寸物体；当物体的尺寸大于 10 倍波长时，称为电大尺寸物体；当物体尺寸远大于 10 倍波长时，称为超电大尺寸物体。

根据毫米波飞行时间对毫米波雷达发射波信号进行适当的延时模拟目标距离信息，根据多普勒频移原理对发射波信号频率进行修改模拟目标的相对速度信息，根据雷达功率衰减方程对回波信号进行适合的功率放大模拟目标的 RCS

信息，根据模拟回波的发射方向模拟目标的相位角信息，构成完整的毫米波雷达硬件在环测试试验系统，其实物图如图2-34所示。

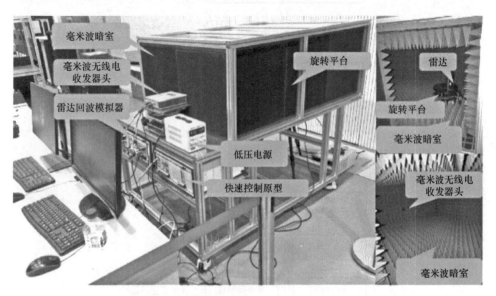

图2-34　毫米波雷达硬件在环测试试验系统实物图

为了验证毫米波雷达在环测试系统的效果，选用某公司的77GHz ESR雷达，如图2-35所示，将模拟目标距离设置为204m，模拟目标速度设置为10m/s，毫米波雷达成功探测到目标，目标距离为203.7m，目标速度为10.0m/s。毫米波雷达在环测试系统可以模拟毫米波雷达探测目标产生的回波，并且可以被毫米波雷达识别，具有较高的精确度。

2.3.1.2　相机在环测试

作为智能网联汽车环境感知系统的重要组成部分，车载视觉主要担任了感知车道线信息、天气变化、红绿灯等静态环境信息，同时可以感知行人、交通车、道路障碍物等动态环境信息，为雷达感知提供辅助支撑。车道偏离预警系统（Lane Departure Warning System，LDWS）和车道保持辅助系统（Lane Keeping Assist System，LKAS）就是以车载视觉为获取信息主体开发的ADAS算法。为提高道路交通安全、促进汽车技术的发展，各国家地区和组织机构纷纷出台了相关法律法规和技术标准，对LDWS和LKAS的推广应用进行规范和指导。但是在系统的开发过程中，对于场地测试，测试流程复杂、周期长、成本高、安全无法保障，是算法开发与产品功能开发的关键瓶颈。而对于虚拟仿真测试，由于传感器模型精度不高，测试结果置信度不高。

因此可以搭建相机在环测试试验台，从影响车载视觉的因素入手，对ADAS进行测试，显著减少测试成本；通过选择合理的测试框架与测试算法可以进行

第 2 章 智能网联汽车的系统功能仿真测试

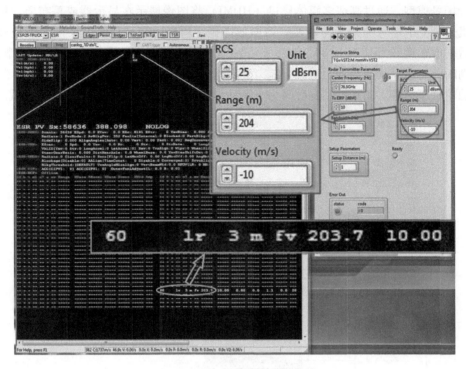

图 2-35 目标回波模拟效果截图

危险场景的强化生成,提高测试用例的复杂度和测试效率;同时由于测试场景是仿真场景,因而可以根据测试需求进行设计,从而进行全天候的自动测试与加速测试。

1. 车载视觉的影响因素

相机是车载视觉获取环境信息的核心硬件,因此相机获取图像的质量直接决定了 ADAS 算法的决策准确性。对于单独的相机来说,静态环境信息中的天气对成像质量影响较大,由于天气不同会导致图像的曝光度不同,此外雨、雪、雾等天气会使得图像变得模糊。而对于车载视觉中的相机,由于相机被装配在汽车上,车速过快会使得图像产生动态模糊,产生残影等影响。当汽车行驶在弯道时,转弯半径越小,提取车道线信息的难度越大。除此之外,由路面引起的车身颠簸也会对图像质量造成很大的影响。上述影响因素在虚拟测试中不能很好地被模拟,而在实际测试中又难以按照测试要求随时进行全天候测试。

2. 相机在环测试原理

相机在环测试系统的主要内容是将真实的传感器——相机系统,嵌入人-车-环境-任务的测试体系之中,以更加真实地从相机端获取场景信息,从而使得对智能网联汽车的测试评价更加准确而全面。

如图 2-36 所示,以嵌入完整的相机模型为例,在测试过程中,工控机中运行场景模型，通过高清多媒体接口（HDMI）将图像展示在显示器或幕布上，相机通过光电信号的采集与转换获取原始图像，再经过灰度化、边缘检测等处理后获取车道线等信息，并将这部分信息发给控制算法。结合车辆动力学模型，判断此时车辆状态与所处环境状态，给予车辆决策信号如期望转向盘转角、制动轮缸压力等。场景模型也会因为车辆动作进行实时更新，至此完成闭环测试。

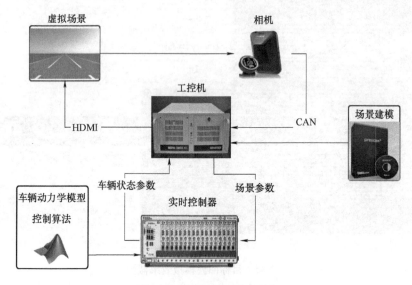

图 2-36 相机在环测试方案

3. 相机在环测试步骤

在进行测试前，首先需要对相机进行标定。参考相机成像原理，可以如图 2-37 所示布置相机。

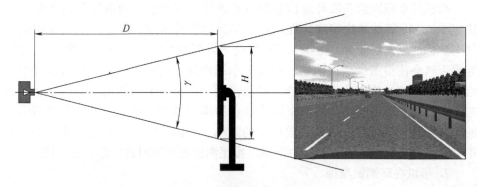

图 2-37 相机布置原理图

其中，γ 是相机的垂直视场角，H 是显示器的垂直可视尺寸；D 是相机与显示器的距离。根据真实相机的具体参数，可以在场景仿真软件中建立相机模型，根据图 2-36 中的参数关系，可以估算出相机标定的外参，然后根据原始图像进行微调，选择合适的凸透镜进行对焦辅助，即可完成硬件布置。通过将相机测量数据与场景真值进行对比，可以验证这种标定方法的有效性。

然后根据测试要求，在场景软件中搭建测试场景。虚拟测试场景是相机在环测试平台的基础，也是相机获取信息的来源。根据不同的测试用例，测试场景需要利用优质建模技术以及色彩效果、深度效果使得交通车和行人外观、车辆运动模糊、道路特征以及建筑物等尽可能逼真。对于曝光度和道路颠簸的模拟，可以对测试平台加装日光模拟装置和运动平台等。完成相机标定和测试场景构建后，可以先抽选一部分场景进行测试，并将由相机端读取的场景参数与软件设置的参数进行对比，并根据对比结果对测试平台进行调试。

对于车辆动力学模型，可以使用 Carsim 等软件中的模型，也可以在 Matlab 中建立轮胎模型、制动器模型等。实时测试的关键在于动力学模型的计算速度和与场景软件的交互性。在建立动力学模型后，嵌入编好的 ADAS 算法，就可以进行硬件在环测试了。相机从虚拟场景中获取图像信息，经解算后发送给动力学模型与 ADAS 算法，实现相机、测试场景和动力学模型的交互，并将本车状态实时更新到场景软件中，实现闭环测试。

2.3.1.3 V2X 在环测试

V2X（Vehicle-to-Everything）技术是发生在汽车工业领域的一项巨大技术革新，它使得车辆与车辆、车辆与云端实现了互联，从而推动了智能汽车全自动化的进程。按照车辆的通信对象不同可具体分为车车通信（Vehicle-to-Vehicle, V2V）、车路通信（Vehicle-to-Infrastructure，V2I）、车人通信（Vehicle-to-Pedestrian，V2P）和车云通信（Vehicle-to-Network，V2N）。目前，应用于 V2X 通信的两大主流通信协议包括美国提出的 DSRC（Dedicated Short Range Communications）协议和中国正在推进的 C-V2X（Cellular-V2X）协议。前者利用车间自组网络进行通信，各项技术相对成熟，但通信质量和通信距离等性能在高速和高密度的交通场景下表现不佳；后者拥有车间直连通信和蜂窝通信两种通信模式，且能够平滑过渡到 5G-V2X 协议，很好地满足了未来智能交通系统的要求，但是部署成本较高。搭载 V2X 技术的智能网联汽车能够快速、直接地获取周围车辆运动状态信息和前方道路的实时路况信息，且它的通信性能受天气和地形影响较小，特别是在非视距场景下能够充分弥补雷达、相机等传感器的感知能力不足。因此，V2X 系统在智能网联汽车的环境感知系统中发挥着巨大的作用。

由于智能网联汽车测试无法完成传统的道路测试所需的里程数，要用实车的场地测试和计算机仿真测试来代替。目前针对 V2X 系统的主要测试方法同样分为实车测试和仿真测试，但实车测试因为测试场地的电磁环境不断变化，且车辆的相对位置、相对速度难以精确把控，使得每一次测试过程中的通信信道参数无法控制，车辆进行交互的信息不能保持一致，同时存在大量的不可控因素，因此不能进行定量分析和针对某一场景的重复测试；仿真测试包括虚拟测试和硬件在环测试，其中虚拟测试没有任何测试实体，对 V2X 通信过程采取计算机模拟的方法，需要考虑的因素较多，通信模型十分复杂且不能完全还原实际通信环境，只可作为基于 V2X 的智能驾驶算法早期开发过程中的调试测试；硬件在环测试是将真实的 V2X 通信车载单元（On-board Unit，OBU）置于虚拟的测试场景中进行闭环测试，从而一举解决上述场地测试和虚拟测试中遇到的问题。通过 V2X 系统在环测试，既能够可控地复现任意 V2X 通信过程，保证通信信道参数不变，又能还原实际的通信过程，实现真实 V2X 通信环境下对智能驾驶算法和 OBU 通信性能的重复测试与快速测试。

V2X 系统在环测试要求兼容 DSRC 和 C-V2X 两种协议的双模测试，测试项目包括开环通信性能测试和闭环算法性能测试。

开环通信性能测试（图 2-38）的目的是测试 OBU 的基础通信功能，即对 V2X 信号收发过程中产生的延迟、丢包率等进行测试。除待测 OBU 以外，需要一台与待测 OBU 搭载相同通信协议的射频发生器和上位机。其中，上位机内运行的 V2X 模拟软件使得射频发生器成为一台软件定义的、参数可调的模拟 V2X 通信单元，从而实现射频收发器和待测 OBU 之间物理层及数据链路层的通信，通信质量由网络分析软件捕捉并进行记录与分析。

图 2-38　开环通信性能测试

测试试验应在电波暗室中进行，以避免外界电磁干扰。首先，将所有硬件设备通电开机，等待运行稳定后设置 V2X 模拟软件，令射频收发器以一定的时间间隔向待测 OBU 连续发送 V2X 信号，记录发送端与接收端的有效信号的数目以及它们的时间戳，并依此计算待测 OBU 通信过程的平均延迟和丢包率。单次测试结束后，变更射频收发器与待测 OBU 之间的距离或调整发送 V2X 信号的信噪比等参数，在控制单一变量的前提下，进行多组重复测试，提高测试结果的准确性。对于大部分 V2X 通信场景，要求通信延迟在 100ms 以下，丢包率在 10% 以下。

闭环算法性能测试（图 2-39）通过引入虚拟的测试场景，将待测 OBU 置于与实际使用环境相一致的信息流环路中，以结果级的数据来测试 OBU 的应用层智能驾驶算法性能。除上述提到的射频收发器和待测 OBU 外，还需要 GNSS 模拟器和信道模拟器。实时系统的上位机中运行场景软件和各种模拟软件，其中场景软件应包含车辆动力学模型、道路模型和交通模型，并通过软件接口将场景中的各种信息发往对应的模拟软件。具体细分为：场景中主车的车辆状态信息通过 CAN 总线发往待测 OBU，模拟真实的车上安装；场景中主车的位置信息由 GNSS 模拟器实时生成虚拟的 GNSS 信号使待测 OBU 在模拟的道路上"行驶"；场景中周围车辆信息或信号灯、路况广播等道路信息经过 V2X 模拟软件编码后生成 V2X 信号的数据包；信道模拟器是为了还原与仿真场景相匹配的通信信道，通过设置多径数目、多普勒效应和信号增益等信道参数，使 V2X 信号传输过程几乎等同于实际道路行驶时的状态。

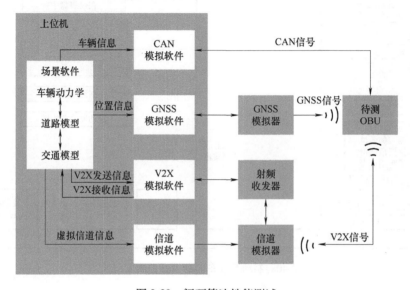

图 2-39 闭环算法性能测试

基于 V2X 的智能驾驶算法一般包括安全类场景、效率类场景和信息服务类场景，它们对于 OBU 的算法性能要求依次降低，对于大部分安全类场景，要求 OBU 的应用算法触发时机准、响应速度快。因此在测试 OBU 算法性能时，应设置对应测试场景的危险场景和临界安全场景，并直接观察仿真场景中主车的运动状态来判断算法的有效性，随后通过选择合适的监测变量，对算法性能进行定量分析与评价。

2.3.2 控制执行系统的硬件在环测试

2.3.2.1 制动系统硬件在环测试

制动系统硬件在环根据不同需求分为信号级、功率级和机械级 3 个方面。信号级测试所使用的信号均为小电流信号，信号仅具有控制功能，不具备大功率驱动能力。制动系统车辆动力学控制器组成如图 2-40 所示，功率级测试使用的信号为大电流功率信号，采用完整的控制器，其他部分为仿真模型，并配备合适的电子负载板卡用于消耗电流,最终完成测试,在零部件供应商的测试和验证阶段广泛采用此方案。机械级测试的方案是嵌入真实的 iBooster、主缸、电子稳定控制系统(ESC)压力调节单元、管路和前轮盘式制动器,采用 4 个轮缸压力传感器,从压力到制动力采用模型进行仿真,从而完成制动系统硬件在环的闭环环境。

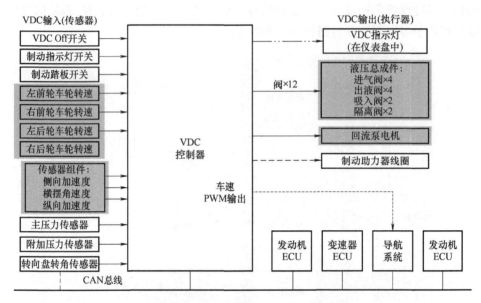

图 2-40　制动系统车辆动力学控制器组成

制动系统在环的主要内容是将物理系统状态的制动系统嵌入人-车-环境-任务的评价体系之中,以更准确地反映制动系统的特性,从而使得对智能网联汽车的测试评价更加准确而全面。可以采用如图 2-41 所示的测试方案,集成化测试环境由测试仿真环境、车辆动力学和自动驾驶功能构成。在测试过程中,自动化测试平台将场景库中的测试场景导入集成测试环境,并完成建模和初始化,当自动驾驶功能需要主动制动时,其通过 CAN 将主动制动信号发送至主动制动控制器。随后,该控制器控制主动制动机构动作,经过真实的液压回路在轮缸建立制动压力,通过模拟量采集接口实时传递至车辆模型,实现其制动减速。

基于上述设计方案,可以得到如图 2-42 所示的硬件架构图。制动系统由通过原型控制的 iBooster 和车身电子稳定系统(ESP)组成,集成化测试环境和 AEB 算法运行在 MicroLabBox 中。主动制动信号通过 CAN 网络发送至制动系统控制器,制动控制器控制 iBooster 和 ESP 主动制动在轮缸建立压力,并通过模拟信号采集接口输送到车辆模型,使得车辆完成预定的减速动作,从而实现测试回路的闭环。

根据 EuroNCAP 中关于 AEB 的测试工况定义和多场景自动测试流程,搭建

第 2 章 智能网联汽车的系统功能仿真测试

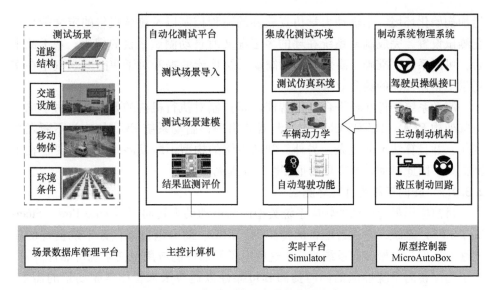

图 2-41 制动系统在环系统测试方案

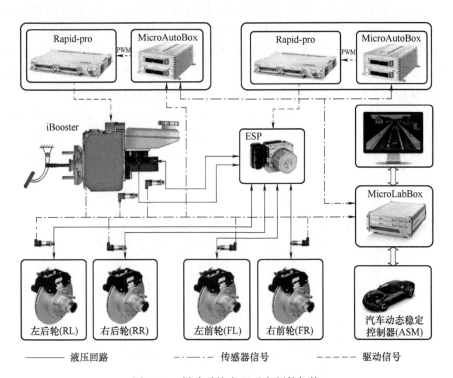

图 2-42 制动系统在环平台硬件架构

AEB 多场景测试的测试用例，通过选取逻辑场景后依次赋值的方式建立可直接用于测试的具体化工况的方式，快捷地实现了多场景的自动设置。在此基础上，增加初始化环境、车辆动力学仿真软件的流程控制以及测试报告的定义等自动化测试设置,完成制动系统在环的多工况实时自动测试平台的搭建。基于此平台,可以系统、准确、高效地评价制动系统性能的提升对于智能网联汽车在多场景下整体性能的提升效果。

制动系统硬件在环平台满足智能汽车控制对执行机构的要求,但由于电子电气架构 EEA、AUTOSAR 和域控制器的出现,制动系统 ECU 的功能不断发生变化,并且算法不断复杂。另外,制动系统的构型不断发展,测试需要也在不断提高,因此制动系统在环的重要性正在提高。

2.3.2.2 转向系统硬件在环测试

目前应用最为广泛的转向系统类型即为电动助力转向(Electric Power Steering,EPS)系统,它通过配备的传感器、ECU、助力电机来保证系统良好的转向性能。但与机械转向系统相比,这些电子元器件的应用也使系统可靠性降低。为了确保转向系统性能的同时提高其可靠性以适应未来智能驾驶场景的需求,冗余转向系统的概念被提出。冗余转向系统是在原有转向系统的架构上通过重复配置某些关键的电子元器件并辅以相应的软件容错算法,当系统的某个或某些部件发生故障时,由备份件代替故障件工作而维持转向系统功能的一种高可靠性转向系统。对转向系统进行硬件在环测试不仅能够快速检验 ECU 算法的有效性,缩短研发周期、节约成本,而且对冗余转向系统而言,其 ECU 控制算法和电气架构会更加复杂,对此进行硬件在环测试的意义会更加明显。

转向系统硬件在环测试与制动系统类似,也分为信号级、功率级和机械级 3 种方案,其示意图如图 2-43 所示。信号级测试对象为转向系统 ECU 的控制单元,考察其控制策略;功率级测试对象为整个 ECU 模块,考察其功率驱动和控

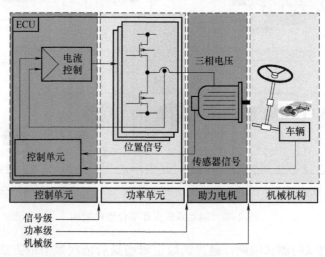

图 2-43　转向系统硬件在环测试方案示意图

制策略的；机械级测试对象为 ECU 和助力电机整体，考察转向系统的特性。根据 EPS 开发阶段和测试目标的不同，应分别采取不同的测试方案。

进行机械级硬件在环测试时，通常采用整个电动助力转向系统总成作为测试对象，转向输入为驾驶员手力或电机驱动，输出端则采用阻力加载装置对转向过程中的阻力进行模拟。目前的阻力加载方案大致有弹簧、液压缸、磁粉制动器、千斤顶以及伺服电机 5 种，其对比优缺点见表 2-11。设计时需要根据转向系统的形式、测试内容和目标选择合适的方案。

表 2-11 5 种阻力加载装置的优缺点对比

阻力加载装置名称	结构与控制	是否能逆向加载	模拟精度	可靠性	成本
弹簧	简单	否	较低	高	低
液压缸	较复杂	是	高	较高	高
磁粉制动器	较简单	否	较高	较高	较低
千斤顶	复杂	否	高	高	低
伺服电机	复杂	是	高	较差	高

行业标准《汽车电动助力转向装置技术要求和试验方法》以及 GB/T 6323—2014《汽车操纵稳定性试验方法》等对转向系统的性能以及硬件在环测试方法提出了一些要求。同时，考虑到冗余转向系统在进行硬件在环测试时，还需要着重考虑进行故障注入测试来评价其发生故障时的可靠性。转向系统主要的故障类型为传感器短路、传感器开路、电源异常以及 CAN 信号丢失、错误等。利用 dSPACE 实时仿真系统的故障注入板卡（FIU）可实现部分单点故障的注入测试，其工作原理如图 2-44 所示。

EPS 硬件在环测试方案如图 2-45 所示。在实际测试过程中需要采集的传感器信号主要有转向盘转矩、转角、助力电流等，此外还需要车速、车辆起动信号、转向阻力等表征车辆运行状态的信号。车辆动力学模型中的转向系统由 EPS 实物代替，原有的 ECU 也可以采用 MicroAutoBox 代替。利用车辆动力学仿真软件搭建整车模型和行驶工况，并给 EPS ECU 或 MicroAutoBox 提供车速、档位等车辆状态信息。传感器以及控制器的 IO 接口模型采用 Simulink/RTW 搭建图形化模型，采用 RTI 软件自动生成相应的代码文件，连接试验台硬件和软件部分。试验过程中，在 ControlDesk 界面监测转向系统状态并设置车辆起动信号和故障信号对转向系统 ECU 进行硬件在环测试。

当阻力加载装置选用伺服电机、液压缸或磁粉制动器时，可以根据车辆动力学模型中得到的转向阻力对阻力加载装置模拟的阻力进行控制，提高测试精度，使测试结果更接近于实车行驶状态。在此设计方案的基础上，如果将转向输入端改为电机输入，则可以利用自动化测试管理软件 AutomationDesk 实现自动化测试，并提高转向输入的精度。

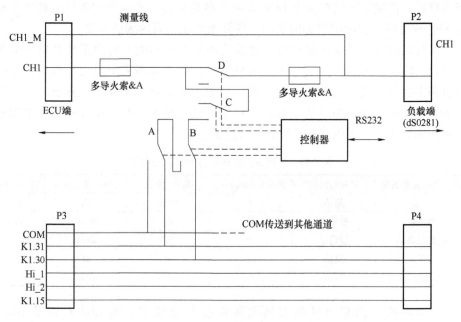

图 2-44 FIU 工作原理图

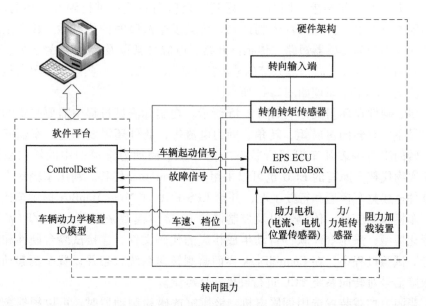

图 2-45 EPS 硬件在环测试方案

根据上述方案搭建的 EPS 硬件在环测试平台能够完成行业标准和国家标准中规定的对转向系统相关的测试需求,尽早发现设计中的问题,并可以完成危险故障下的性能测试,保证试验人员的安全。

2.3.2.3 电机/电池系统硬件在环测试

智能和环保不仅是当今时代发展的主流，还是目前汽车行业前进的方向，电动智能网联汽车作为一种将电动汽车技术和智能驾驶技术相结合的智能电动汽车，发展前景十分广阔。随着自动驾驶电动汽车技术的成熟，决定其整车动力性的电机/电池系统性能要求也越来越高，适应自动驾驶电动汽车行驶状态的电机/电池系统研究也变得越来越重要。目前来看，基于硬件在环回路的半实物仿真技术，既考虑了实物仿真的可靠性，也考虑了虚拟仿真的便捷性，可以显著降低开发时间和成本，已成为新能源汽车开发的重要方法。因此，参考现有电动汽车电机/电池测试平台搭建方法，结合硬件在环技术，考虑自动驾驶电动汽车行驶特点，搭建适用于自动驾驶电动汽车的电机/电池系统在环测试平台，具有很好的实际意义。

电机/电池系统硬件在环测试平台搭建的搭建流程为：先建立整车离线仿真模型，再搭建电机/电池系统试验台，然后引入 dSPACE 在环仿真平台，完成整个电机/电池系统硬件在环测试平台的搭建。

整车离线仿真模型作为自动驾驶电动汽车驱动系统硬件在环测试平台的重要组成，它主要由电池系统模型+电机系统模型+车辆动力学模型+管理系统模型+驾驶员模型 5 个部分组成。预期的工作原理为：①驾驶员模型通过对比循环工况给定的参考车速和车辆动力学模型反馈的真实车速，得到整车模型速度调整所需的加速度信号；②管理系统模型由驾驶员模型传来的加速度信号，得到车速调整所需得转矩信号，即需求转矩信号；③电机系统模型根据接收的需求转矩信号，结合电池系统模型的供电状态（荷电状态、电压/电流变化），输出实际的电机转矩给车辆动力学模型；④车辆动力学模型根据电机系统模型反馈回的转矩信号，得到整车调整后的实际车速；⑤驾驶员模型再次对比循环工况给定的新的参考车速和调整后的真实车速，得到新的速度调整所需的加速度信号，再将新的加速度信号传递给管理系统模型，即开始了新一轮的整车离线仿真。整车离线仿真模型的原理如图 2-46 所示。

基于上文的整车离线仿真模型和 dSPACE 快速控制原型，通过将整车离线仿真模型中的电机系统模型替换为实物电机试验台，就可以完成电机系统硬件在环测试平台，而通过将整车离散仿真模型中的电池系统模型替换为实物的电池试验台，就可以完成电池系统硬件在环测试平台。借助上位机，控制在环试验的启停，观测相应参数的变化。图 2-47 所示为电机系统硬件在环测试平台原理，图 2-48 所示为电池系统硬件在环测试平台原理。

电机系统硬件在环测试平台架构如图 2-49 所示，主要由实物电机、与电机连接充当负载的测功机、控制测功机的测功机控制柜、为电机提供电流/电压的电源柜、为电路提供负载调节反馈功率的电阻柜、可对电机运行状态进行远程

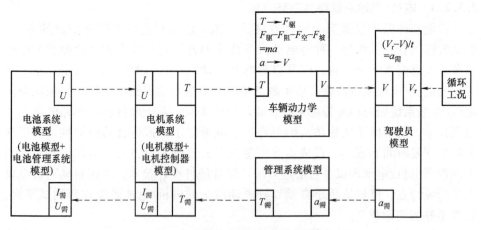

图 2-46 整车离线仿真模型的原理

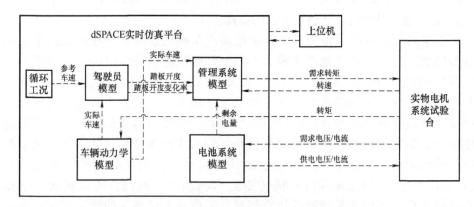

图 2-47 电机系统硬件在环测试平台原理

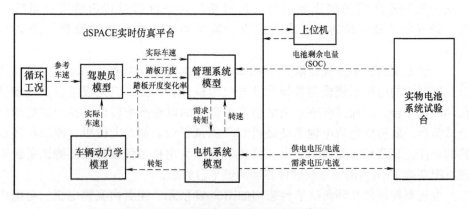

图 2-48 电池系统硬件在环测试平台原理

控制的操控台等组成。借助上位机控制在环测试的启停、监测电机相关参数变化；借助 AutoBox 仿真计算整车离线仿真模型；借助 CAN 通信盒完成相关仿真信号交互。

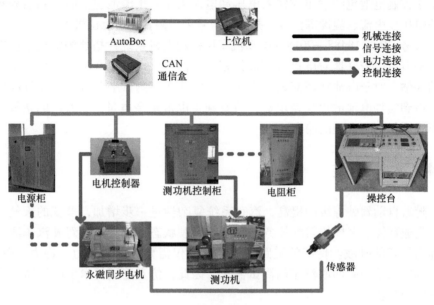

图 2-49　电机系统硬件在环测试平台架构

电池系统硬件在环测试平台架构如图 2-50 所示。实物电池试验台主要由三

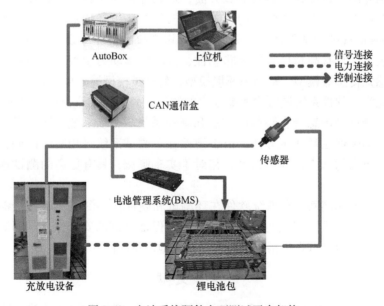

图 2-50　电池系统硬件在环测试平台架构

部分组成：显示电池参数变化的上位机、实物锂电池包、帮助电池充放电的充放电设备。可以使用 dSPACE 公司生产的 MicroAutoBox 运行不包含电池模型的整车模型；在上位机的软件界面进行监视电池包的工作状态，利用电池充放电设备来控制电池包的输出或输入电压和电流大小；用电池包上的传感器采集电池的电压、电流、温度等信号，并通过信号采集装置传给上位机。

参考 GB/T 18488—2015《电动汽车用驱动电机系统》搭建的电机系统在环测试平台可以较好地对电机系统进行相关的测试，可以更有利于日后对整车性能的评估。对于电池在环测试平台来说，电池在环测试平台可以较快且准确地测量得到实物电池的电压及电流，更有利于电池剩余电量（SOC）的估算，使整车模型得到更合理的输出。

2.4 本章小结

随着自动驾驶等级的提高，汽车系统复杂性进一步增加，多变的天气、复杂的交通环境、多样的驾驶任务和动态的行驶状态等都为自动驾驶汽车测试评价提出了新的挑战。传统的道路场地测试不仅需要大量的人力、物力、财力，并且难以满足智能网联汽车的测试需求，因此，仿真测试技术手段扮演着越来越重要的角色。

本章对测试场景库、系统级的软硬件在环仿真测试技术做了详细介绍。场景库方面，对场景的基本定义和概念做了阐述，并对场景库的构建及应用方法做了详细介绍。软件在环仿真测试方面，对软件在环仿真的测试技术、环境模型、整车模型、环境感知模型构建、整车软件在环仿真技术做了详细介绍。其中，Panosim 虚拟测试平台作为具有自主知识产权的软件，综合应用了本章介绍的各项技术，具有高精度、复杂非线性、实时汽车动力学模型、高置信度、实时环境感知传感器模型，动静态环境模型，驾驶员模型等，可以通过 Panosim 软件对智能汽车软件系统进行快速高效率的测试。另外，本章介绍了毫米波雷达、相机在环测试等传感器在环测试方法和制动系统、驱动系统、转向系统等控制执行系统的硬件在环测试方法。由于硬件在环测试系统采用真实的硬件，测试结果具有更高的真实性和可信度，相对于实车测试，具有更高的测试速度和测试效率。

综上，智能网联汽车系统软件在环测试和硬件在环测试，不仅能够进行一些道路场地测试难以实现的危险场景测试并保证测试的安全性，其测试结果还可以为道路场地测试提供指导，降低道路场地测试时间和成本。

参考文献

[1] 朱波，胡旭东，谈东奎，等. 基于多通道态势图的自动驾驶场景表征方法 [J]. 中国公

路学报，2020（8）：1-10.
[2] 冯屹，王兆. 自动驾驶测试场景技术发展与应用［M］. 北京：机械工业出版社，2020：31-58.
[3] 冯屹，王兆. 自动驾驶测试场景技术发展与应用［M］. 北京：机械工业出版社，2020：72-75.
[4] 余志生. 汽车理论［M］. 北京：机械工业出版社，2019：170-172.
[5] 闫瑞雷. 十四自由度车辆动力学模型仿真分析［D］. 长沙：湖南大学，2014.
[6] 李克强. 电动汽车工程手册 第六卷 智能网联［M］. 北京：机械工业出版社，2020.
[7] 郭姣. 面向汽车智能化仿真的雷达模拟研究［D］. 长春：吉林大学，2017.
[8] 李雅欣. 激光雷达建模与基于激光雷达的汽车行驶环境危险评估方法研究［D］. 长春：吉林大学，2018.
[9] 陈慧岩，熊光明，龚建伟，等. 无人驾驶汽车概论［M］. 北京：北京理工大学出版社，2014.
[10] 罗来军，李伟超，高大威，等. 线控转向系统软硬件容错研究综述［J］. 汽车零部件，2019（8）：83-89.
[11] 上海衡鲁汽车科技有限公司. 一种满足 ASIL_D 标准的无人驾驶冗余转向装置及其控制方法与流程：CN201910260459.8［P］. 2019-08-16.
[12] 李占旗，刘全周，陈慧鹏. 基于系统级的电动助力转向控制测试评价研究［J］. 汽车电器，2017（10）：65-68.
[13] 穆天宇，刘强，李顺智. 基于 dSPACE 的故障注入系统在汽车电子集成测试中的应用［J］. 汽车实用技术，2016（3）：152-155.
[14] 陈慧鹏. 汽车电动助力转向系统硬件在环仿真方法研究［D］. 天津：河北工业大学，2015.

第3章
智能网联汽车关键零部件测试

智能网联汽车的发展离不开各个零部件的协同工作,部分零部件作为实现智能网联汽车技术的必要手段显得极为"关键",是决定智能网联汽车技术水平和安全性能的关键一环。本章以对智能网联汽车技术实现具有关键意义的零部件为切入点,从环境感知、定位、通信三大方面总结了一些已发展成熟、业内具备一定测试经验和基础的零部件,并对其进行了产品、性能、测试和标准的介绍。其中,环境感知部分包含毫米波雷达、激光雷达、车载摄像头,通信模块包含不停车收费系统、车载电子单元、车载通信终端(蓝牙、Wi-Fi、基于LTE-V2X的车载信息交互系统)。本章基于对智能网联汽车关键零部件发展现状、工作原理、国内外相关标准制定情况与测试内容和测试方法的介绍,概括性地介绍了智能网联汽车关键零部件的测试技术。

3.1 毫米波雷达

3.1.1 产业现状

毫米波雷达作为实现自动驾驶的关键零部件,一直是各整车厂及零部件厂商关注的技术重点。目前,毫米波雷达市场占有率较高的生产厂商主要是合称为"ABCD"的 Autoliv(美安)、Bosch(博世)、Continental(大陆)和Delphi(德尔福),这几家公司的年产量均在千万级别。随着ADAS技术以及新兴的自动驾驶市场不断扩大,毫米波雷达行业的新兴势力也在不断冒头。趁着毫米波雷达多元化这股东风,国内企业正在致力于将车载毫米波雷达国产化,实现进口替代。目前,其产品多为24GHz以及77GHz,且24GHz已经量产,77GHz也有部分企业小批量量产。

3.1.2 毫米波雷达技术简介

因为毫米波波长比较短,所以它的传播特性不同于常用的无线电通信频段,同时由于其频率很高，它的调制带宽可以做到很大。无线电信号传输时使用的天线长度一般为波长的整数倍，由于毫米波的波长较短，其天线可以做到非常小，因此它的大气波导特性非常接近于光。

　　毫米波雷达具备了毫米波的传输特性，因其高穿透能力、全天候、全天时工作（极端恶劣天气除外）的特点，早期被应用于军事领域。毫米波雷达与其他微波雷达一样，都具备波束的概念。区别于常见的 FM 广播等无线电信号与激光信号，毫米波雷达的传输路径是一个锥状的波束，它的波束能量比全向辐射会高很多，但是比激光雷达的汇聚力要低。因此，与激光雷达相比，毫米波雷达的反射面大，但是分辨力不如激光雷达高；而与普通微波雷达相比，它的分辨力要高很多。随着国内雷达技术的发展，毫米波雷达传感器开始广泛应用于汽车电子领域，且低生产成本的毫米波雷达将是现在及未来实现自动驾驶的重要感知传感器。

　　毫米波雷达的主要功能就是测距、测速、测向定位，即发现目标并测定目标的空间位置，包括目标的距离、速度和方向角度。第 2 章中毫米波雷达的物理模型对雷达工作原理做出了介绍，以下将介绍测距、测速和测角的具体过程。

　　测距雷达一般有超声波雷达、激光雷达、红外雷达、毫米波雷达等，一般都是采用回波测量的方式进行距离测量的。回波检测原理是无线信号（毫米波）发射后，由目标物反射，最后由毫米波雷达再次接收，根据收发信号的时间差或脉冲/相位差及信号传输的速度（光速/声速），即可计算与目标的相对距离。

　　毫米波雷达速度测试是基于多普勒效应原理，因为毫米波的频率较高，所以具备较强的多普勒频移效应。当毫米波雷达与目标物相对运动时，观测者接收到的毫米波与毫米波雷达发射的毫米波频率会有不同。当目标靠近雷达时，反射信号频率升高，当目标物远离雷达时，反射信号频率降低，通过雷达检测的频率差可计算雷达的移动速度，即雷达与目标物的相对速度。毫米波相对于微波、超声波等有更强的多普勒频移效应，也就是说使用毫米波测量物体移动速度时，相比微波、超声波等具有更高的分辨力。

　　毫米波雷达方向角度的测试原理是根据毫米波雷达多发多收机制加阵列信号处理、计算得出，由于毫米波波长小，收发天线的尺寸就非常小，有利于做成相控阵列。

3.1.3　毫米波雷达测试

　　毫米波雷达的测试包括射频性能测试、抗干扰性能测试、目标识别性能测试及车规环境测试。该测试遵从于毫米波雷达的正向研发过程，从物理层参数层面、抗干扰层面、目标识别功能层面、车规环境层面、整车安装层面形成整个产品评价体系。

3.1.3.1 毫米波雷达射频性能测试

毫米波雷达射频性能测试关系到毫米波雷达目标识别精度的理想参数状态、物理层参数的好坏以及杂散发射水平。射频测试在暗室或暗箱中完成，包括雷达工作频率范围及带宽、峰值有效全向辐射功率、平均有效全向辐射功率、线性调频信号（chirp）波形参数分析、带外发射、杂散发射和接收机杂散。由于毫米波雷达工作频谱较高，传导测试导致信号衰减较大，测试底噪较高，且高频线束成本昂贵，因此毫米波雷达射频性能一般采用空口测试。

射频性能测试可分为三类测试，第一类为扫频及辐射强度测试，其测试设备连接示意图如图 3-1 所示，通过目标模拟器将雷达发射信号降为中频信号，再由频谱分析仪扫频并测试功率；第二类为线性调频信号（chirp）分析，该测试利用瞬态分析方式捕获毫米波雷达 chirp 波形，分析计算毫米波雷达波形参数；第三类为带外发射、杂散发射及接收机杂散测试，使用频谱分析仪测试降为中频信号的毫米波雷达杂散发射及接收机杂散。

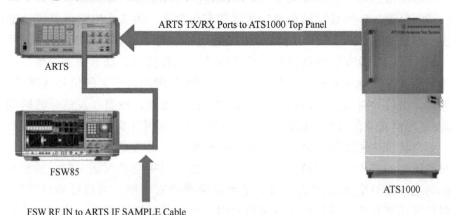

图 3-1　扫频及辐射强度测试设备连接示意图

（1）扫频及辐射强度测试

扫频及辐射强度测试包括雷达工作频率范围及带宽、峰值有效全向辐射功率（Peak E.I.R.P）、平均有效全向辐射功率（Mean E.I.R.P）。雷达工作频率范围及带宽是指雷达工作的电磁波频率范围及频带宽度，亦称雷达发射信号的载波频率范围及频带带宽。按要求将接收天线与待测毫米波雷达正对设置并将待测雷达上电后，首先根据毫米波雷达参数设置频谱分析仪的起始频率和终止频率，然后按照对应测试要求设置参数，包括分析带宽（RBW）、显示带宽（VBW）、检波方式、显示方式、扫描时间、进入仪器占用带宽测试模式、功率占用比，实现频谱仪对毫米波雷达发射信号的扫频。其中，RBW 通常设置为 1MHz，若增大 RBW，会导致底噪相应增加；若减小 RBW，扫频时间较大程度延长，且对仪表分辨率要求增大。峰值有效全向辐射功率（Peak E.I.R.P）是指在待测毫米波雷达工作频率范围内测量的雷达辐射的最高瞬时功率，测试时利用频谱仪捕获每个扫频点最高功率即可，该测试过程可利用自动化测试软件完成。由于待测雷达的安装位置会影响峰值有效全向辐射功率的测试值，在测试时一般会通过固定有待测雷达的转台在一定范围内转动，并测试每个位置的峰值有效全向辐射功率，以确保测试结果的准确性。平均有效全向辐射功率（Mean E.I.R.P）是指在待测毫米波雷达工作频率范围内，在给定方向上辐射的平均功率，测试时一般沿用待测毫米波雷达测试峰值有效全向辐射功率的天线方向，也可根据客户需求测试特定方向。

（2）线性调频信号（chirp）分析

chrip 分析是指捕获待测毫米波雷达的发射信号后，对其波形所蕴含的频偏、调频范围、重复停留时间等波形参数进行分析提取，该测试需手动操作频谱分析仪，通过瞬态分析模式捕获毫米波雷达信号波形，分析计算波形文件中的参数信息，具体设备连接示意图如图 3-2 所示。

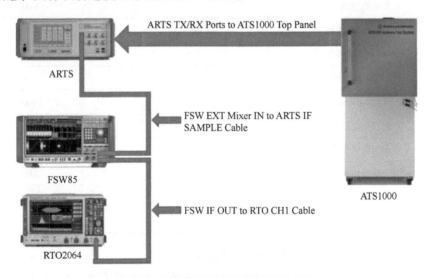

图 3-2 瞬态信号分析设备连接示意图

chirp 参数测试结果见表 3-1。

表 3-1 chirp 参数测试结果

参　数	结　果	单　位
chirp 数量		—
chirp 状态参数		—
chirp 起始时间		ms

(续)

参　　数	结　　果	单　　位
chirp 长度		ms
chirp 斜率		kHz/μs
线性调频状态偏差		kHz/μs
平均频率		kHz
带宽		kHz
调频稳定点		ms
调频稳定时间		ms
调频稳定长度		ms
最大频偏		kHz
RMS 频偏		kHz
平均频偏		kHz
峰值频率非线性		—
RMS 频率非线性		—
平均频率非线性		—
调相稳定点		ms
调相稳定时间		ms
调相稳定长度		ms
最大相偏		kHz
RMS 相偏		kHz
平均相偏		kHz

（3）带外发射、杂散发射及接收机杂散

带外发射是指调制过程中产生的一个或多个频率上的必要带宽之外的发射，带外发射不包括杂散发射；杂散发射包括谐波发射、寄生发射、互调及变频发射，是在必要带宽之外的一个或多个频率上的发射，其水平可以在不影响相应信息传输情况下降低，杂散发射不包括带外发射。带外发射和杂散发射的边界为以中心频率为中心、工作带宽的250%处，不同标准带外发射、杂散发射的测试频率有所规定，测试时可参考执行，杂散发射测试设备连接示意图如图3-3所示。

接收机杂散一方面是针对无特殊工作模式的待测毫米波雷达而言，由于毫米波雷达发射机始终与接收机同步工作，故接收机杂散等同于带外发射和杂散

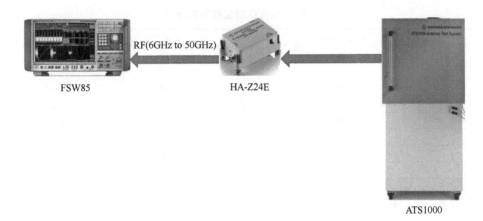

图 3-3 杂散发射测试设备连接示意图

发射；另一方面针对发射机可单独关闭的待测毫米波雷达，使得待测毫米波雷达处于仅接收机工作的状态，即可完成接收机杂散测试。

3.1.3.2 毫米波雷达抗干扰性能测试

随着毫米波雷达越来越多地被上车安装，毫米波雷达的同频及邻频干扰环境越来越复杂。同时，随着通信行业的快速发展，其他电子电器的无线发射同样会使得毫米波雷达工作的电磁干扰环境越来越复杂。

毫米波雷达的抗干扰性能测试在暗室或暗箱中进行，通过信号源及其发射天线向待测毫米波雷达发射干扰信号，同时利用毫米波雷达目标模拟器及其发射天线向待测毫米波雷达发射模拟回波信号。通过毫米波雷达上位机或信息读取软件观察待测毫米波雷达对目标的识别跟踪，记录该待测毫米波雷达在干扰信号下目标识别的稳定性。

上述测试需要注意的是，信号源可模拟干扰信号的频率、功率和信号类型，干扰信号通过频率可区分为带内、带外和远带干扰信号，通过信号类型可区分为白噪声、连续波（CW）信号、调频连续波（chrip）信号等，且在测试时可通过调节信号功率实现对干扰信号强度的调整。

3.1.3.3 毫米波雷达目标识别性能测试

（1）单目标测试

单目标测试包括单个目标的距离信息、速度信息和角度信息。由毫米波雷达目标模拟器模拟单个目标的距离、速度，并通过天线位置或毫米波雷达转台位置调整，实现对单个目标角度的设定。根据距离、速度、角度及目标物反射截面（RCS）大小的不同组合进行测试，每个测试项测试有效数据不少于 8 组，并对数据是否符合目标（距离、速度、角度）精度要求进行筛选，单目标测试推荐测试项见表 3-2。

表 3-2 单目标测试推荐测试项

测试项	RCS/(dBsm)	角度/(°)	速度/(m/s)	距离/m
1	10	0	V_{max}	$R_{max}/2$
2	10	0	V_{min}	R_{max}
3	10	45	V_{max}	$R_{max}/2$
4	10	−45	V_{min}	R_{max}
5	10	0	0	R_{min}
6	−10	0	0	R_{min1}
7	−10	0	V_{max1}	R_{max1}
8	−10	0	V_{min1}	R_{max1}

（2）多目标测试

多目标测试包括距离分辨力、速度分辨力和角度分辨力测试。由毫米波雷达目标模拟器模拟两个目标的距离、速度，并通过两个目标对应的两个发射天线的位置调整，实现对两目标相对于待测毫米波雷达角度的调整。根据两目标分别对相同距离、速度、角度的分离操作，测试待测毫米波雷达的距离分辨力、速度分辨力和角度分辨力。

3.1.3.4 毫米波雷达车规环境性能测试

毫米波雷达的基本功能即为探测目标，利用毫米波雷达目标模拟器发射雷达回波模拟信号，使得毫米波雷达进行车规环境测试的同时，接收雷达回波模拟信号，并通过雷达上位机显示待测毫米波雷达目标识别状态，可弥补毫米波雷达在车规环境测试过程中对工作状态评定的空缺。车规环境测试项目见表 3-3。

表 3-3 车规环境测试项目

序号	测试项	
1	电气性能测试	直流供电电压试验
		长时过电压
		短时过电压
		叠加交流电压试验
		供电电压缓降和缓升试验
		供电电压缓慢下降和快速上升试验
		电压瞬时下降
		对电压骤降的复位性能
		启动特性
		反向电压试验
		短时中断供电试验
		单线开路
		多线开路
		短路保护试验
		绝缘电阻试验
		参考接地和供电偏移

(续)

序号		测试项
2	外壳防护测试	防尘试验
		防水试验
3	力学性能测试	机械振动试验
		机械冲击试验
		自由跌落试验
		碎石冲击试验
		线束拉脱力试验
4	耐候性测试	低温储存
		低温工作
		高温储存
		高温工作
		温度梯度
		温度循环
		高低温交变
		湿热循环
		冰水冲击
		盐雾腐蚀
5	电磁兼容性能测试	静电放电产生的电骚扰试验-电子模块不通电
		静电放电产生的电骚扰试验-电子模块通电
		由传导和耦合引起的电骚扰试验-沿电源线的电瞬态传导
		由传导和耦合引起的电骚扰试验-除电源线外的导线通过容性和感性耦合的电瞬态抗扰
		对电磁辐射的抗扰性试验
		无线电骚扰特性试验-传导发射
		无线电骚扰特性试验-辐射发射
		高温耐久性
		温度交变耐久性

其中，耐候性测试场景如图 3-4 所示。

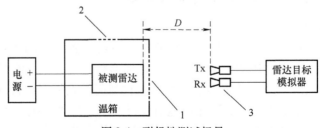

图 3-4 耐候性测试场景
1—射频透波窗口 2—观测窗口 3—天线与前置变频器

3.2 激光雷达性能测试

随着科技水平的快速提升，激光雷达的技术得到了不断的发展和升级。随着人工智能时代的到来，激光雷达也已被广泛应用于自动驾驶、机器人、安防监控、无人机、地图测绘、物联网、智慧城市等高新科技领域。激光雷达形式多样，随着器件水平和加工制造水平的更新，激光雷达技术指标和技术方式也在不断升级。激光雷达技术按不同的载体可分为星载、机载、车载及固定式激光雷达系统。其中，星载及机载激光雷达系统结合卫星定位、惯性导航、摄影及遥感技术，可进行大范围数字地表模型数据的获取；车载系统可用于道路，桥梁，隧道及大型建筑物表面三维数据的获取；固定式激光雷达系统常用于小范围区域精确扫描测量及三维模型数据的获取。总之，激光雷达技术的出现，为空间信息的获取提供了全新的技术手段，使得空间信息获取的自动化程度更高，效率更明显。这一技术的发展也给传统测量技术带来了革命性的挑战。

3.2.1 激光雷达发展历程

国外激光雷达技术的研发起步较早，早在20世纪60年代，人们就开始进行激光测距试验；20世纪70年代，美国的阿波罗登月计划中就应用了激光测高技术；20世纪80年代，激光雷达技术得到了迅速发展，研制出了精度可靠的激光雷达测量传感器，利用它可获取星球表面高分辨率的地理信息。到了21世纪，针对激光雷达技术的研究及科研成果层出不穷，极大地推动了激光雷达技术的发展。随着扫描、摄影、卫星定位及惯性导航系统的集成，利用不同的载体及多传感器的融合，直接获取星球表面三维点云数据，从而获得数字表面模型（DSM）、数字高程模型（DEM）、数字正射影像（DOM）及数字线画图（DLG）等，实现了激光雷达三维影像数据获得技术的突破，使得雷达技术得到了空前发展。如今，激光雷达技术已广泛应用于社会发展及科学研究的各个领域，成为社会发展服务中不可或缺的高技术手段。

3.2.2 激光雷达传感技术的定义及分类

3.2.2.1 激光雷达传感技术的定义

激光雷达（LiDAR）是一种用于精确获得三维位置信息的传感器，好比人类的眼睛，可以确定物体的位置、大小、外部形貌甚至材质。它是通过激光测距技术探测环境信息的主动传感器的统称。它利用激光束探测目标，获得数据并生成精确的数字工程模型。激光雷达由发射系统、接收系统、信息处理三部分组成。激光雷达的工作原理是利用可见和近红外光波（多为950nm波段附近的红外光）发射、反射和接收来探测物体。

3.2.2.2 激光雷达传感技术分类

根据结构,激光雷达分为机械式激光雷达、混合固态激光雷达和固态激光雷达。

1. 机械式激光雷达

机械式激光雷达是指其发射系统和接收系统存在宏观意义上的转动,也就是通过不断旋转发射头,将速度更快、发射更准的激光从"线"变成"面",并在竖直方向上排布多束激光,形成多个面,达到动态扫描并动态接收信息的目的。因为带有机械旋转机构,机械式激光雷达最大的特点就是自己会转,个头较大。如今,机械式激光雷达技术相对成熟,但价格昂贵,主机厂近期量产的可能性较低;同时存在光路调试、装配复杂、生产周期漫长、机械旋转部件在行车环境下的可靠性不高以及难以符合车规的严苛要求等不足。

2. 混合固态激光雷达

机械式激光雷达在工作时,其发射系统和接收系统会一直360°地旋转,而混合固态激光雷达工作时,单从外观上是看不到旋转的,它的巧妙之处是将机械旋转部件做得更加小巧并深深地隐藏在外壳之中。业内普遍认为,混合固态激光雷达是指用半导体"微动"器件(如MEMS扫描镜)来代替宏观机械式扫描器,在微观尺度上实现雷达发射端的激光扫描方式。MEMS扫描镜是一种硅基半导体元器件,属于固态电子元件;但是,微机电系统(MEMS)扫描镜并不"安分",内部集成了"可动"的微型镜面;由此可见,MEMS扫描镜兼具"固态"和"运动"两种属性,故称为"混合固态"。对于激光雷达来说,MEMS最大的价值在于:原本为了机械式激光雷达实现扫描,必须使激光发射器转动。而MEMS可以直接在硅基芯片上集成体积十分精巧的微振镜,由可以旋转的微振镜来反射激光器的光线,从而实现扫描。这样一来,激光雷达本身不用再大幅度地进行旋转,可以有效降低整个系统在行车环境出现问题的概率。另外,主要部件运用芯片工艺生产之后,量产能力也得以大幅度提高,有利于降低激光雷达的成本,可以从上千乃至上万美元降低到数百美元。

3. 固态激光雷达

相比于机械式激光雷达,固态激光雷达结构上最大的特点就是没有了旋转部件,个头相对较小。固态激光雷达的优点包括:数据采集速度快,分辨率高,对于温度和振动的适应性强;通过波束控制,探测点(点云)可以任意分布,例如在高速公路主要扫描前方远处,对于侧面稀疏扫描但并不完全忽略,在十字路口加强侧面扫描。只能匀速旋转的机械式激光雷达是无法执行这种精细操作的。从使用的技术上来说,固态激光雷达分为OPA固态激光雷达和Flash固态激光雷达。

(1) OPA固态激光雷达

光学相控阵技术(Optical Phased Array,OPA)运用相干原理(类似于两圈水波相互叠加后，有的方向会相互抵消，有的会相互增强），采用多个光源组成阵列，通过控制各光源发光时间差，合成具有特定方向的主光束。然后再加以控制，主光束便可以实现对不同方向的扫描。相对于 MEMS，这一技术的电子化更加彻底，它完全取消了机械结构，通过调节发射阵列中每个发射单元的相位差来改变激光的出射角度。因为没有任何机械结构，自然也没有旋转，所以相比传统机械式雷达，OPA 固态激光雷达有扫描速度快、精度高、可控性好、体积小等优点。但也易形成旁瓣，影响光束作用距离和角分辨率，生产难度高。

（2）Flash 固态激光雷达

Flash 原本的意思为快闪，而 Flash 激光雷达的原理也是快闪，不像 MEMS 或 OPA 的方案会进行扫描，它是在短时间直接发射出一大片覆盖探测区域的激光，再以高度灵敏的接收器来完成对环境周围图像的绘制。因此，Flash 固态激光雷达属于非扫描式雷达，发射面阵光是以二维或三维图像为重点输出内容的激光雷达。某种意义上，它有些类似于黑夜中的照相机，光源由自己主动发出。Flash 固态雷达的一大优势是它能快速记录整个场景，避免了扫描过程中目标或激光雷达移动带来的各种麻烦。不过，这种方式也有自己的缺陷，比如探测距离较近。这意味着 Flash 固态激光雷达没有"远视眼"，在实际使用中不适合远程探测，而业内专家坚信，全自动驾驶汽车上搭载的激光雷达至少一眼就得看到 200~300m 外的物体。Flash 固态激光雷达的成本相对较低，但基于 3D Flash 技术的固态激光雷达，技术的可靠性方面还存在问题。

3.2.3 激光雷达传感技术的工作原理

激光雷达的工作原理与雷达非常相近，其以激光作为信号源，由激光器发射出的脉冲激光打到地面的树木、道路、桥梁和建筑物上引起散射，一部分光波会反射到激光雷达的接收器上，根据激光测距原理计算，得到从激光雷达到目标点的距离。脉冲激光不断地扫描目标物，就可以得到目标物上全部目标点的数据，用此数据进行成像处理后，就可得到精确的三维立体图像。可以测量两个或多个距离，计算其变化率而求得速度，这是直接探测型雷达的基本工作原理。

激光雷达系统一般包括：激光源或其他发射器，灵敏的光电探测器或其他接收器，同步和数据处理电子系统，运动控制设备或微机电系统（MEMS）扫描镜。基于精确的激光扫描组件，可用于创建 3D 地图或收集近距离数据。民用和商业应用中，保证用眼安全的激光器在高性能紧凑型 LiDAR 中越来越受欢迎。在用眼安全的波长范围内，当在地形测绘和避障中探测固体时，通常需要红外激光器发射 1.5m 的波长。

3.2.4 激光雷达传感技术的特点

传统雷达是以微波和毫米波波段的电磁波为载波的雷达。激光雷达则是以激光作为载波，可以用振幅、频率和相位来搭载信息作为载体。因此，激光雷达有以下优于微波及毫米波的一些特点：

1) 极高的分辨率：激光雷达工作于光学波段，频率比微波高 2~3 个数量级。与微波雷达相比，激光雷达具有很高的距离分辨率、角分辨率和速度分辨率。

2) 高抗干扰能力：激光波长短，可发射发散角非常小的激光束；多路径效应小（不会像微波或者毫米波一样产生多径效应），可探测低空或超低空目标。

3) 丰富的信息量：可直接获取目标的距离、角度、反射强度、速度等信息，生成目标多维度图像。

4) 不受光线影响：激光扫描仪可全天候进行侦测任务。它只需发射自己的激光束，通过探测发射激光束的回波信号来获取目标信息。

3.2.5 激光雷达性能测试

目前国内还没有与激光雷达车规级测试相关的测试标准，一些激光雷达企业对产品主要进行机械冲击测试，如镭神智能测试要求如下：测试前，被测样品要求表面无损伤和无其他异常现象。

测试过程利用机械冲击台开始测试，测试标准分为两种：

1) 被测物件放置在刚性平台上，冲击台对被测物件施加加速度为 20g，持续时间为 11ms，冲击波为半正弦波形，对其 X、Y、Z 3 个方向分别进行冲击，每个方向测试 10 次总计 30 次。

2) 被测物件放置在刚性平台上，冲击台对被测物件施加加速度为 40g，持续时间为 11ms，冲击波为半正弦波形，对其 X、Y、Z 3 个方向分别进行冲击，每个方向测试 10 次总计 30 次。

测试环境为室温 25℃、湿度为 50% RH。测试结果要求：在进行机械冲击之后其外观无凹陷且无破损，激光雷达测试功能正常。

3.3 车载摄像头的测试

作为自动驾驶核心部件之一的车载摄像头，随着 ADAS 技术的发展，最近几年也在飞速发展，从早期的导航到现在的 ADAS，汽车的视觉系统目前为驾驶员提供了许多新功能。安装在车辆上的车载摄像头通过与传感器的配合可以收集数据，提高驾驶安全性，车载摄像头可以为汽车提供车内外的监视系统，进行车内人员和道路情况的监控识别，甚至可以通过安装在车内的摄像头进行面部识别，分析驾驶员身体情况，如识别驾驶员是否饮酒驾驶等。

目前，各个车型安装的摄像头数量不一且安装位置不同。如凯迪拉克新 CT5 轿车通过在车顶安装 1 个摄像头，可以监视驾驶员注意力。而 2020 款现代 Sonata 在整个车身上装有 5 个摄像头，有 4 个摄像头可以扩大驾驶员的视野，让驾驶员看到车外更多的地方。现代汽车有前置摄像头、后视摄像头，还有超声波传感器，它通过发射声波来测量物体到汽车的距离。在 2019 款宝马 X5 汽车上，安装了 1 个驾驶员监视摄像头，视频摄像头装在数字仪表板上。特斯拉汽车内外部均装有许多摄像头，8 个环绕车身的摄像头让新特斯拉汽车拥有 360°视野，可以让 L3 级别的自动驾驶汽车看到周围的世界。

3.3.1 车载摄像头发展现状

我国的车用摄像头产业发展迅猛，在汽车上的应用日趋广泛，单车装备量为 1~10 枚不等。

国内外部分综合实力较强的汽车零部件公司在自动驾驶摄像头上进行了多产品布局，可以为下游客户提供综合性的自动驾驶解决方案，形成较强的竞争力。目前，松下、法雷奥、富士通天、大陆等公司在国际市场占据较大份额，国内竞争格局则是传统摄像头公司与零部件公司均进行布局。在车载摄像头的产业链上游中，互补金属氧化物半导体（COMS）传感器技术含量高，市场高度集中，摄像头视觉识别 Mobileye 公司优势较大。

3.3.2 车载摄像头相关标准

随着智能网联汽车技术的发展和自动驾驶汽车的落地应用，车用摄像头的应用越来越多。2016 年初，汽标委立项了行业标准 QC-T 1128—2019《汽车用摄像头》。标准主要针对可见光成像和热成像车载摄像头进行了规定，其中，可见光摄像头的光谱波长主要为 420~700nm。红外线成像（夜视）摄像头波长主要是 760nm~400μm。其主要应用为高级辅助驾驶系统（ADAS）、流媒体后视镜（间接视野）、行车记录装置（DVR）、汽车事件记录系统（EDR）、车载监控系统、可视倒车、360°环视等相关技术领域。标准贴合了目前国内汽车行业的实际现状，针对图像性能方面，参考了照相、摄像、安防及消防类电子行业相关标准，并结合了国内外部分整车制造企业相关测试规范。该标准的实施填补了我国目前车用摄像头零部件测试的空白，对于提升汽车安全性、舒适性具有重要作用。国外针对车用摄像头主要是采用 ISO 16505《道路车辆-摄像机监控系统》。

3.3.3 车载摄像头测试

依据 QC-T 1128—2019《汽车用摄像头》，针对车载摄像头的测试要求如下：

3.3.3.1 外观与结构测试

待测车载摄像头部件外表应该光洁、平整，不应有凹痕、划伤、裂缝、变形、毛刺、霉斑等缺陷；外露金属件表面应有牢固的防护层，防护层应均匀，不应有起泡、龟裂、脱落、磨损、锈蚀和机械损伤；镜头不应有气泡、划痕、裂纹、污物等缺陷；标志应正确、完整、清晰易于识别和追溯。对于车载摄像头，其结构应该装配完整且紧固可靠，应无变形、无松动和无脱落现象。

3.3.3.2 图像性能

车载摄像头的图像性能测试主要包括帧率、调制传递函数（MTF）、信噪比（SNR）、动态范围（DR）、最高照度、最低照度、白平衡、色彩还原、眩光、鬼像等。

1. 帧率测试

试验样件正常电气连接，所有功能正常运行，外接显示设备，用视频分析设备对输出的视频信号进行测试，利用曝光时间帧率测试仪，通过改变LED闪烁的速率，可以测试不同帧率的相机，甚至可以测试它们丢帧、插帧这些现象。测试原理是利用视频单帧时间求得相机帧率，以及是否丢帧插帧等现象。测试相机种类包括可见光相机、近红外相机。

2. 低照度测试

要求车载摄像头产品在低照度条件时，其MTF值应不低于要求的60%，不能有干扰条纹、水波纹等现象。

测试环境：测试在暗室中进行，试验样件正常电气连接，所有功能正常运行，需要外接显示设备，且照度为（2±0.2）lx。

测试设备：针对超低照度及超广角度相机测试的需求，利用低照广角测试光源，该设备具有超低照度和超广角度的一体化相机分辨力测试系统（图3-5），可以提供0.01lx甚至更低的（0.001lx）低照环境。

图3-5 低照广角测试设备

此系统集正常照度测试、低照测试、超低照测试、多色温色彩分析以及照度实时反馈功能等多功能于一身，是汽车影像和全景监控行业摄像头性能测试的必备利器。

3. 鬼像测试

测试要求：鬼像与视场的面积占比为1%~8%，其鬼像与原像的峰值亮度比值应<50%；鬼像与视场的面积占比>8%，其鬼像与原像的峰值亮度比值应<30%。其中，点光源功率为1W，色温为6000K，发光角度为110°±10°（半光强）。

测试设备（图3-6）：可利用杂光鬼影测试系统，自动精确控制被测件，使其相对于点光源具有不同的拍摄角度,从而模拟在现实场景中,点光源在相机的不同方位和角度所产生的杂光鬼影现象。

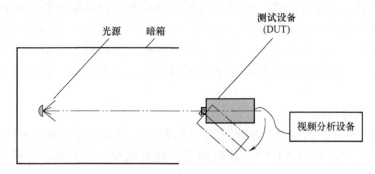

图3-6 鬼像测试设备布置图

3.3.3.3 电气性能测试

车载摄像头的电气性能测试主要有工作电压范围测试、长时间过电压、短时间过电压、叠加交流电压、电压缓慢下降和上升、电压缓慢下降和快速上升、电源瞬态变化、反向耐电压、短时中断供电、开路、短路保护等测试项目。其主要是对车载摄像头的电气性能进行全方位的测试,例如,工作电压范围测试是在不同的标称电压下,对其电压上下限是否符合规定进行测试,工作电压范围见表3-4。

表3-4 工作电压范围 （单位：V）

标称电压 U_n	工作电压下限 U_{smin}	工作电压上限 U_{smax}
5	4.75	5.25
12	9	16
24	16	32

对于车载摄像头,还应该测试长时间过电压和短时间过电压。车载摄像头在供电电压瞬时下降或者在承受汽车起动脉冲的冲击下,其图像应具有较高的质量。

3.3.3.4 防水与力学性能测试

1) 车载摄像头的不同安装位置对其防水等级要求不一,常见的各个区域防水等级见表3-5。对于安装在汽车厢体外部的车载摄像头,因工作环境相比其他地方更加恶劣,需经受高压水冲击并且保证其不会损坏。

表3-5 不同区域防水等级

安装位置	汽车前迎风面	汽车厢体外部	汽车乘客舱内部
防护等级	IP6K9K	IP6K7	IP6K4

2）对于车载摄像头的力学性能测试主要有：耐振动性能、机械冲击性能、自由跌落性能、碎石冲击性能、镜头的耐磨性能、线束拉脱力。其主要是在机械振动台、机械冲击台架和机械跌落台进行测试，要求测试过后车载摄像头能保持正常运行。

3.3.3.5 环境耐候性测试

车载摄像头环境耐候性测试主要项目有：温度性能、湿热性能、冰水冲击性能、盐雾腐蚀性能、化学腐蚀性能和气候老化性能。温度性能测试中，温湿度范围见表3-6。

表3-6 温湿度范围

安装位置	储存环境温度范围/℃	工作环境温度范围/℃	工作环境相对湿度范围（%）
无特殊要求	−40~90	−40~85	25~75
乘客舱阳光直射高温区域	−40~95	−40~90	

此外，车载摄像头还需测试电磁兼容和耐久性测试，主要是对车载摄像头的辐射电磁能的抗扰性和在静电放电条件下进行电子模块通电运行和不通电运行进行测试。

3.4 定位模块性能测试

3.4.1 车辆高精度定位系统简介

目前，车联网场景主要面临以下三个方面的定位需求：定位精度及定位范围、通信时延和网络部署。目前，室外的定位技术以实时动态差分技术（Real-time Kinematic，RTK）为主，在室外空旷无遮挡环境下可以达到厘米级定位，但考虑到城市环境密集高楼区，以及会经历隧道、高架桥、地下停车场等遮挡场景，需要结合惯性单元使用融合算法保持一定时间的精度。因此，如何保障车辆在所有场景下的长时间稳定高精度定位，是车联网应用场景下车辆高精度定位的巨大挑战。这就需要结合蜂窝网定位、惯导、雷达、摄像头等，通过多源数据融合保障车辆随时随地的定位精度以及高精度地图的绘制和更新。

高精度定位需要有与之匹配的高精度地图才有意义。从定位技术来看，对于摄像头、雷达等传感器定位，需要有相应的高精度地图匹配，以保证实现厘米级的定位。另外，从车联网业务来看，路径规划、车道级监控和导航，也需要高精度地图与之配合才能实现。然而，绘制高精度地图成本高且复杂，且需要定期更新才能保证定位性能和业务需求，难以实现快速普及，从而限制了车辆高精度定位技术的商业应用。

3.4.1.1 定位系统构架

在 5G 及 C-V2X 迅速发展和快速普及的背景下，基于车联网的应用业务正在快速扩展。而高精度定位作为车联网整体系统中的关键部分，结合对车辆高精度定位的场景分析和性能需求，主要包括终端层、网络层、平台层和应用层。其中，终端层实现多源数据融合（卫星、传感器及蜂窝网数据）算法，保障不同应用场景、不同业务的定位需求；平台层提供一体化车辆定位平台功能，包括差分解算能力、地图数据库、高清动态地图、定位引擎，并实现定位能力开放；网络层包括 5G 基站、RTK 基站和路侧单元（Road Side Unit，RSU），为定位终端实现数据可靠传输；应用层基于高精度定位系统，能够为应用层提供车道级导航、线路规划、自动驾驶等应用。

1. 终端层

为满足车辆在不同环境下的高精度定位需求，需要在终端采用多源数据融合的定位方案，包括基于差分数据的 GNSS 定位数据、惯导数据、传感器数据、高精度地图数据以及蜂窝网数据等。

2. 网络层

系统网络层主要实现信号测量和信息传输，包括 5G 基站、RTK 基站和 RSU 的部署。5G 作为更新一代的通信技术，可以保证较高的数据传输速率，满足高精度地图实时传输的需求。5G 基站也可完成与终端的信号测量，上报平台，在平台侧完成基于 5G 信号的定位计算，为车辆高精度定位提供辅助。基于 5G 边缘计算，可实现高精度地图信息的实时更新，提升高精度地图的实时性和准确性。地基增强站主要完成 RTK 测量，地基增强站可以与运营商基站共建，大大降低网络部署以及运维成本。同时，可通过 5G 网络实现 RTK 基站测量数据的传输，可实现参考站快速灵活部署。RSU 一方面可实现 RTK 信息播发，避免传统的 RTK 定位中终端初始位置的上报；同时，RSU 可提供局部道路车道级地图以及实时动态交通信息广播。

3. 平台层

平台层主要可实现以下功能模块化：

1）高精度地图：静态高精度地图信息，如车道线、车道中心线、车道属性变化等，此外还包含道路的曲率、坡度、航向、横坡等参数，能让车辆准确地转向、制动、爬坡等；还包含交通标志牌、路面标志等道路部件，标注出特殊的点如 GNSS 消失的区域、道路施工状态等。

2）交通动态信息：如道路拥堵情况、施工情况、交通事故、交通管制、天气情况等动态交通信息。

3）差分解算：平台通过 RTK 基站不断接收卫星数据，对电离层误差、对流层误差、轨道误差以及多路径效应等误差在内的各种主要系统误差源进行优化分析，建立整网的电离层延迟、对流层延迟等误差模型，并将优化后的空间误差发送给移动车辆。

4）数据管理：如全国行政区划数据、矢量地图数据、基础交通数据、海量动态应急救援车辆位置数据、导航数据、实时交通数据、兴趣点（Point of Interest，POI）数据等，这里的数据是经过数据生产工艺，进行整合编译后的运行数据。

5）数据计算：包括路径规划、地图静态数据计算、动态实时数据计算、大数据分析、数据管理等功能。

4. 应用层

应用层可以为用户提供地图浏览、规划路线显示、数据监控和管理等功能，以及基于位置的其他车联网业务，如辅助驾驶、自动驾驶等。

3.4.1.2 高精度定位关键技术

1. 基于 RTK 差分系统的 GNSS 定位

全球导航卫星系统（Global Navigation Satellite System，GNSS）是能在地球表面或近地空间的任何地点为用户提供全天候的三维坐标和速度以及时间信息的空基无线电导航定位系统，包括美国的 GPS、俄罗斯的格洛纳斯卫星导航系统（GLONASS）、欧洲的伽利略系统（GALILEO）和中国的北斗系统（BDS）。高精度 GNSS 增强技术通过地面差分基准参考站进行卫星观测，形成差分改正数据，再通过数据通信链路将差分改正数据播发到流动测量站，进而流动测量站根据收到的改正数进行定位。

1）高精度 GNSS 差分改正数通过蜂窝网络向用户面播发，差分改正数的用户面播发是基于 NTRIP（Networked Transport of RTCM via Internet Protocol）和 RTCM（Radio Technical Commission for Maritime）等协议实现的单播传输方法。

① 由地面基准参考站观测卫星数据，将原始卫星观测值传输至云端改正数解算及播发平台。

② 云端改正数解算及播发平台收到原始卫星观测数据后进行实时组网建模解算，形成区域网格化差分改正数。

③ 终端流动站发起高精度改正数请求，并上报当前卫星定位取得的初始位置。

④ 云端改正数解算及播发平台根据终端位置匹配相应改正数，通过蜂窝网络用户面（互联网）下发至终端。

⑤ 终端设备根据自身的卫星观测值以及接收到的差分改正数进行高精度定位。

⑥ 在这种播发方式中，移动通信网络仅作为数据通路，差分改正数据与单个蜂窝不产生直接关联关系。

2）高精度 GNSS 差分改正数通过蜂窝网络控制面播发。为了应对不同场景，

将高精度 GNSS 引入移动通信网络控制面,其不仅支持单播改正数的播发,还支持广播的方式。具体的实现主要基于如下步骤:

① 运营商定位服务器可以从参考站获得观测值,该参考站可以是第三方参考站,也可以是基于蜂窝网络中基站进行改造升级的参考站。

② 在一个小区内,基站的位置可以看作用户的概略位置,定位服务器通过部署方式或者基站上报的方式可以获得基站的位置信息。

③ 定位服务器,基于获得基站的位置信息以及参考站的测量值,进行建模并产生改正数,根据应用场景的不同以单播或者广播的形式发送给终端。

④ 终端获取改正数后进行定位解算。

3) 高精度 GNSS 在车联网应用中的几点考虑:

① 可用性:车联网的主要应用场景大多涉及交通效率和交通安全,高精度定位的可用性是至关重要的核心指标。可用性对于基准参考站网的建设、运营、维护,后台数据中心的实时解算能力、服务稳定性以及通信链路的质量和覆盖都有较高的要求。

② 一致性:考虑到车联网的大规模应用必须基于良好的互联互通,并且各接入车联网相关应用的终端在位置数据上需要统一基准,高精度 GNSS 改正数据在生成和播发时也需要考虑到数据的一致性。数据不一致主要是由基准点坐标框架不一致、差分基准参考站的基准点坐标不精确或者差分改正数据解算方法不同造成的。由此,不建议差分基准参考站独立负责该站点周边的差分信息覆盖,而是进行云端组网解算,以此来消除站与站之间,以及不同数据解算之间的差异,并适当考虑多余的基准参考站备份,防止终端定位过程中由于匹配参考站不一致、运营商不一致等因素带来的定位数据偏差。

③ 合规性:根据相关测绘法规,实时差分服务数据属于受控管理数据,需要采取用户审核注册的方式提供服务。其中,提供优于 1m 精度服务的,基准站数据中心管理部门审核注册后应向省级以上测绘地理信息行政主管部门报备用户及使用目的等信息。针对全国范围服务的服务提供商,必须具有大地测量子项"全球导航卫星系统连续运行基准站网位置数据服务"甲级资质。基于法规考虑,高精度 GNSS 改正数的播发使用单播将主要考虑传播链路上各数据商的资质;使用广播将关注如何进行数据使用者的管控,合理解决方案还需深入研究与讨论。

2. 传感器与高精地图匹配定位

视觉定位是通过摄像头或激光雷达等视觉传感器设备来获取视觉图像,再提取图像序列中的一致性信息,根据一致性信息在图像序列中的位置变化估计车辆的位置。根据事先定位所采用的策略,可分为基于路标库和图像匹配的全局定位、同时定位与地图构建(SLAM)、基于局部运动估计的视觉里程计三种方法。

3.4.2 导航定位国内外标准情况

3.4.2.1 国际标准

针对车载终端导航定位，国际上主要有俄罗斯的 ERA-GLONASS 系列标准和欧盟 eCall 系列标准。

俄罗斯联邦国家标准主要有：GOST 55534《车内紧急呼叫系统—导航模块的试验方法》、GOST R 54620—2011《全球卫星导航系统、事故紧急响应系统、应急勤务部门车载呼叫系统通用技术要求》、GOST R 51794《全球导航卫星系统—坐标系》等。

欧盟标准主要有：CEN/TS 16454：2012 *Intelligent Transport Systems-ESafety-Ecallendtoend Conformance Testing*。

3.4.2.2 国内标准

国内已经发布的标准和规范主要有：GB/T 19392—2013《车载卫星导航设备通用规范》、GB/T 19056—2012《汽车行驶记录仪》、JT/T 794—2019《道路运输车辆卫星定位系统 车载终端技术要求》、JT/T 1159—2017《道路运输车辆卫星定位系统 北斗兼容卫星定位模块》、JT/T 590—2004《北斗一号民用车（船）载遇险报警终端设备技术要求和使用要求》等。

3.4.3 定位性能测试

车载定位性能测试主要包括：定位精度测试、首次定位时间、失锁重捕时间、跟踪灵敏度和捕获灵敏度测试几个方面。

1. 测试项目

（1）定位精度测试

定位精度测试是指接收终端在特定星座和星历条件下，接收卫星导航信号进行定位解算得到的位置与真实位置的接近程度，一般以水平定位精度和高程定位精度方式表示。测速精度是指接收卫星导航信号进行速度解算得到的速度与真实速度的接近程度。

所有的精度都是根据实际的测试数据使用某种统计学的方法计算出来的，根据选择的统计方法不同，计算的结果也会有很大的差异。常用的统计方法有方均根值（RMS）法和 R95 法。卫星导航接收机的水平定位精度方均根值为 1.2m 是指"使用测试数据统计得到，测量位置与真实位置之间水平误差的标准差为 1.2m，也就意味着有约 65% 的测量值与真实值的误差在 1.2m 以内"。R95 法意味着有约 95% 的测量值与真实值的误差在 1.2m 以内，R95 法得到的精度值约为 RMS 法得到的精度值的 1.7 倍。因此，在了解精度量化数值的同时，必须要了解它是用何种统计方法描述的。

(2) 首次定位时间(TTFF)

首次定位时间是用于衡量接收机信号搜索过程的快慢程度,接收机的首次定位时间取决于初始状态。根据用户开机前的初始化条件,可分为冷启动首次定位时间、温启动首次定位时间和热启动首次定位时间。对于车载终端,一般测试冷、热启动的首次定位时间,3种初始化条件分别为:

1)冷启动:接收终端开机时,没有当前有效的历书、星历和本机概略位置信息。

2)温启动:接收终端开机时,没有当前有效的星历信息,但是有当前有效的历书和本机概略位置信息。

3)热启动:接收终端开机时,有当前有效的历书、星历和本机概略位置等信息。

(3) 失锁重捕时间

失锁重捕时间是指接收终端在丢失所接收信号的状态下,从重新接收到信号开始,至终端设备输出符合定位精度要求的定位结果所需的时间。失锁重捕时间反映了在接收机信号失锁,定位中断后重新恢复定位的速度。失锁重捕时间短的接收机在易中断环境中(如隧道等)的定位性能好,因此,失锁重捕时间可以有效评估车载终端的性能。

(4) 跟踪灵敏度

跟踪灵敏度是指被测设备在捕获信号后,能够保持稳定输出并符合定位精度要求的最小信号功率。其评估的是接收机在已经定位的状态下,维持定位精度要求所需的最低接收功率。跟踪灵敏度是评估车载终端性能的关键指标之一。

(5) 捕获灵敏度

捕获灵敏度是指接收机在失锁状态下,在规定时间内输出满足定位指标要求的最低接收信号功率。捕获灵敏度高的接收机有更强的捕获弱信号的能力,因此也是评估车载终端性能的重要指标之一。

2. 测试原理

以上测试可以通过仿真测试手段,采用卫星系统GNSS模拟器来实现(图3-7),模拟器应可同时模拟产生最多24颗卫星的动态信号,并支持模拟汽

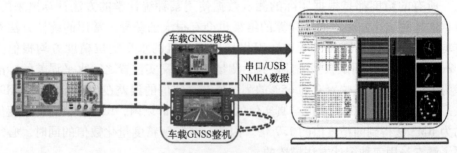

图3-7 仿真测试示意图

车路径规划。为了与真实环境中的卫星数目接近,模拟 7~8 颗恒定载噪比 (42~44) 质量的卫星进行测试。

1) 首次定位时间:从待测件开机开始计时,直至其定位正确停止计时。分别进行冷启动和热启动,得到两种模式下的启动时间。对于冷启动,通过卫星模拟器初始化一个距实际测试位置不少于 1000km 的伪位置,使星历等信息失效,实现冷启动;而对于热启动,需使待测件在正常工作情况下,断电 60s,再重新启动。

2) 位置更新频率:待测件以文件形式输出定位结果,查看时间间隔为 t,则位置更新频率为 $1/t$。

3. 测试方法

用户提出性能指标主要是从体验的角度出发的,因此对不同的应用场景,用户关注的指标不同。在常规驾驶车辆场景下,定位精度和捕获灵敏度对用户体验影响最大;而在紧急情况下,触发定位报警时最关键的指标则是定位精度和跟踪灵敏度。因此,对于终端的导航定位性能测试,很多时候是针对终端使用场景定制测试项目,从卫星信号的产生方式来划分的。导航定位性能测试方法可以分为以下 3 类:

1) 实验室测试:用卫星信号源模拟真实的卫星信号,这种测试方式场景可重现,应用较广泛。

2) 实场测试:即利用天上真实的卫星信号进行测试,这种测试方式更贴近用户的真实体验,对车载终端的性能评估也很关键。但由于卫星信号受天气等各种因素影响,场景不可重现,且时间、经济成本较高,具有一定的局限性。

实场测试采用高精度 RTK 差分定位接收机作为基准,以测试车辆作为载体,将被测终端所用天线和高精度 RTK 差分定位接收机所用天线安装在运动载体上;两天线的相位中心相距不超过 0.2m,测试车辆按照规划路线行驶,不少于 15min;测试过程中,被测终端保持卫星信号锁定,期间包括加速、减速、转弯、掉头等操作,最高车速不超过 80km/h。期间使用高精度 RTK 差分定位接收机获取运动载体在运动过程中各时刻的标准点坐标,并以 1Hz 更新率采集被测终端输出的位置坐标。结束后,与高精度 RTK 差分定位接收机提供的标准点坐标相比较,求误差均值,得到被测终端的定位误差,验证是否满足规定指标。

3) 虚拟路测:通过卫星信号采集回放仪将卫星信号录制下来,在实验室中回放信号进行测试,这种方法兼具实验室测试和实场测试的优点。在这种方式中,如何保障卫星信号采集的完整性和回放的准确性是最大的挑战。

以上 3 种方式各有优劣,总体来说,虚拟路测是未来的发展趋势,带信道模拟的导航定位虚拟路测也已经开始研究。

3.4.4 精度定位技术发展方向探讨

车辆高精度定位是实现智慧交通、自动驾驶的必要条件。随着 C-V2X 服务从辅助驾驶到自动驾驶的发展，其性能要求从可靠性、时延、移动速度、数据速率、通信范围以及定位精度等方面发生变化。与其他服务不同，定位信息是保证车联网业务安全的基本要素之一。第三代合作伙伴计划（3GPP）中描述了一些重要的定位关键指标，如定位精度、延迟、更新速率、功耗等。此外，对于 V2X 服务，其定位存在一些特殊需求，如连续性、可靠性和安全/隐私等。其中，定位精度是 V2X 定位服务中最基本的要求。在一些高级驾驶的业务服务中，如自动驾驶、远程驾驶和编队行驶，稳定的厘米级定位是其安全可靠服务的必要保障。

根据环境以及定位需求的不同，定位方案是多种多样的，GNSS 或其差分补偿 RTK 方案是最基本的定位方法。考虑到 GNSS 在隧道或密集城市等场景中性能较差，其应用场景仅限于室外环境。GNSS 通常要与惯导结合以增加其定位稳定性和场景适应性。基于传感器的定位也是车辆定位的另一种常见定位方法，但高成本、对环境的敏感性以及地图的绘制和更新也限制了传感器定位的快速普及和推广。GNSS 或传感器等单一技术无法保证车辆在任意环境下的高精度定位性能，因此会结合其他一些辅助方法（如惯性导航、高精度地图、蜂窝网等）以提高定位精度和稳定性。其中，蜂窝网络对于提高定位性能至关重要，如 RTK 数据和传感器数据的传输、高精度地图的下载等。另外，5G 本身的定位能力，也为车辆高精度定位提供了强有力的支撑。

3.5 车载通信终端

车联网通过最新信息通信技术，实现汽车全方位通信网络的链接，为车辆行驶安全、汽车交通运行效率做出了突出贡献。车载通信终端作为车与车、车与路、车与人、车与平台之间信息交互的桥梁，其各种通信手段逐步趋于成熟，车内通信网络、车际通信网络以及车辆移动互联网络的逐步融合，标志着车载通信终端在车辆上核心地位的不可替代性以及用户个性化定制服务的开端。

目前，车载通信终端的通信方式分为蜂窝、蓝牙、Wi-Fi、GNSS、AM/FM 和 PC5，这些通信方式的协议测试、性能测试在通信行业已较为成熟。其中，蓝牙、Wi-Fi 主要是面向车内通信，车载通信终端一般表现为控制端与天线集成一体；蜂窝、GNSS、AM/FM 和 PC5 是面向车外通信，车载通信终端一般表现为控制端与天线分体设置，控制端安装在车内，天线共用车辆的鲨鱼鳍天线或其他。车规环境测试方案依托车联网发展背景，正在被汽车行业及通信行业联合推动，稳步前进。

针对控制端与天线集成一体的车载通信终端，目前存在两种车规环境测试方式：

1）借用通信行业性能测试手段，分离控制端与天线接线端口，并在该射频端口引出线束。当车载通信终端整体位于车规环境测试过程中时，利用线束检测其射频性能。

2）利用车载通信终端无线通信的特点，将车载通信终端固定在车规试验环境下，并在车载通信终端的正对面设置交互设备，使得车载通信终端在车规试验环境下完成与交互设备的空口通信。基于此，利用交互设备监控车载通信终端在车规试验环境下的状态及功能实现。该测试方式对于在开放环境进行的功能测试项，直接检测即可；但是对于在温箱等封闭试验箱内测试时验证功能的试验项，需要对试验设备进行改造，使得封闭试验箱具备透波功能，以便实现车载通信终端的空口通信。

针对控制端与天线分体设置的车载通信终端，需分别对控制端和天线进行车规环境的性能测试，同时对安装在车辆上的车载通信终端总体进行空口通信性能的测试。因此，该测试分为三部分：控制端车规环境测试（传导）、天线环境性能测试、整车通信 OTA 性能测试。

以下针对蓝牙、Wi-Fi 以及基于 LTE-V2X 的车载信息交互系统在上述车规环境试验方案的基础上介绍各自的性能测试。

3.5.1 蓝牙、Wi-Fi 性能测试

3.5.1.1 蓝牙、Wi-Fi 技术简介

1997 年，蓝牙（Bluetooth）正式拥有名字，据传是取自 10 世纪欧洲一个国王哈拉尔德·高姆森（Harald Gormson）的诨名——Harald Bluetooth，取首字母 H 和 B，将它们在古挪威语中的字母"ᚼ"和"ᛒ"组成这套系统的 Logo。

蓝牙技术的真正起源是 1994 年，由爱立信研发，目的是为了代替传统的串口数据线（RS-232 接口），使设备之间摆脱物理连线，使他们的产品为用户提供更好的使用体验。1998 年，爱立信联合国际商业机器公司（IBM）、英特尔、诺基亚、东芝成立了特殊兴趣小组（Special Interest Group，SIG），这就是现在蓝牙技术联盟 Bluetooth SIG 的前身。蓝牙技术联盟是一家贸易协会，由电信、计算机、汽车制造、工业自动化和网络行业的领先厂商组成。该小组致力于推动蓝牙无线技术的发展，为短距离连接移动设备制定低成本的无线规范，并将其推向市场。

蓝牙技术是一种无线数据和语音通信开放的通信技术规范，是低成本的近距离无线连接，为固定和移动设备建立通信环境的一种特殊的近距离无线连接技术。一般情况下，蓝牙设备支持距离在 10m 以内的无线电通信。在此范围内，设备间能实现方便快捷、灵活安全、低成本、低功耗的数据通信和语音通信，

是目前无线通信的主流技术之一。蓝牙音响、蓝牙耳机、蓝牙鼠标等外设现在在我们的生活中随处可见。

至今，蓝牙已经"奔三"了，而其版本也经过了数次更新与发展。从1999年第一个成型版本1.0开始，经过2001年1.1版、2003年1.2版、2004年2.0版、2007年2.1版、2009年3.0版、2010年4.0版、2013年4.1版、2014年4.2版、2016年5.0版、2019年5.1版到2020年5.2版，蓝牙经过了历次的更新，涵盖了音频传输、图文传输、视频传输，再到以低功耗为主打的物联网数据传输。一方面维持着蓝牙设备的向下兼容性，另一方面蓝牙也正应用于越来越多的物联网设备。当下的物联网为蓝牙提供了新的主场，这项20多年前问世的技术，未来还将焕发出蓬勃的生命力。

Wi-Fi与蓝牙技术一样，同属于在办公室和家庭中使用的短距离无线技术。由于有了随时可用的Wi-Fi，人们在使用手机、笔记本计算机等可携式电子产品时，再也不用担心会无网可连，而且在上网的时候也不用被一大堆线所围绕。

IEEE 802.11是针对Wi-Fi技术制定的一系列标准，第一个版本发表于1997年，但并没有立即广为采用。1999年，IEEE工作小组创建了802.11b，将数据流量提高到11Mbit/s。在802.11b标准建立后不久，IEEE工作小组又发布了一个更快的802.11a标准，它用的是5GHz频段，优点是这个标准速度更快，达到了54Mbit/s，且这个频段在当时是比较空闲的；缺点是辐射范围比2.4GHz小，成本较高。为了解决速度问题，IEEE 802.11工作小组在2003年推出了802.11g。尽管802.11g使用与802.11b同样的2.4GHz频段，但却能够达到高达54Mbit/s的速度。于2009年推出的802.11n，进一步提高了802.11g和802.11a的速度。802.11n工作在2.4GHz或5.8GHz频段（不同时运行），能够大幅度提高网络速度。2013年更新的无线技术802.11ac标准扩展了802.11n，特别是在5.8GHz的频段上实现了改进，在2.4GHz的射频频段中采用了802.11n的技术，因而可以实现向后兼容。Wi-Fi 6原名是802.11ax，但是这样的命名对于普通消费者来说比较烦琐，也不利于宣传。2019年发布的802.11ax在未发布之前就有一个新的、被现在广泛流传的名字——Wi-Fi 6，2018年10月4日，Wi-Fi联盟宣布将第六代Wi-Fi技术802.11ax更名为Wi-Fi 6。20多年间，历经802.11b、802.11a、802.11g、802.11n、802.11ac的演进，它的发展日益向着更高的传输速率发展。Wi-Fi历史见表3-7。

表3-7 Wi-Fi历史

标准代码	802.11b	802.11a	802.11g	802.11n	802.11ac	802.11ax
新命名				Wi-Fi 4	Wi-Fi 5	Wi-Fi 6
发布时间	1999年	1999年	2003年	2009年	2013年	2019年
工作频段	2.4GHz	5GHz	2.4GHz	2.4/5.8GHz	5GHz	2.4/5GHz

(续)

信道宽带	20MHz	20MHz	20MHz	20/40MHz	20/40/80/160MHz	20/40/80/160MHz
MCS 范围				0~7	0~9	0~11
调制	DSSS[1], CCK[2]	OFDM[3]	OFDM	OFDM	OFDM	OFDM, OFDMA[4]
最高调制	CCK	64QAM[5]	64QAM	64QAM	256QAM	1024QAM
最大空间流	1	1	1	1	4	8
最高速率	11Mbit/s	54Mbit/s	54Mbit/s	150Mbit/s	3.5Gbit/s	9.6Gbit/s

[1] DSSS 指直接序列扩频。
[2] CCK 指补码键控调制。
[3] OFDM 指正交频分复用。
[4] OFDMA 指正交频分多址。
[5] QAM 指正交振幅调制。

与蓝牙技术相比，Wi-Fi 传输速率更快，传送距离更远。但其也存在一些缺点，如无线信号容易受到建筑物墙体的阻碍；传播时容易受到同频段的其他信号的干扰；另外，网络的安全性也差强人意，容易受到非法用户对网络进行窃听、攻击和入侵等。

由于两种短距离通信的特点各不相同，这两种通信方式在不同的领域都有广泛的应用。

3.5.1.2 蓝牙、Wi-Fi 技术在汽车上的应用

在日常生活中的家用汽车上，蓝牙技术的应用已经越来越广泛，主要有车载蓝牙的胎压监测、车载娱乐系统、蓝牙免提通话和蓝牙遥控钥匙等功能。蓝牙技术除了上述功能外，还有很多其他功能，如车载蓝牙自诊断技术、汽车蓝牙防盗系统等。蓝牙具有功耗低、对人体辐射伤害较小的特点，此外，蓝牙技术本身应用简单且成本较低，易于实现和推广。因此，在车联网的发展进程中，蓝牙将更多地被用作人与车交互的重要媒介，同时承担着设备连接、数据传输和信号控制等功能。

Wi-Fi 由于其技术本身的特点，在汽车上的应用主要集中在数据共享与 Wi-Fi 投屏，从使用场景看不如蓝牙技术运用得广泛。Wi-Fi 的数据共享主要运用为车机向其他设备共享数据，或者车机从其他设备获取数据。总之，Wi-Fi 在汽车上的应用都偏重于大流量数据的高速传输。生活中使用最多的就是车机通过 Wi-Fi 连接具有热点功能的手机，对车机软件、导航地图包进行升级，这种情况往往需要几十甚至上百兆字节的数据。

3.5.1.3 蓝牙、Wi-Fi 认证分类简述

如图 3-8~图 3-10 所示，蓝牙、Wi-Fi 的射频测试是很多组织机构甚至国家

所重点关注的。而且无论蓝牙还是 Wi-Fi，其应用究其本质就是实现数据的交换，而影响数据交换的一个重要性能就是它们本身的射频性能，因此，对其射频性能的测试显得尤为必要。

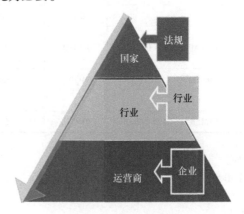

图 3-8　认证等级分类

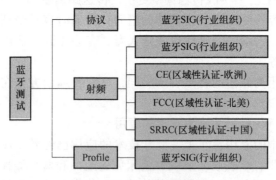

图 3-9　蓝牙测试框架概况

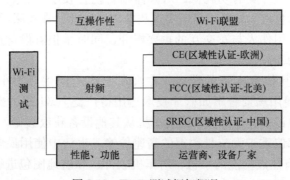

图 3-10　Wi-Fi 测试框架概况

其中，强制类的认证是政府法规类的测试，主要包括：①中国的 NAL、

SRRC；②欧洲的 CE；③北美的 FCC 等。

行业组织类认证包含：①Wi-Fi 联盟认证；②蓝牙联盟 SIG 认证；③PTCRB 认证。

3.5.1.4 蓝牙、Wi-Fi 部分射频性能测试

1. 蓝牙射频测试

（1）测试准备

1）测试前准备。在测试前需要将被测设备调试到蓝牙测试模式下等待测试，此为测试的前提条件。

2）仪表主要按键与连接示意图。在被测试设备进入测试模式之后，将其用射频连接线与测试仪表进行连接，简单连接示意图如图 3-11 所示，蓝牙复杂项测试仪表连接示意图如图 3-12 所示。测试可以进行手动或自动化测试。

得益于技术的成熟，结合测试软件进行操作便可以实现常规测试项目的自动化测试。蓝牙接收机射频测试中的某些测试例，用手动方式实现起来较困难，此时自动化测试的优势就比较明显。

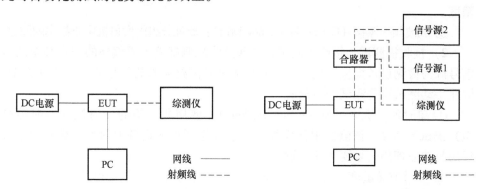

图 3-11　蓝牙测试项测试仪表简单连接示意图　　图 3-12　蓝牙复杂项测试仪表连接示意图

（2）测试内容

1）发射机测试。发射机测试，将被测设备连接好仪表以后，进入相应测试选件界面，就可以读取与发射机相关的指标。主要指标有：

① 发射功率（TX Power）：验证最大峰值和平均射频输出功率。发射功率指无线产品发射天线处的工作功率，单位为 dB·m。发射功率的重要性在于发射机的信号需要经过空间的衰落之后才能到达接收机，那么越高的发射功率意味着越远的通信距离。

② 功率密度（Power Density）：验证最大射频输出功率密度。为了最大限度地降低蓝牙产品的功耗，其工作功率应选择可维持稳定通信链路时的最小等级。功率控制的调整依据为其接收信号强度指示器（RSSI）值。如果 RSSI 值降低至一个或多个指定的阈值，则功率控制机制会向对方发送增大输出信号强度的请求，以便通信的顺利进行。反之，则会向对方发送减小输出信号强度的请求，

在保证通信正常进行的同时降低功耗。

③ 功率控制（Power Control）：验证发射功率控制。

④ 频率范围（Frequency Range）：验证工作频率范围内的发射是否在限值范围内。

⑤ 20dB 带宽（20dB Bandwidth）：验证工作频率范围内的发射是否在限值范围内。被测设备分别工作在低、中、高 3 个频点。测试仪扫频找到对应最大功率的频点，并且找到其左右两侧对应功率下降 20dB 时的 f_L 和 f_H，20dB 带宽 $D_f = |f_H - f_L|$。

⑥ 相邻信道功率（Adjacent Channel Power）：验证工作频率范围内的发射是否在限值范围内。被测设备工作频点分别为第 3 信道、第 39 信道和第 75 信道。测试仪扫描整个蓝牙频段，测试各个信道的功率。

⑦ 调制特性（Modulation Characteristics）：验证调制指数。

⑧ 初始载波容限（Initial Carrier Frequency Tolerance）：验证发射机载波频率精度。

⑨ 载波频率漂移（Carrier Frequency Drift）：验证分组内发射机中心频率的漂移。

2）接收机测试。接收机测试，一些接收机测试例需要额外的一台甚至两台信号源为被测设备提供干扰信号，而且测试时需要输入的信号要求有十几万个，因此手动测试这些测试例不现实。

① 单时隙灵敏度（Single Slot Packets）：使用非理想的发射机（一时隙分组）测试灵敏度，该测试用例详细定义了发送到被测设备的信号，被测设备必须满足该非理想信号要求的灵敏度。

② 多时隙灵敏度（Multi-slot Packets）：类似于单时隙灵敏度的测试。

③ C/I 性能（C/I Performance）：在存在共/邻信道干扰的情况下验证接收机的性能。

④ 阻塞性能（Blocking Performance）：阻塞性能是指在其他频段存在强的干扰信号时，接收机接收有用信号的能力。

⑤ 互调性能（Intermodulation Performance）：互调性能是指存在两个或多个与有用信号有特定频率关系（它们的互调产物刚好落在有用信号带内）的干扰信号的情况下的接收能力。

⑥ 最大输入电平（Maximum Input Level）：蓝牙接收机的饱和电平。

2. Wi-Fi 射频测试

（1）测试准备

1）测试前准备。首先需要确认被测设备支持模式是 AP 还是 Station，将需要测试的被测设备进行设置，并将其与仪表通过射频线缆连接。

2）仪表主要按键与连接示意图。将被测用射频连接线与测试仪表进行连接，连接方式如图 3-11 所示，仅需将图中蓝牙测试仪表换成 Wi-Fi 测试仪表即可。

（2）测试内容

本文以 Wi-Fi 设备作为 Station 产品测试进行介绍，Wi-Fi 常规测试例通过手动测试即可实现。

1）发射机测试。测试结果示例如图 3-13 所示。

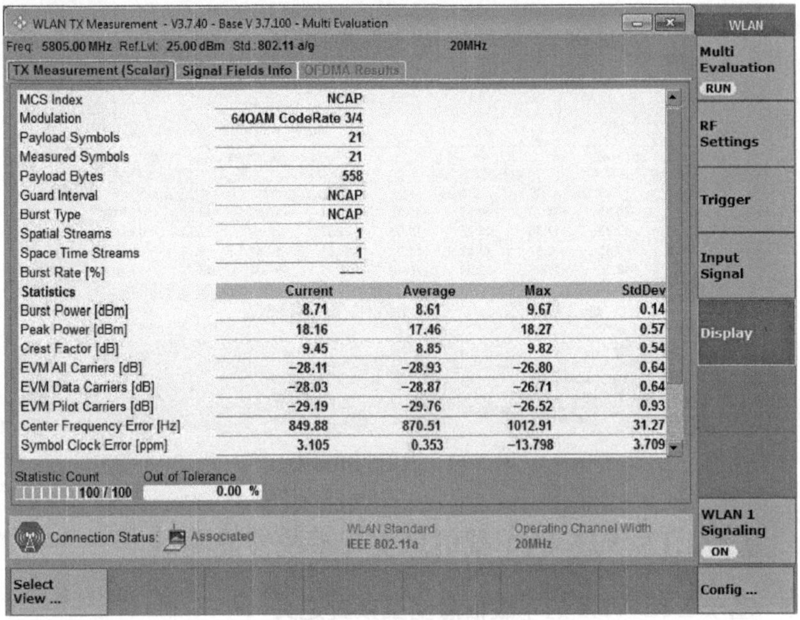

图 3-13　测试结果示例

① 发射功率（TX Power）：发射功率表征的是被测设备发送无线信号强度的大小，在满足频谱模板、调制精度（EVM）性能的前提下，功率越大，其性能越好，在实际应用中表现为无线覆盖范围越大。

② 发射频谱模板（Transmit Spectrum Mask）：被测设备处于发射状态，观察其波形，在发送功率满足要求的前提下，频谱模板越小且离图 3-14 中的红线越远，其性能越好。

③ 频率误差（Frequency Error）：频率误差表征射频信号偏离该处信道中心频率的大小。频偏越小越好，在实际的硬件电路设计中，晶振性能的一致性影响 Wi-Fi 产品频率误差的一致性。

④ 误差矢量幅度（Error Vector Magnitude）：表征的上一个给定时刻立项无误差的基准信号与实际发射信号的向量差。

2）接收机测试。其所包含的主要指标有接收灵敏度（Receiver Sensitivity），该项参数表示被测设备接收信号的性能好坏。接收灵敏度越好（该值为负数，值越小，性能越好），其接收到的有用信号就越多，其无线覆盖的范围就越大。

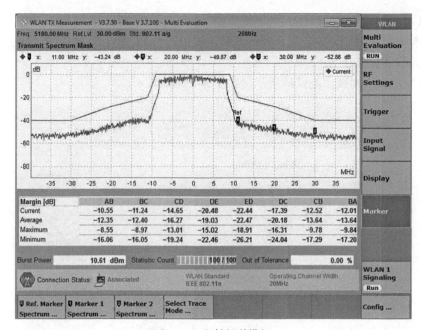

图 3-14　发射频谱模板

3.5.2　基于 LTE-V2X 的车载信息交互系统性能测试

3.5.2.1　基于 LTE-V2X 的车载信息交互系统定义

车联网是车辆与通信、交通等产业的融合应用，通过通信技术实现车辆与外界信息交互，该通信技术包括但不限于 C-V2X。车载信息交互系统是车联网 C-V2X 技术实现的基础零部件。C-V2X 包含 LTE-V2X 和 NR-V2X，LTE-V2X 是基于 4G 网络实现的 V2X 技术，NR-V2X 是基于 5G 网络实现的 V2X 技术。由于 5G 技术在车上应用还不太成熟，所以市场上现存最多的车联网产品为 LTE-V2X 车载信息交互系统。

基于 LTE-V2X 的车载信息交互系统，能够通过 LTE-V2X 进行通信，实现对车-车（V2V）应用、车-路（V2I）应用、车-网（V2N）应用和车-人（V2P）应用的支持。V2V、V2I、V2P 的应用均通过 PC5 直连通信接口实现，通信频率为 5905~5925MHz；V2N 的应用直接用已有 4G 网络实现。通过设计定义相关 V2X 应用场景，能够向用户提供道路安全类、交通效率类和信息服务类等业务。

车载信息交互系统主要包括以下基本组成部分：

1）无线通信子系统：接收和发送空中无线信号，用于与其他车载信息交互系统、基础设施、行人、网络等进行通信。

2）定位子系统：该系统可以是独立的 GNSS 定位模块，也可以是集成在 LTE-V2X 通信模组中的定位芯片，需要同时支持定位和授时。该系统应能支持

第3章　智能网联汽车关键零部件测试

车道级定位，子系统可通过惯导、差分定位等方式，优化定位数据的连续性，提升定位精度。

3）车载设备处理单元：运行程序生成需要发送的空中信号，以及处理接收的空中信号。

4）天线：实现无线射频信号的发送和接收。

车载信息交互系统与应用电子控制单元相连，应用电子控制单元接收车载信息交互系统处理好的空中信号进行决策控制，发送决策控制信号给车内总线，并接收车内总线上传的车辆信息给车载信息交互系统。

同时，应用电子控制单元传输预警信息给HMI来实现对驾驶员的提醒，包括图像、声音、振动等方式。在某些场合，应用电子控制单元和车载信息交互系统在一个物理设备中实现。车载信息交互系统示意图如图3-15所示。

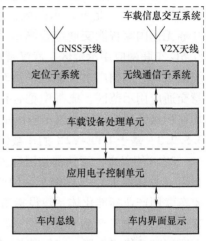

图3-15　车载信息交互系统示意图

3.5.2.2　基于LTE-V2X的车载信息交互系统市场现状

车载信息交互系统的芯片、模组和终端产品的研发逐渐成熟。大唐、华为、高通等企业已经对外提供V2X商用芯片和模组；大唐、华为、星云互联、东软、万集、金溢、中国移动等厂商已经可以提供商用的V2X车载信息交互系统车载单元及RSU。

车企也普遍开展网联车辆研发工作，上汽、一汽、吉利、福特、戴姆勒、宝马等企业已经开展车联网产品研发工作，在新车上大力推动车联网功能应用。2019年4月，上汽、一汽、东风、长安、北汽、广汽、比亚迪、长城、江淮、东南、众泰、江铃、宇通等13家车企一起发布C-V2X商用路标，表示将在2020年下半年到2021年上半年逐步实现C-V2X量产。

我国政府陆续发布车联网相关政策，持续推动车联网发展。2015年，国务院发布的《中国制造2025》将智能网联汽车列入未来十年国家智能制造发展的重点领域。2016年，交通运输部发布的《交通运输信息化"十三五"发展规划》指出要推进智慧公路示范应用，实现路网管理、车路协同和出行信息服务的智能化。2018年，车联网产业发展专项委员会第二次会议，提出加快LTE-V2X、5G网络部署和推动试验场数据共享、测试结果互认。2019年，工信部印发的《车联网（智能网联汽车）产业发展行动计划》，指出要突破关键技术，夯实跨产业基础，形成深度融合、安全可信、竞争力强的车联网产业新生态。2020年2月，11部委联合印发《智能汽车创新发展战略》，指出要突破关键技术、完善测试评价技术、开展应用示范试点。

各地政府都在依托自身优势，积极发力推动智能网联产业发展。截止到 2020 年初，工信部已批准 10 个智能网联发展重点地区，包含吉林长春国家智能网联汽车应用（北方）示范区、京津冀智能汽车与智慧交通产业创新示范区、江苏无锡国家智能交通综合测试基地、上海国家智能网联汽车试点示范区、浙江 5G 车联网应用示范区、武汉智能网联汽车示范区、长沙湖南湘江新区智能系统测试区、广州广东智能网联汽车与智慧交通应用示范区、重庆智能汽车与智慧交通应用示范区、成都中德合作成都智能网联汽车示范基地。各个示范基地均在积极开展智能网联汽车应用示范测试工作。

3.5.2.3 基于 LTE-V2X 的车载信息交互系统相关标准现状

2018 年以来，工信部与国标委联合印发了《国家车联网产业标准体系建设指南（总体要求）》《国家车联网产业标准体系建设指南（智能网联汽车）》《国家车联网产业标准化体系建设指南（信息通信）》和《国家车联网产业标准体系建设指南（电子产品与服务）》等文件，旨在通过推动车联网标准化工作而推动车联网产业稳步发展。与智能网联汽车标准相关的标准化委员会有全国汽车标准化技术委员会、全国通信标准化技术委员会、全国智能运输系统标准化技术委员会和全国道路交通管理标准化技术委员会。四方标准化技术委员会共同签署了《关于加强汽车、智能交通、通信及交通管理 C-V2X 标准合作的框架协议》。在四方共同努力下，截止到 2020 年初，基于 LTE-V2X 的车载信息交互系统相关标准基本框架已经构成（表 3-8），包含接入层、网络层、安全层、应用层以及总体技术要求，涵盖 OBU 端、RSU 端和基站端。已发布标准用矩形框标示，其余标准处于立项或审查阶段。

表 3-8　车载信息交互系统相关标准

分类		标准名称	标准等级	标委会
技术规范	总体	基于LTE的车联网无线通信技术总体技术要求	行标	CCSA/C-ITS
		道路车辆网联车辆方法论	国标	汽标委
	应用层	基于LTE的车联网无线通信技术消息层技术要求	行标	CCSA/CSAE/C-ITS
		合作式智能运输系统车用通信系统应用层及应用数据交互标准	团标	CSAE/C-ITS
		合作式智能运输系统车用通信系统应用层及应用数据交互标准第二阶段	团标	CSAE
	网络层	基于LTE的车联网无线通信技术网络层技术要求	行标	交标委
	应用层及网络层	合作式智能运输系统专用短程通信 第3部分 网络层及应用层规范	国标	ITS标委会
	接入层	基于LTE的车联网无线通信技术空中接口技术要求	行标	CCSA/C-ITS
	安全层	基于LTE的车联网通信安全技术要求	行标	CCSA
设备规范	OBU	基于LTE的车联网无线通信技术终端设备技术要求	行标	CCSA
	RSU	基于LTE的车联网无线通信技术路侧设备技术要求	行标	CCSA
	基站	基于LTE的车联网无线通信技术基站设备技术要求	行标	CCSA

（续）

分类		标准名称	标准等级	标委会
测试规范	OBU	基于LTE的车联网无线通信技术终端设备测试方法	行标	CCSA
		基于LTE的车联网无线通信技术支持LTE-V2X PC5直连通信的车载终端设备测试方法	行标	CCSA
	RSU	基于LTE的车联网无线通信技术路侧设备测试方法	行标	CCSA
	基站	基于LTE的车联网无线通信技术基站设备测试方法	行标	CCSA
	RSU	车路协同系统路侧终端功能要求、性能指标及测试方法	国标	ITS标委会
配置文档	System Profile	基于LTE-V2X直连通信的车载信息交互系统技术要求	国标	汽标委/CAICV/CAICT
		基于LTE的车联网无线通信技术直接通信系统技术要求	团标	CSAE

3.5.2.4 基于LTE-V2X的车载信息交互系统性能测试

1. 车规性能测试

车规性能测试的目的是考核零部件及整车在复杂的自然环境条件下是否能正常工作。测试内容包含环境适应性、力学性能、电气性能、耐久性及电磁兼容等测试，具体内容见表3-9。针对车载信息交互系统测试，主要验证其在复杂环境条件下，正常发送BSM消息的能力。一般要求示意图如图3-16所示，需要温箱测试的项目如图3-17所示。

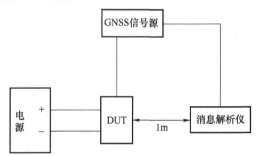

图3-16 环境试验一般要求示意图

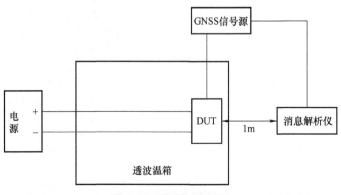

图3-17 温箱测试项目

表 3-9 车规性能测试内容列表

序号	类别	内容
1	环境适应性	低温工作
2		低温储存
3		高温工作
4		高温储存
5		温度梯度
6		规定转换时间的温度快速变化
7		规定变化率的温度循环
8		湿热循环
9		稳态湿热
10		耐盐雾性能
11	力学性能	机械振动
12		机械冲击
13		自由跌落
14	电气性能	直流供电电压
15		过电压（T_{max}-20℃条件）
16		过电压（室温条件下）
17		供电电压缓降和缓升
18		叠加交流电压
19		反向电压
20		供电电压瞬态变化（电压瞬时下降）
21		供电电压瞬态变化（对电压骤降的复位性能）
22		供电电压瞬态变化（启动特性）
23		参考接地和供电偏移
24		抛负载
25	耐久性	耐久性
26	电磁兼容	零部件传导发射
27		零部件辐射发射
28		零部件辐射抗扰度
29		零部件大电流注入抗扰度
30		零部件沿电源线的瞬态传导抗扰度
31		零部件信号线的瞬态抗扰度
32		零部件静电放电抗扰度
33		零部件便携式发射机抗扰度
34		车辆宽带电磁辐射发射
35		车辆窄带电磁辐射发射
36		车辆对电磁辐射的抗扰性能
37		车辆保护车载接收机
38		车辆模拟车载接收机抗扰度

2. 射频性能测试

射频性能关系到了底层硬件通信性能的好坏以及通信性能基础性测试。射频性能主要考察零部件的发射机性能指标、接收机性能指标及解调性能指标是否满足标准要求。具体测试内容见表 3-10。

车载信息交互系统与普通通信终端不同之处在于，其工作模式为非信令模式，即单发、单收，没有握手交互的过程。车载信息交互系统发射信息时，采用 PC5 接口，通过 Sidelink 的方式向外广播信息，接收机接收其他车载信息交互系统广播的 PC5 信息。这给自动化测试带来一定难度，需要车载信息交互系统开放端口，厂家自行配置或者试验人员对其进行测试配置。

表 3-10 射频性能测试内容

序 号	类 别	内 容
1	发射机性能	UE 最大输出功率
2		最大功率衰减
3		附加最大功率衰减
4		UE 传输输出功率
5		最小输出功率
6		发射机关断功率
7		发射开/关时间模板
8		功率控制
9		频率误差
10		占用带宽
11		杂散辐射
12		发射互调
13	接收机性能	参考灵敏度电平
14		最大输入电平
15		邻道选择性（ACS）
16		带内阻塞
17		带外阻塞
18		杂散响应
19		互调特性
20		杂散辐射
21	解调性能	物理侧边链路共享信道（PSSCH）解调性能
22		物理侧边链路控制信道（PSCCH）解调性能
23		两路功率不平衡性能
24		物理侧边链路广播信道（PSBCH）解调性能
25		基于 eNB 同步源的 PSSCH 解调
26		缓存测试
27		PSCCH/PSSCH 译码能力测试

3. 协议一致性测试

协议一致性是通信方面互联互通的基础。只有达到通信协议一致,各个部件间才能互相解析所发送的信息内容。车载信息交互系统的协议一致性主要验证网络层、安全层及消息层的协议一致性。验证标准如下:

1) YD/T 3400—2018《基于 LTE 的车联网无线通信技术　总体技术要求》。
2) YD/T 3340—2018《基于 LTE 的车联网无线通信技术　空中接口技术要求》。
3) YD/T 3709—2020《基于 LTE 的车联网无线通信技术　消息层技术要求》。
4) YD/T 3707—2020《基于 LTE 的车联网无线通信技术　网络层技术要求》。
5) YD/T 3710—2020《基于 LTE 的车联网无线通信技术　消息层测试方法》。

测试系统(图 3-18)由 PC 主机和系统模拟器两个部分组成,二者通过以太网进行通信。PC 主机是测试系统中的上位机,实现设备运行、系统自检以及 TTCN-3 可执行测试用例的运行,并且可通过相关命令接口对被测终端实现自动化测试及控制;系统模拟器用于实现基于 LTE 的车联网无线通信技术的底层协议栈功能,系统模拟器与终端之间通过空口进行通信。测试系统如需被测实体反馈测试过程中相关测试状态或测试结果信息,被测实体通过以太网反馈相关信息。

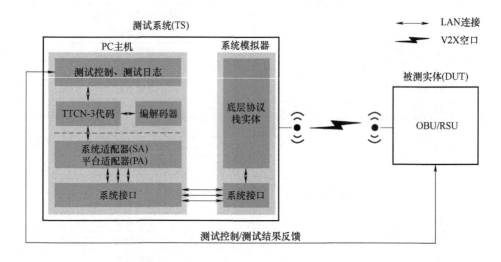

图 3-18　协议一致性测试系统示意图

4. 数据一致性测试

数据一致性是在协议一致性的基础上,对车载信息交互系统发送的数据的正确性及精确度的考察。车载信息交互系统的数据来源有定位数据、车身系统数据、CAN 线车辆动态数据等。其发送数据的正确性,指的是它从 CAN 线或车身系统等正确读取并发出车辆数据的能力;其发送数据的精确度，指的是它发出的 BSM 消息内容针对车辆真实状态的误差大小。因此，整体上的测试为车载信息交互系统安装在车上之后的整车黑盒测试。车载信息交互系统发送数据示意图如图 3-19 所示，测试系统工作原理如图 3-20 所示。

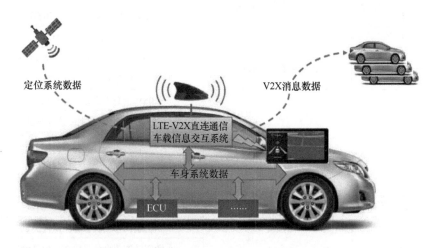

图 3-19 车载信息交互系统发送数据示意图

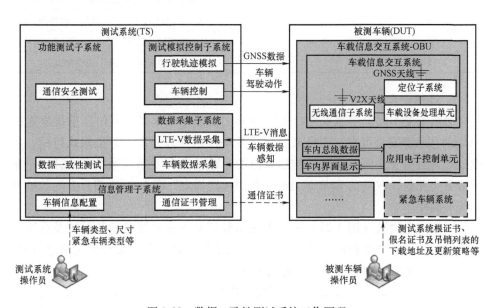

图 3-20 数据一致性测试系统工作原理

车载信息交互系统数据一致性测试内容见表 3-11，主要测试接入层、网络层及应用层数据一致性。应用层测试对象为所有必选消息元素。

表 3-11 数据一致性测试内容

序号	类别	内容
1	接入层数据一致性	工作频段范围
2		分组数据汇聚协议（PDCP）
3		无线链路层控制协议（RLC）
4		介质访问控制（MAC）
5	网络层数据一致性	网络层 DSM 数据一致性测试
6		网络层功能一致性测试
7	应用层数据一致性	BSM 消息发送最小准则测试
8		车辆属性信息数据一致性测试
9		BSM 标识信息数据一致性测试
10		位置信息数据一致性测试
11		车辆档位信息数据一致性测试
12		车辆车速信息数据一致性测试
13		车辆航向角信息数据一致性测试
14		车辆四轴加速度信息数据一致性测试
15		车辆制动系统状态信息数据一致性测试
16		车身周围的车灯状态信息数据一致性测试
17		车辆历史轨迹数据一致性测试
18		消息生成周期数据一致性测试

5. 通信安全测试

通信安全不同于信息安全，通信安全主要是为了保障车载信息系统发送的 BSM 消息来源安全可靠，消息来源身份是经过第三方公证管理机构认可的。实现过程为通信安全证书管理机构给合格的车载信息交互系统颁发安全证书，车载信息交互系统在发送 BSM 消息时，按照标准规定原则在 BSM 消息上附加证书或证书摘要。

通信安全测试（图 3-21）主要关注车载信息交互系统的隐私保护及合法发送消息的权限，主要验证车载信息交互系统的标识随机化、安全发送消息机制、证书改变及失效等内容。具体内容见表 3-12。

图 3-21 通信安全测试

表 3-12 通信安全测试内容列表

序 号	内 容	技 术 要 求
1	标识随机化	上电初始化 MAC
2		证书变化随机化 MAC
3		证书变化随机化 DE_MsgCount, id
4	安全发送消息机制	算法 SM2/SM3
5		每条消息附加证书或摘要
6		摘要算法 SM3
7		长短切换原则
8		关键事件置位附加消息证书
9		无效证书，不发消息
10		过期证书，不发消息
11		启动后第一条附加证书
12		证书改变后第一条消息附加证书
13		不附加时间、生成地信息
14		不加密
15	证书改变	300s 切换证书
16		2km 不换证书
17		关键事件标志置位
18	证书失效	失效不允许发送消息

6. 定位性能测试

车载信息交互系统的定位测试不同于以往的定位测试。车载信息交互系统定位测试关注的为 BSM 消息中车辆位置信息与车辆真实位置之间的误差。BSM 消息中的车辆位置，为车载信息交互系统中定位模块解算的位置信息，进行校正时，校正为车辆在地面投影的正中心位置，且在 BSM 消息发出之前根据 GCJ-02 坐标系进行偏转。因此，各个车载信息交互系统的位置信息均为经过偏转的定位信息，互相使用对方定位信息时，依据的是相对位置误差。经过几乎一样的偏转，相对定位误差变化不大。

测试对象为安装了车载信息交互系统的整车。测试时，以高精度差分定位接收机为基准，需要用消息解析仪先接收并解析车载信息交互系统的 BSM 消息内容，分离出 BSM 消息中的定位信息，该定位信息与基准定位信息进行比较，得出相对定位误差。由上文分析的 GCJ-02 坐标系可知，高精度差分定位接收机也需经过 GCJ-02 坐标系进行偏转。定位测试示意图如图 3-22 所示。

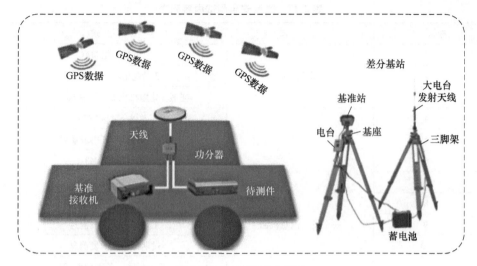

图 3-22　定位测试示意图

3.6　电子不停车收费系统

3.6.1　产业现状

近年来,随着私家车持有量的持续增长,高速拥堵现象日益严重,尤其是节假日期间,高速收费口处长时间大面积堵塞成为常态,进而形成拥堵与交通事故集中发生的恶性循环。如何能够解决日益拥堵的交通环境,是目前民众关心的焦点。

随着智慧城市概念的提出以及智能网联汽车的发展,电子不停车收费(ETC)系统将一部分耗时的人工缴费操作改为自动化,以先进的计算机网络技术及专用短程通信技术为保障、以 IC 卡作为数据载体,在路侧单元和车载单元之间采用专用短程通信技术形成通信链路以完成车辆通行信息的交互,并由车道计算机完成对 IC 卡中的电子钱包或银行账户的扣款操作,实现非现金支付,大大缩减了高速收费口处车辆的停留时间,进而提升了高速收费口处的车辆通行速率。然而,由于不停车收费系统大多数属于后装模块,市场上的系统模块生产厂家存在良莠不齐的情况,导致不停车收费系统工作的不稳定性,在高速口处倒车现象频发,这就给不停车收费系统在技术革新及质量管理方面带来了挑战。

ETC 在国际上的应用非常广泛,挪威已有超过 10 个道路收费运营公司应用该系统,有大约 250 条无自动栏杆的电子收费车道,以及 120 万张以上 AUTO-

PASS 电子标签投入使用；在美国，电子不停车收费方式已经成为美国回收公路投资和养护费用的高效率手段，最著名的联网运行电子不停车收费系统是 E-zPass 系统；葡萄牙的 Via Varde 电子收费系统可以算作欧洲具有代表意义的联网电子收费系统之一，由葡萄牙最大的公路运营商 BRISA 公司管理，收费系统采用封闭式和开放式相结合的模式；在日本，从 2000 年开始建设了大阪、名古屋等多条高速公路 ETC 通道，共计约 100 多个收费站，400 多条 ETC 车道。

为了更加有力地迎接该挑战，也为了从智慧交通层面更加快速地解决高速公路收费问题，1996 年 10 月，交通部公路科学研究所与日本丰田汽车公司就不停车收费系统进行了中日技术交流和现场演示会。1996 年底，首都高速公路发展公司与美国 Amtech 公司在首都机场高速路进行了不停车收费试验。2007 年，我国正式颁布了用于指导 ETC 系统的 GB/T 20851—2007《电子收费 专用短程通信》（2019 年进行了更新），这标志着我国 ETC 系统产品的研发生产已进入高速发展时期。2019 年 3 月 5 日，李克强总理在政府工作报告中指出："深化收费公路制度改革，推动降低过路过桥费用，治理对客货运车辆不合理审批和乱收费、乱罚款。两年内基本取消全国高速公路省界收费站，实现不停车快捷收费，减少拥堵、便利群众。"2019 年 5 月 21 日，国务院办公厅印发《深化收费公路制度改革取消高速公路省界收费站实施方案》（国办发〔2019〕23 号），其目的为贯彻落实党中央、国务院决策部署，进一步深化收费公路制度改革，加快取消全国高速公路省界收费站，实现不停车快捷收费。其中，明确要求"2019 年底前完成 ETC 车载装置技术标准制定工作，从 2020 年 7 月 1 日起，新申请批准的车型应在选装配置中增加 ETC 车载装置。"

3.6.2 工作原理

电子不停车收费系统包括车载单元（OBU）、路侧单元（RSU）、控制平台及其他辅助设施，系统组成如图 3-23 所示。OBU 与 RSU 之间采用专用短程通信技术（DSRC）进行半双工通信，且由于 800~900MHz 和 2.4GHz 为 ISM（Industrial_Scientific_Medical）频段，该频段为国际通信联盟无线电通信局（ITU Radiocommunication Sector，ITU-R）定义的一段频段，主要开放给工业、科学和医学机构使用。应用这些频段不需要许可证或费用，只需要遵守一定的发射功率（一般低于 1W），故而在该频段附近会存在比较严重的干扰情况。因此，我国将 5.8GHz 频段作为不停车收费系统的工作频段。

ETC 的通信主体为 OBU 与 RSU。其中，OBU 为车载单元，即安装在被标识物体上用来与路侧单元进行微波通信的设备，工作原理如图 3-24 所示。其主要作为被标识物体（如车辆、集装箱、货物等）的信息存储卡（如 ID 信息、身份信息、属性信息等），以及用来作为与 DSRC 微波天线交互的通信中继器。

RSU 主要由路侧设备（RSE）和控制器（图 3-25 和图 3-26）组成，RSE 主

■ 智能网联汽车测试与评价技术

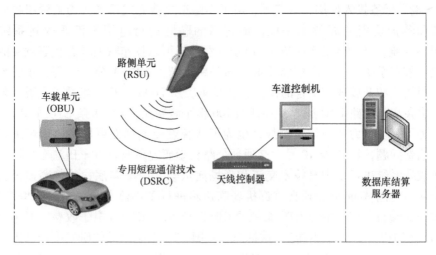

图 3-23 ETC 系统组成图

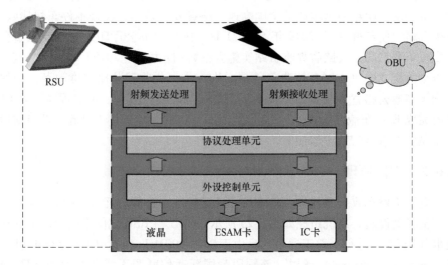

图 3-24 OBU 工作原理

要完成对无线电信号的收发与链路层数据的处理。RSU 控制器负责完成与后端车道计算机等后端设备的数据交互的指令控制。

为了保障 ETC 系统使用者的信息安全，ETC 系统在进行数据交互时采用加密传输的方式，加密方式为 SM4 加密算法。

OBU 常态处于睡眠状态，当 OBU 接收到 RSU 的广播数据帧后，唤醒设备与 RSU 进行数据交互，从而将 OBU 内部存储的车辆信息通过 DSRC 专用信道传至 RSE。RSE 将获取到的车辆身份信息和位置信息反馈给 RSU 控制器，RSU 控制器联合车道计算机分析车辆扣费情况，反馈至 OBU 并由后端业务处理系统完成

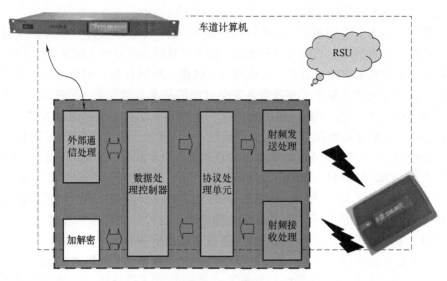

图 3-25 RSE

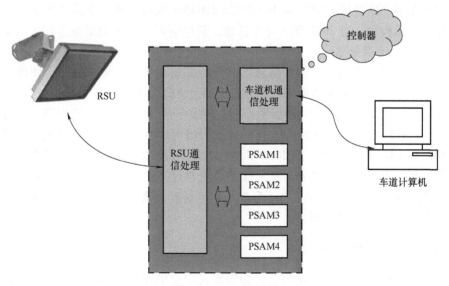

图 3-26 RSU 控制器

与 OBU 绑定银行账户的扣费,从而实现高速公路的快速收费。

3.6.3 标准及政策现状

2019 年 5 月 10 日,GB/T 20851—2019《电子收费 专用短程通信》公布,该标准作为电子收费系统的技术要求文件,详细定义了其物理层、数据链路层和应用层的参数要求,同时阐述了电子收费系统的设备应用和物理层主要参数测试方法，该标准已于 2019 年 12 月 1 日起实施。

2019 年 5 月，交通运输部 2019 年第 35 号文件《电子收费 单片式车载单元（OBU）技术要求》自公布日起实施，该文件从设备要求角度阐述了对 OBU 产品形态、关键技术指标、功能、人机交互、性能、外部接口、安全、供电等的要求；从加密算法角度阐述了车载设备安全模块的基本参数要求、文件结构、秘钥固定和复位信息约定；同时从典型交易流程角度定义了典型交易的基本要求、开放式自由流收费交易流程和封闭式交易流程，大大推动了单片式 OBU 的技术革新。

2019 年 11 月 7 日，全国汽车标准化技术委员会车载电子分标委在北京召开标准审查会，GB/T 38444—2019《不停车收费系统 车载电子单元》全票通过审查，并于 2019 年 12 月 31 日公布，计划在 2020 年 7 月 1 日实施。该标准详细定义了 ETC OBU 的交易功能要求、交易提醒功能要求、自检功能要求和环境评价要求，首次引入了无线通信设备在环境测试中进行空口通信功能验证的过程，使得 OBU 的功能验证更加贴合实际，也使得前装 OBU 的产品级质量管理更加规范化。

2020 年 2 月 6 日，装备中心发布了"关于调整《道路机动车辆产品准入审查要求》相关内容的通知（装备中心〔2020〕40 号）"，要求"对于选装 ETC 装置的车辆，应按照 GB/T 38444—2019《不停车收费系统 车载电子单元》进行相关检验检测。自 2020 年 7 月 1 日起，新申请产品准入的车型应在选装配置中增加 ETC 车载装置。"

2020 年 4 月 7 日，工业和信息化部装备工业发展中心发布"关于调整《公告》产品准入相关要求的通知"（装备中心〔2020〕103 号），其中对选装 ETC 车载装置的相关要求做出明确指示："自 2020 年 7 月 1 日起，新申请产品准入的车型应在选装配置中增加 ETC 车载装置，供用户自主选装。""设置六个月过渡期，自 2020 年 7 月 1 日至 2021 年 1 月 1 日。过渡期内，车辆产品选装的 ETC 车载装置，可采用直接供电方式，也可采用非直接供电方式，并在《公告》参数中进行备案。自 2021 年 1 月 1 日起，新申请产品准入的车型应选装采用直接供电方式的 ETC 车载装置。"

3.6.4 ETC OBU 测试

由于 ETC 产品在正式销售前，必须通过中交国通公司的型式检验和北京速通科技的联网兼容性测试，这两项测试基于 GB/T 20851—2019《电子收费 专用短程通信》、交通运输部 2019 年第 35 号公告《电子收费 单片式车载单元（OBU）技术要求》、交通运输部 2011 年第 13 号公告《收费公路联网电子不停车收费技术要求》进行，主要涉及物理层参数测试、数据链路层参数测试、协议一致性测试、正式发行后的联网兼容性测试以及防拆卸要求测试等。因此，对于车辆直接供电的 ETC OBU，需顺次进行型式检验、联网兼容性测试和基于 GB/T 38444—2019《不停车收费系统 车载电子单元》的测试。

GB/T 38444—2019《不停车收费系统 车载电子单元》的测试包括交易功能提醒及自检功能测试和环境评价测试。

1. 交易功能提醒及自检功能测试

该项测试可以理解为两层意思，对于独立工作的 ETC OBU，在其上电与不停车收费系统路侧单元（ETC RSU）模拟器交易过程中，需测试人员观察该待测 ETC OBU 自检过程、自检报告以及正常交易、不正常交易时外在表现的不同；对于与车辆集成并通过车辆上其他零部件表现 ETC OBU 的交易状态和自检状态时，需厂商自行搭建 ETC OBU 交易及自检环境，辅助测试人员观察 ETC OBU 自检过程、自检报告以及正常交易、不正常交易时外在表现的不同。

2. 环境评价测试

该项测试主要包括电气性能试验、力学性能试验、防尘试验、环境耐候性试验、化学负荷试验和电磁兼容性能试验。该项测试首次引入了无线通信设备在环境测试中进行空口通信功能验证的过程，试验时利用 RSU 模拟器，使得 OBU 与 RSU 模拟器正对远场设置，如图 3-27 所示，以便于 OBU 与 RSU 模拟器的交易通信。

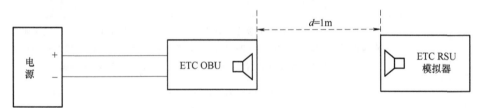

图 3-27 OBU 与 RSU 交易功能验证场景示意图

（1）电气性能试验

电气性能试验包括直流供电电压试验、过电压性能、叠加交流电压试验、供电电压缓降和缓升性能、供电电压瞬态变化试验、反向电压试验、参考接地和供电偏移试验、开路试验、短路保护和绝缘电阻，其环境布置如图 3-28 所示。该项测试参考 GB/T 28046.2—2019《道路车辆 电气及电子设备的环境条件和试验 第 2 部分：电气负荷》，利用智能双极性

图 3-28 电气性能试验环境布置

可编程电源、直流电源、绝缘电阻测试仪器等电气设备向 OBU 输入不同特性的电气信号，同时使得 OBU 与 RSU 模拟器正对 1m 设置，在试验中或试验后启动 OBU 与 RSU 进行交易，统计交易状态，具体操作见表 3-13。

表 3-13 ETC OBU 电气性能试验具体操作

项 目		操 作 步 骤
电气性能试验	试验前	ETC OBU 通过支架固定在试验台上，ETC RSU 固定在试验台对面，ETC OBU 接收天线与 ETC RSU 模拟器天线正对，具体布置如图 3-27 所示，T_{max}-20℃条件下过电压试验布置除外
	直流供电电压试验	ETC OBU 处于典型交易状态，先将直流稳压电源电压调至 U_N，启动 ETC RSU，然后逐渐将电压调至 U_{Smin} 稳定 10min，记录 OBU 的持续交易数据；再逐渐将电压调至 U_{Smax} 稳定 10min，记录 OBU 的持续交易数据
	过电压性能 T_{max}-20℃条件下	ETC OBU 通过支架固定在透波温箱内，ETC RSU 固定在透波温箱外，ETC OBU 接收天线与 ETC RSU 模拟器天线通过透波窗口正对，且 ETC OBU 到透波窗口的投影处于透波窗口的中心 ETC OBU 在温度试验箱中加热到 $T=(T_{max}-20℃)$，然后启动 ETC RSU，同时向 ETC OBU 电源输入端施加（18±0.2）V 或（36±0.2）V（对应 12V 或 24V 供电）的电压，持续（60±1）min，记录 OBU 的持续交易数据
	过电压性能 室温条件下	ETC OBU 在室温下处于稳定状态，然后启动 ETC RSU，同时向电源输入端施加（24±0.25）V 或（48±0.5）V（对应 12V 或 24V 供电）的电压，持续（60±6）s，记录 OBU 的持续交易数据
	叠加交流电压试验	启动 ETC RSU，向电源输入端加叠加交流电，$U_{PP}=1v$，频率范围 50Hz~25kHz，扫频类型为对数，扫频次数为 5 次，记录 OBU 的持续交易数据
	供电电压缓降和缓升性能	启动 ETC RSU，向电源输入端施加以（0.5±0.1）V/min 的速率变化的电压，电压从 U_{Smin} 降到 0V，再从 0V 升到 U_{Smin}，记录 OBU 的持续交易数据
	供电电压瞬态变化试验 电压瞬时下降	启动 ETC RSU，向电源输入端施加脉冲，1s 内下降至 4.5V/9V 并恢复，上升和下降时间不超过 10ms，记录 OBU 的持续交易数据
	供电电压瞬态变化试验 对电压骤降的复位性能	启动 ETC RSU，并设置 ETC RSU 交易时段，向电源输入端施加脉冲，供电电压由 U_{Smin} 以 5% 的梯度下降，每个梯度保持 5s，再上升到 U_{Smin}，保持 10s，并进行交易，依此类推，直至下降到 0V，然后再升到 U_{Smin}，记录 OBU 在恢复 U_{Smin} 时的交易数据
	供电电压瞬态变化试验 启动特性	OBU 按照 GB/T 28046.2—2019《道路车辆 电气及电子设备的环境条件和试验 第 2 部分：电气负荷》中 4.6.3.2 等级Ⅱ的方法进行试验，试验后，启动 ETC RSU，记录 OBU 的持续交易数据

(续)

项　　目			操作步骤
电气性能试验	反向电压试验		向 ETC OBU 反向接入 14V/28V（对应 12V/24V 供电）电压，时间为 (60±6)s，试验后，启动 ETC RSU，记录 OBU 的持续交易数据
	参考接地和供电偏移试验		启动 ETC RSU，向电源输入端加电压 U_A，对供电线路施加偏移电压 (1.0±0.1)V，记录 OBU 的持续交易数据
	开路试验	单线开路	OBU 正常上电工作，断开其中一条线路，断开时间 (10±1)s，然后恢复连接，试验后，启动 ETC RSU，记录 OBU 的持续交易数据
		多线开路	OBU 正常上电工作，断开其中多条线路，断开时间 (10±1)s，然后恢复连接，试验后，启动 ETC RSU，记录 OBU 的持续交易数据
	短路保护		OBU 的所有有效输入输出端，依次连接到 U_{Smax}、地，各持续 (60±6)s，其他输入输出保持开路或协商处理，试验后，启动 ETC RSU，记录 OBU 的持续交易数据
	绝缘电阻		在带有电绝缘的端子间；在带有电绝缘的端子和带有电传导面的壳体间；在塑料外壳的情况下，在端子和外壳电极间施加 500V 直流电，持续 60s，试验后，启动 ETC RSU，记录 OBU 的持续交易数据

（2）防尘试验

该检测项目属于外壳防护试验，在测试中 ETC 不连接到线束，试验采用水平方向流动防尘试验箱，试验时间为 5h，空气粉尘混合比为 $5g/m^3$，流速为 $1.5m/s$。试验结束后，ETC 应能够带电运行并控制在典型运行模式，即给 OBU 上电，并与 RSU 进行交易测试，验证 OBU 交易功能正常，防尘试验箱设备如图 3-29 所示。

（3）力学性能试验

力学性能试验包括机械振动测试、机械冲击测试和自由跌落测试。机械振动测试时，OBU 模拟在车辆上的安装方式在振动台上安装固定，OBU 电源输入端施加 (14±0.2) V/(28±0.2) V 的电压，持续与 RSU 交易。该 OBU 沿 X、Y、Z 3 个方向各 8h，加速度为 $27.8m/s^2$，随机振动进行试验，机械振动参数见表 3-14，机械振动试验环境布置如图 3-30 所示。

表 3-14　机械振动参数

频率/Hz	功率谱密度 (PSD)/$[(m/s^2)^2/Hz]$
10	20
55	6.5
180	0.25
300	0.25
360	0.14
1000	0.14

图 3-29 防尘试验箱设备

图 3-30 机械振动试验环境布置

机械冲击测试时，OBU 模拟在车辆上的安装方式固定在冲击碰撞试验台上，电源输入端施加（14±0.2）V/（28±0.2）V 的电压，然后启动 ETC RSU，持续与 RSU 交易。机械冲击台使用半正弦波冲击脉冲形式，OBU 选择 6 个方向，每个方向试验 10 次，持续 6ms，加速度为 500m/s^2，记录 OBU 的持续交易数据，具体布置如图 3-31 所示。

自由跌落试验时，OBU 不上电放置在跌落台置物架上，置物架距离地面 1m，且地面为混凝土或钢板，操作跌落台使得 OBU 自由跌落在地面上，每台设备进行轴向相同方向相反的两次跌落试验，具体设备如图 3-32 所示。

图 3-31 机械冲击测试布置

图 3-32 自由跌落试验设备

（4）环境耐候性试验

环境耐候性试验包括低温储存试验、低温工作试验、高温储存试验、高温工作试验、温度梯度试验、规定转换时间的温度快速变化试验、规定变化率的温度循环试验、湿热循环试验、稳态湿热试验和太阳光辐射试验。该环境耐候性试验的环境模拟部分基本参考 GB/T 28046.4—2011《道路车辆 电气及电子设备的环境条件和试验 第 4 部分：气候负荷》，功能验证过程引入了通过 ETC OBU 与 ETC RSU 的空口通信功能，环境箱与空口通信的结合是对测试技术的一大挑战。

环境箱六壁一般均为金属材质，对信号屏蔽效果强大，位于环境箱内部的 OBU，无法将发射的信号穿过环境箱金属侧壁与环境箱外部的 RSU 通信。因此需要将环境箱进行改造，使得环境箱的侧壁既具备保温性能又能够使得电磁波自由穿过，即在环境箱的侧壁上开设透波窗口。OBU 为具备一定辐射角的定向发射天线，使 OBU 尽可能地贴近透波窗口内壁，可以提高 OBU 发射信号在温箱侧壁及透波窗口处的聚焦程度，最大限度地实现透波，进而方便 OBU 发射信号与环境箱外部的 RSU 通信交易。环境耐候性试验场景如图 3-33 所示，具体布置如图 3-35 及图 3-36 所示。

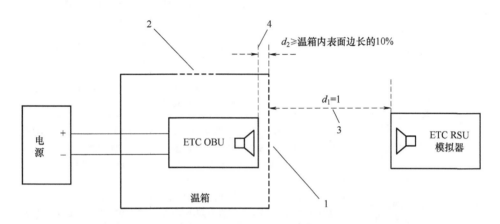

图 3-33　环境耐候性试验场景
1—透波材料　2—观察窗口　3—透波材料外表面与 ETC RSU 模拟器天线的距离（单位为 m）
4—ETC OBU 接收天线距离透波材料内表面的距离（单位为 m）

图 3-34　环境耐候性试验 RSU 布置　　图 3-35　环境耐候性试验 OBU 布置

环境耐候性试验具体测试用例见表 3-15。

表 3-15 环境耐候性试验具体测试用例

项目		操作步骤
环境耐候性试验	试验前	ETC OBU 通过支架固定在透波温箱内且尽可能靠近透波窗口内壁，ETC RSU 固定在透波温箱外，ETC OBU 接收天线与 ETC RSU 模拟器天线通过透波窗口正对，且 ETC OBU 到透波窗口的投影处于透波窗口的中心，以下试验均按照上述方法布置（低温储存、高温储存、规定转换时间的温度快速变化、太阳光辐射除外）
	低温储存	ETC OBU 在 -40℃ 的条件下进行试验，持续时间 24h；试验后静置 2h 恢复常温，启动 ETC RSU，记录 OBU 的持续交易数据
	低温工作	ETC OBU 上电，启动 ETC RSU，使得 OBU 在 -40℃ 的条件下与 RSU 交易，持续时间 24h，记录 OBU 的持续交易数据
	高温储存	ETC OBU 在 95℃ 的条件下进行试验，持续时间 48h；试验后静置 2h 恢复常温，启动 ETC RSU，记录 OBU 的持续交易数据
	高温工作	ETC OBU 上电，启动 ETC RSU，使得 OBU 在 90℃ 的条件下与 RSU 交易，持续时间 96h，记录 OBU 的持续交易数据
	温度梯度	ETC OBU 在 $T_{min} \sim T_{max}$ 范围内带电运行，以 5℃ 为梯度，从 20℃ 降到 -40℃ 再升到 90℃，每次到达新温度，启动 ETC RSU，以供电电压 U_{Smin} 和 U_{Smax} 分别进行交易测试，记录 OBU 的持续交易数据
	规定转换时间的温度快速变化	ETC OBU 放置于三箱冲击试验箱中，$T_{min} = -40℃$，$T_{max} = 90℃$，持续暴露时间为 20min，转换时间小于 30s，共 100 个循环。试验后静置 2h 恢复常温，启动 ETC RSU，记录 OBU 的持续交易数据
	规定变化率的温度循环	环境箱按照 GB/T 28046.4—2011《道路车辆 电气及电子设备的环境条件和试验 第 4 部分：气候负荷》中 5.3.1.2 设置温度曲线，时长为 8h，循环 30 次，并在每个循环的第 145~150min 和 210~410min 使得 OBU 上电运行，并启动 RSU，记录 OBU 的持续交易数据
	湿热循环	环境箱按照 GB/T 28046.4—2011《道路车辆 电气及电子设备的环境条件和试验 第 4 部分：气候负荷》中 5.6.2.2 设置湿热曲线，起始温度 25℃，上限温度 55℃，湿度由 50% 上升至 95%，循环 6 次，当达到最大循环温度时，OBU 上电运行，并启动 ETC RSU 进行交易，记录 OBU 的持续交易数据
	稳态湿热	环境箱以温度 40℃、湿度 95% 运行 21 天，在此期间 OBU 持续上电，并在试验的最后 1h 启动 RSU 进行交易，记录 OBU 的持续交易数据
	太阳光辐射	安装在乘客舱太阳直射处的 OBU 进行该项试验，该试验在氙灯老化箱中进行。将 3 个测试样放入试验箱内并固定在支架上，3 个平行试样按上中下三层各 1 个试样对齐放置。试验样品表面平均辐照度 E 为：在 300~400nm 之间的平均辐照度为 50W/m²，或在 420nm 处为 1.1W/m² 双方可以商定使用高辐照度试验，试验样品表面平均辐照度 E 为：在 300~400nm 之间的平均辐照度为 50~162W/m²，或在 420nm 处为 1.1~3.6W/m² 对样品施加持续光照，相对湿度 40%~60%，持续时间 600h。试验后，启动 ETC RSU，记录 OBU 的持续交易数据

氙灯老化箱设备如图 3-36 所示。

(5) 化学负荷试验

化学负荷试验考察 OBU 外表性能，安装在乘客舱内部的 OBU 待试验参数见表 3-16。将试剂分别涂抹在样品表面，静置一定时间后，观察样品表面状态，并在试验后，启动 ETC RSU，记录 OBU 的持续交易数据，验证 OBU 功能。

图 3-36 氙灯老化箱设备

表 3-16 ETC OBU 化学负荷试剂及试验内容

化学试剂	浸润方法①	暴露条件	
		温湿度	持续时间
蓄电池液	Ⅲ、Ⅴ	RT②	22h
内饰清洁剂	Ⅰ、Ⅲ	RT	2h
玻璃清洁剂	Ⅰ、Ⅲ	RT	2h
丙酮	Ⅰ、Ⅱ、Ⅲ	RT	10min
含氨清洁剂	Ⅱ、Ⅲ、Ⅴ	RT	22h
工业酒精	Ⅰ、Ⅱ、Ⅲ、Ⅳ、Ⅴ	RT	10min
挥发物	Ⅱ、Ⅲ、Ⅴ	RT	22h
化妆品	Ⅱ、Ⅲ	RT	22h
饮料	Ⅲ、Ⅳ	RT	22h
速溶咖啡	Ⅲ、Ⅳ	RT	22h

① 浸润方法中，Ⅰ—喷雾；Ⅱ—涂刷（刷子）；Ⅲ—擦刷/抹刷（棉布）；Ⅳ—倾倒；Ⅴ—点滴；Ⅵ—浸泡。

② RT 是指 (23±5)℃ 和相对湿度为 25%~75% 的室温。

(6) 电磁兼容性能试验

电磁兼容性能试验包括静电放电产生的电骚扰抗扰试验、由传导和耦合引起的电骚扰抗扰试验、对电磁辐射的抗扰试验和无线电骚扰特性试验。电磁兼容性能试验引用标准 GB/T 19951—2019《道路车辆 电气/电子部件对静电放电抗扰性的试验方法》、GB/T 21437.3—2012《道路车辆 由传导和耦合引起的电骚扰 第3部分：除电源线外的导线通过容性和感性耦合的电瞬态发射》、GB 34660—2017《道路车辆 电磁兼容性要求和试验方法》、GB/T 18655—2018《车辆、船和内燃机 无线电骚扰特性 用于保护车载接收机的限值和测量方法》中的常规操作。由于 OBU 的功能验证需要与 RSU 进行空口通信交易，部分试验需要将 RSU 放入暗室测试。这一测试环境搭建需要考虑两个因素，一是 RSU 放入暗室后，其本身工作产生的电磁辐射对暗室内环境的影响；二是 RSU

处于电磁干扰环境中时,是否能够同 OBU 一起在辐射干扰的影响下正常工作。基于此,我们对 RSU 模拟器进行了改装,将 RSU 的射频链路与收发天线进行拆分,将 RSU 模拟器的控制端及射频链路放置在暗室外部。通过暗室侧壁上的通信端口及同轴线缆与位于暗室内部的收发天线连接,在保证 OBU 与 RSU 模拟器之间交易通信的同时,既避免了 RSU 模拟器本身对暗室环境的影响,又避免了辐射干扰环境对 RSU 工作状态的影响。

电磁兼容性能试验具体操作见表 3-17。

表 3-17 电磁兼容性能试验具体操作

测试项		操作步骤
电磁兼容性能试验	静电放电产生的电骚扰抗扰试验 / 电子模块不通电	将 OBU 放在静电耗散垫上并将静电耗散垫置于金属桌面上
	静电放电产生的电骚扰抗扰试验 / 电子模块通电	将 OBU 放在绝缘垫上并将绝缘垫置于金属桌面上,将 OBU 电源输入端接入蓄电池
	(静电放电产生的电骚扰抗扰试验 操作步骤)	调试静电放电发生器的放电模式及电压极性,启动设备,使用静电枪向 OBU 放电点施加放电,每个放电点至少施加 3 次放电,试验后,启动 ETC RSU,记录 OBU 的持续交易数据
	由传导和耦合引起的电骚扰抗扰试验 / 沿电源线的电瞬态传导	试验按 GB/T 21437.2—2008《道路车辆 由传导和耦合引起的电骚扰 第 2 部分:沿电源线的电瞬态传导》中第 4 章规定的方法进行,试验脉冲选择 1、2a、3a、3b、4、5a/5b,试验等级为Ⅲ级。试验中及试验后检查样品的主要功能和数据记录
	由传导和耦合引起的电骚扰抗扰试验 / 除电源线外的导线通过容性和感性耦合的电瞬态抗扰	试验按 GB/T 21437.3—2012《道路车辆 由传导和耦合引起的电骚扰 第 3 部分:除电源线外的导线通过容性和感性耦合的电瞬态发射》中第 3 章规定的方法进行,采用容性耦合钳和感性耦合钳法,试验等级为Ⅲ级,试验中及试验后检查样品的主要功能和数据记录
	对电磁辐射的抗扰性试验	20~200MHz 频段采用 BCI 法测试,采用 AM(1kHz,80%)调制,测试等级为 60mA,2s 驻留时间,2% 步进,距离 ECU 模块 150mm 200~2000MHz 频段采用 ALSE 法测试,场强为 30V/m,驻留时间为 2s,步进为 2%。在 200~800MHz 时,采用 AM(1kHz,80%)调制;在 800~2000MHz 时,采用 PM(脉宽 577μs,周期 4600μs)调制
	无线电骚扰特性试验 / 传导发射	0.15~245MHz 频段内,依据 GB/T 18655—2018《车辆、船和内燃机 无线电骚扰特性 用于保护车载接收机的限值和测量方法》的要求进行测量,满足等级 3 要求
	无线电骚扰特性试验 / 辐射发射	0.15~2500MHz 频段内,依据 GB/T 18655—2018《车辆、船和内燃机 无线电骚扰特性 用于保护车载接收机的限值和测量方法》的要求进行测量,满足等级 3 要求

3.7 本章小结

智能网联汽车技术的发展离不开各个关键零部件的协同配合,本章对智能网联汽车关键零部件国内外发展现状、相关标准制定情况和测试方法与要求进行了介绍。可以看出,在智能网联汽车中毫米波雷达、激光雷达和车载摄像头是最基础和最关键的环境感知零部件,同时对高精度车辆位置信息的需求使得高精度定位装置至关重要。而网联终端作为网联技术的实现手段,不仅能丰富驾乘体验,也对智能网联的实现起到了至关重要的作用。因此,以上关键零部件受到了企业和监管部门的极大重视,对这些关键零部件开展相关测试是必要且必须的。

参考文献

[1] 猫眼移动科技. 蓝牙名字的由来 [EB/OL]. (2019-03-26) [2020-03-07]. https://www.sohu.com/a/303754235_115932.

[2] LENZETECH. 蓝牙技术发展史 [EB/OL]. (2018-11-22) [2020-03-07]. https://blog.csdn.net/Lenzetech/article/details/84345228.

[3] 百度百科. Wi-Fi [EB/OL]. (2002-10-01) [2020-03-07]. https://baike.baidu.com/item/Wi-Fi/151036?fromtitle=WIFI&fromid=803834.

[4] 厚势汽车. 激光雷达在自动驾驶上的应用及基本构成 [EB/OL]. (2020-03-09) [2020-03-07]. https://auto.vogel.com.cn/c/2020-03-09/988704.html.

[5] 智车科技. 车辆高精度定位白皮书 [EB/OL]. (2019-10-31) [2020-03-07]. https://zhuanlan.zhihu.com/p/89581846.

[6] aisein_com. 车载摄像头测试方案 [EB/OL]. (2019-03-28) [2020-03-07]. https://wenku.baidu.com/view/ab33289a2379168884868762caaedd3382c4b53f.html.

[7] 工业和信息化部. 汽车用摄像头:QC/T 1128—2019 [S]. 北京:北京科学技术出版社,2019.

第4章
智能网联汽车的整车测试

智能网联汽车整车测试可采用整车硬件在环测试、场地测试和开放道路测试等形式。开放道路测试能够直接检验自动驾驶汽车在真实交通场景中的运行能力,但真实交通场景中高风险场景发生概率较低且测试安全风险较大,难以满足智能网联汽车测试对场景覆盖性、测试安全性与测试成本的要求。与实际道路测试不同,整车在环测试与场地测试通过构建一系列接近真实交通场景的测试场景,实现测试场景中的智能网联汽车运行能力检验。整车在环测试采用虚拟场景,场景构建成本低。场地测试既可以提供近似真实的测试场景,又可以保证测试的安全性,有效降低测试的经济成本和时间成本。本章将对上述三种整车测试技术进行系统性介绍。

4.1 整车硬件在环测试

由于纯仿真测试与实际道路测试都有其缺陷,业界提出一种介于纯仿真测试与实车测试之间的测试方法——整车硬件在环测试。它是指将自动驾驶系统集成到真实车辆中,并通过实时仿真机及仿真软件模拟道路、交通场景以及传感器信号,从而构成完整测试环境的方法,可实现基于多场景的自动驾驶车辆功能与整车性能测试。这项技术不仅具备虚拟驾驶的优势,同时还通过在虚拟交通环境中集成真实汽车的方式来整合仿真技术的优势,克服了已知的传统实车道路试验的局限性,在相同时间内减少了测试工作量。整车硬件在环测试目前有两种解决方案,这两种方案的特点和测试需求各不相同。

4.1.1 封闭场地整车硬件在环测试

通过场景仿真软件生成虚拟场景,由传感器模型和传感器信号模拟软件生成基于虚拟场景的传感器信号,并发送给车辆电子控制单元(ECU),ECU根据环境感知数据进行决策规划并将控制信号传递给底层车辆执行系统。真实车辆行驶在封闭的场地中,通过车载 GPS 精确定位,获取车辆位置信息;通过惯性测量单元(IMU)计算出车辆的速度、加速度和偏航角信息。同时,场景仿真软件读取车辆位置与轨迹信息用于更新虚拟环境中自车的运动状态,并根据新的位置信息给出传感器模拟信号,从而构成了完整的车辆在环闭环测试系统。真实世界的泊车工况和虚拟环境中的基于实车在环(VIL)测试如图 4-1 所示。

a) 真实场景

b) 虚拟场景

图 4-1　真实世界的泊车工况和虚拟环境中的 VIL 测试

目前,国内外对此也有一些相关研究。长安大学的研究人员借助 TASS 公司所开发的 Prescan 仿真软件生成所需开发测试的虚拟场景,并在 Prescan 软件中建立虚拟传感器模型,将虚拟雷达和摄像头探测到的目标物体信息通过控制器局域网络(CAN)总线注入实车上的中央控制器中进行信息融合与控制决策;中央控制器将决策后的加速、制动以及转向指令发送给实车执行器,实车再将车辆总线上的整车运动状态信息反馈给虚拟场景来完成车辆位置的同步,进而实现整个系统的闭环实时仿真。此外,该车辆在环仿真开发平台还包括一个显示器(用于驾驶员实时监控仿真场景进行驾驶操作)和一个平板计算机人机交互界面(用于开发人员进行测试场景的选择、测试启动与终止)。

国外部分学者利用 SUMO 交通模拟器软件构建场景,通过 CAN 通信实现仿真软件与测试车辆之间的信息传递,如图 4-2 所示。借助 Vector CanCa-seXL 硬件实现 CAN 信号的接收与发送,将仿真软件中的场景信息传递给车载传感器,车载 AutoBox 作为中心控制单元对车辆底层线控执行系统进行控制,同时通过读取车辆 CAN 总线中的车辆运动信息回传给 SUMO 软件实现了在真实运动的测试车辆和道路交通模拟器之间的实时连接。他们提出,可以通过提高 CAN 通信频率来减小数据传输的延迟,以及搭载 GPS 等设备实现车辆精准定位。

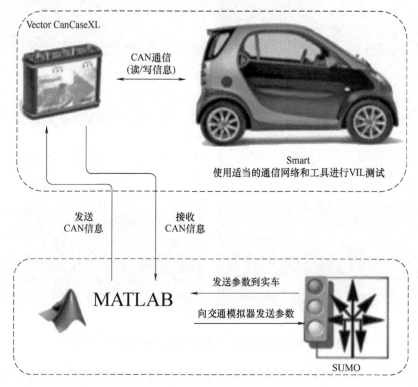

图 4-2 整车硬件在环平台架构示例

也有部分学者搭建了如图 4-3 所示的整车硬件在环系统,该平台由两台计算机组成,一台用来运行虚拟的测试场景,另一台用来进行数据处理。测试车辆搭载了 GPS 系统与自动运动分析仪,实现了全天候的精准定位,定位精度达到了厘米级。同时,为了让驾驶员沉浸在自动驾驶测试场景中,特别设计了头戴式显示仪,能够让驾驶员实时观测车辆周围的环境。基于此平台完成了 AEB 关键场景的测试与评价。

第 4 章 智能网联汽车的整车测试

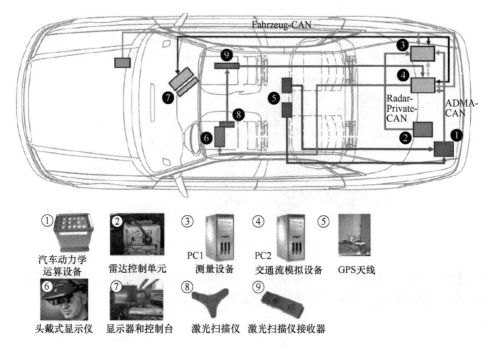

图 4-3 整车硬件在环系统示例

4.1.2 转鼓平台整车硬件在环测试

转鼓平台整车硬件在环与封闭场地车辆在环测试方法技术路线大致相同,数据传输与交互方法基本一致,这里不再详细介绍。两种方法最大的区别在于转鼓平台整车硬件在环测试方法中,试验车辆的绝对位置是不变的。

早期,荷兰国家应用科学研究院天欧(TNO)公司研发的转鼓平台整车硬件在环测试将装备了传感器的整车置于转鼓平台,被测车辆的绝对位置是固定不变的,利用机器人运动平台系统,模拟周围交通参与者实现相对被测车辆的运动,并将其作为传感器的输入信号。在该测试系统中,传感器部件均为真实硬件,因此测试结果更加可靠。TNO 整车硬件在环平台如图 4-4 所示。

长安大学研发了一种基于整车硬件在环仿真的智能网联汽车室内快速测试平台,该平台可在各种虚拟交通场景下测试智能网联汽车轨迹规划、轨迹跟踪及执行器控制性能。其中,前轴可旋转式转鼓试验台为车辆模拟了真实的道路环境;运行在工作站中的虚拟场景软件可完成测试场景构建以及传感器模拟;值得一提的是,测试过程将驾驶模拟器上执行的加速、制动、换道、转弯等行车操作映射至场景中的其他虚拟车辆。对静态虚拟场景中正常行驶的智能网联汽车进行干扰,模拟更加真实而丰富的动态交通测试场景,驱使智能网联汽车

图 4-4　TNO 整车硬件在环平台

改变驾驶决策，确保其具有对运动物体的识别能力与避撞能力，可考察车辆应对突发事件的能力。室内快速测试平台如图 4-5 所示。

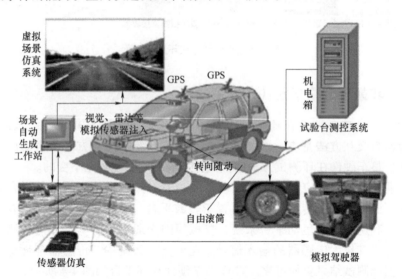

图 4-5　室内快速测试平台

部分国外研究人员提出了一种底盘测功机与多传感器道路环境仿真软件相结合的系统——被测车辆的运动状态通过底盘测功机施加的摩擦力或者坡度进行采集。整套系统的关键是传感器的信号，基于 Pro-Sivic 软件建立的测试场景通过一块液晶显示器（LCD）呈现给测试车辆的真实传感器，作为实现被测车辆运动控制的输入。

综上，封闭场地整车硬件在环测试与转鼓平台整车硬件在环测试两种测试方案在实际中均有应用，但方案的特点和测试需求各不相同。封闭场地整车硬件在环测试传感器仍依赖于模型，真实度相对于转鼓平台略低，同时难以实现一些较大尺度的交通场景。对于转鼓平台整车硬件在环测试，由于车辆是静止的，所以无法考查控制执行系统的真实路面表现，只能模拟车辆间的相对运动关系，而对于周围环境变化无法模拟。基于底盘测功机的整车硬件在环测试平台如图4-6所示。

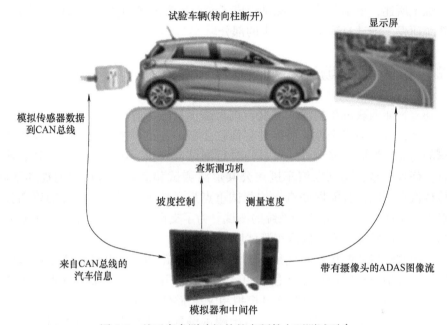

图4-6 基于底盘测功机的整车硬件在环测试平台

4.1.3 整车硬件在环测试的意义

相比于纯仿真测试，整车硬件在环测试用真实车辆替代仿真软件中的车辆模型，减少了对车辆动力学模型的参数标定过程，可以降低模型偏差带来的不良影响；车辆轮地关系真实，从而在很大程度上提高了测试结果的精确度，使测试结果更加可靠。测试过程中，被测车辆运行在封闭的场地中，不仅可以验证单个系统的功能安全性与可靠性，同时还可以测试被测系统与车辆各执行系统（动力系统、传动系统、制动系统、转向系统）间的交互功能，且可以直观地评估被测车辆在道路上的真实表现。

相比于实车道路测试，整车硬件在环测试通过仿真软件建立针对被测系统充分且有效的测试工况，借助场景的解构与重构，可以短时间生成大量测试场景甚至是极端危险的场景，场景覆盖率高，在构建复杂且难以复现的交通场景方面有着独特的优势。同时，整车硬件在环测试可以对有针对性的场景反复试验，不断分析测试结果，使算法快速迭代开发成为可能，大大缩短了自动驾驶车辆开发与验证周期，提高了测试效率，降低了测试成本。由于测试场景是虚拟的，车辆并不是真实地存在于复杂的、不确定的交通环境当中，整个测试过程不需要驾驶员的参与，所以在主动安全相关测试中，虚拟的场景可以避免事故的发生，大大降低了风险，既可以保护测试人员的安全，也可以节约不必要的器材损失。

综上所述，整车硬件在环测试集成了虚拟仿真测试与实车测试的综合优势，是系统研发、测试过程中不可缺少的部分。

4.2 封闭测试场地的构建

随着智能网联汽车的深入发展，汽车逐步从独立的机械单元向智能化、网联化发展，汽车的安全性、可靠性将面临全新的、更严峻的挑战。对智能网联汽车的功能、性能、安全性、可靠性进行测试与评价，确保其安全、高效地完成目标任务，是智能网联汽车进入公共道路测试和商业化应用的前提和基础。与传统汽车不同，智能网联汽车的测试重点是考核车辆对交通环境的感知及应对能力，是面向人-车-路耦合系统的测试。为了支撑智能网联汽车的技术研究和产品开发，必须建设专用的汽车测试场地。

封闭测试场地的构建，就是以真实场地的道路环境为基础，建立虚拟试验场环境。在构建封闭测试场地过程中，需要考虑几个重要方面，分别是场景柔性构建、道路环境设计、气象条件模拟和V2X路侧系统。

在场景柔性构建过程中，综合考虑测试场景构建成本、实际道路交通场景覆盖性及测试安全性等，采用虚拟与现实相结合的方法，建立交通参与者系统，待测车辆与虚拟系统相接即可进行测试。

在道路环境设计过程中，综合考虑智能网联基础功能测试需求、路面材质、当地的地貌环境和气象特征等，构建覆盖性广泛的测试道路。道路环境有基础测试道路和特殊测试道路。基础测试道路主要有直线测试道路、弯道测试道路、坡道测试道路等13种测试道路；特殊测试道路主要有隧道测试道路、S形路线测试道路等5种测试道路。

气象条件模拟是构建封闭测试场地过程中不可或缺的一项，不同的气象条件对车辆行进过程的影响是不同的。主要的气象条件有雨雾天气、降雪天气和结冰天气。气象条件模拟就是通过构建不同的气象环境，并在此条件下，评价不同气象环境对自动驾驶环境感知系统的影响。

智能网联汽车的测试是面向人-车-路耦合系统的测试，那么V2X路侧系统就是解决此问题的必备条件。V2X路侧系统将实现智能网联汽车与道路等之间的通信，就需要一些必要的通信技术进行支持，主要包括专用短程通信

(DSRC)、4G-LTE、LTE-V 和超高速无线通信系统（EUHT）。将这些通信技术根据各自优点应用于不同的场景，会大大提高 V2X 路侧系统的通信效率。

4.2.1 封闭测试场地的场景柔性构建

智能网联汽车是集环境感知、决策规划、控制执行于一体的智能交通工具，代表着未来汽车科技的战略制高点。随着一系列关键技术的发展，智能网联汽车在减少交通事故、缓解城市交通拥堵、降低环境污染、推进智能交通发展等方面的优势日益显现。智能网联汽车不再是驾驶员行为的被动执行者，而是交通运行的主动参与者。如何保证智能网联汽车在复杂交通环境中安全可靠地运行，成为智能网联汽车商业化应用前需要解决的首要问题。实施科学完善的测试评价是解决这一问题的有效方法。

不同于传统汽车的人-车二元独立测试，智能网联汽车测试对象转变为人-车-环境强耦合系统。面对复杂多变的测试对象，智能网联汽车测试通常采用基于场景的测试方法。依据不同的场景部署方法，智能网联汽车测试可采用虚拟测试、场地测试和实际道路测试等测试形式。虚拟测试场景构建成本低，适用于系统级、整车级研发测试，但测试依赖仿真模型，存在模型不准确、不符合实际等问题。实际道路测试可以直接检验智能网联汽车在真实交通场景中的运行情况，但由于实际道路交通中低风险场景发生概率较高，而危险场景发生概率较低且测试安全风险较大，实际道路测试难以满足智能网联汽车测试对场景覆盖性、测试安全性与测试成本的要求。与虚拟测试和实际道路测试相比，场地测试既可以提供近似真实的测试场景，又可以保证测试的安全性。同时，在测试场地中可以实现整车强化测试和重复测试，有效降低测试的经济成本和时间成本。

然而，场地测试受空间和成本限制存在道路环境有限、测试场景单一、测试场景数量不足、测试元素固定等问题。此外，为保证测试安全，场地测试中通常使用专用目标物及测试移动平台模拟真实交通中的车与人。由于测试移动平台运动轨迹单一，且无法与待测车辆实时交互，只能搭建简单交通场景，无法还原真实环境中复杂的交通场景。在真实测试实践中，测试移动平台需要反复调试，无法进行场景的快速、结构化修改，测试效率偏低。

虚拟测试与场地测试是智能网联汽车技术研发阶段采用的两种主要测试方法。为克服不同测试方法的弊端，需要建立虚拟与现实相结合的测试系统。以真实场地的道路环境为基础，建立道路模型、路侧背景信息模型和气象模型，形成虚拟试验场环境。在虚拟环境中构建包含外观模型和动力学模型的交通参与者模型，形成虚拟环境中测试车与真实测试场中测试车，虚拟环境中行人、测试参考车与测试模拟区中真人和驾驶模拟器的孪生映射。以真实的行人和驾驶行为代替传统虚拟场景中的交通参与者模型，避免交通参与者模型不精确和运动方式单一导致的失真问题。同时，通过虚拟环境可以创建大量测试场景，实现测试场景对真实场景的广泛覆盖。在真实测试场地内不再搭建测试场景，待测车辆接收虚拟环境中的测试场景，在真实道路中依据虚拟测试场景进行测试。虚实结合测试系统结构如图 4-7 所示。

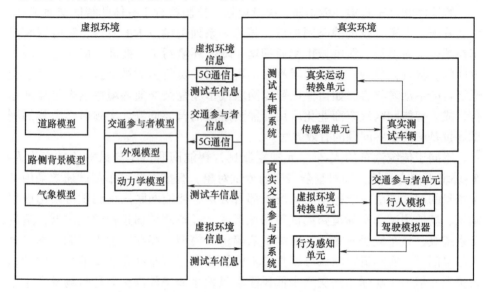

图 4-7　虚实结合测试系统结构

在测试模拟区内建立真实交通参与者系统。真实交通参与者系统由虚拟环境转换单元、交通参与者单元和行为感知单元组成。虚拟环境转换单元接收来自虚拟环境的输入，将数字化的虚拟环境转换为真实交通参与者能够感知的信息，例如，通过虚拟现实（VR）技术实现测试模拟区内真实行人对虚拟测试环境的视觉和听觉感知，或将虚拟环境投影在驾驶模拟器屏幕中，实现驾驶人对虚拟测试环境的感知。交通参与者单元由真实行人或驾驶模拟器组成，接收虚拟环境转换模块的输出，以真实的行人或驾驶人的响应代替传统虚拟环境中的模型，以执行复杂灵活的运动动作，构建接近真实的复杂测试场景。当然，也可以采用在测试场地内真实行驶的车辆组成交通参与者单元，代替驾驶模拟器以更好地模拟真实交通环境中的车辆，但会对测试场地的道路及通信、感知等资源提出更多要求。行为感知单元用于检测真实行人的运动过程，接收驾驶模拟器的输出信号，将感知结果转换为控制参数，驱动虚拟环境中虚拟交通参与者模型运动，实现虚拟模型与真实参与者同步运动。

测试车辆系统由传感器单元、真实测试车辆和真实运动转换单元组成。传感器模块将虚拟场景转换为虚拟传感器信号，利用 5G 通信网络实现虚拟场景服务器与测试车辆系统间高速实时双向数据传输，通过虚拟传感器信号增强或完全代替测试车辆的真实传感器信号，完成虚拟场景注入。在测试场地内行驶的真实测试车辆能够反映真实道路参数和真实车辆动力学特征，解决了传统虚拟环境中车辆模型失真的问题。真实运动转换单元接收车辆的定位、惯性导航及总线数据，驱动虚拟环境中测试车模型，将真实车辆的位置、姿态、方向、速度和加速度等信息映射至虚拟环境中。虚拟测试环境与真实测试场地如图4-8所示。

图4-8　虚拟测试环境与真实测试场地

虚实结合的测试系统在虚拟空间中，将在真实空间上分离的真实交通参与者和测试车与共同的参考系对齐，使两者在共同的空间交互而没有安全风险。虚拟空间中的交通参与者均由真实交通参与者孪生映射，克服了传统模型的不足。

虚实结合的测试系统为测试场景柔性构建提供可能。在传统智能网联汽车场地测试中，受制于场地空间、场地内测试道路和测试参考移动目标物的限制，建成的测试场景存在种类较少、数量不足、场景元素单一、变换范围小等缺点。对于虚拟测试而言，由于测试场景构建是通过在虚拟环境中选择交通参与者模型和交通环境模型实现的，不存在测试道路及测试参考目标物的限制，可以根据测试需求及测试车辆智能化水平定制测试场景，实现测试场景柔性构建。

柔性概念源于机械制造及装配领域，形成于制造业从大产量单一品种生产到小批量多品种生产的转变过程。柔性制造理念取得巨大成功后，被设计、管理等领域陆续采纳，用于描述系统应对环境变化的能力和对环境变化的缓冲性能。

围绕"应对变化"这一核心要义，封闭测试场地的测试场景柔性构建是指面向智能网联汽车复杂多变的测试需求，以基于虚实结合的测试系统为基础，通过在虚拟环境中建立覆盖范围广、场景元素齐全、灵活可变的测试场景，以实现封闭测试场地内的智能网联汽车整车测试，以适应智能网联汽车多种测试任务和测试需求。

在现有针对智能网联汽车测试场景的研究中存在不同的场景定义。依据场景的分类，Elias Rocklage 等提出"场景为一段道路上观测车辆自身与其他静态或动态物体的组合"。考虑时间延续性，Gelder 将场景定义为一段时间内观测车辆自身运动和所在静态与动态环境的组合，突出场景连续性。Hala Elrofai 等提出"场景是在一个特定时间范围内，测试车辆周围动态环境的持续变化，包括测试车辆在该环境中的行为"。对于智能网联汽车测试而言，测试场景是测试对象在交通环境中与其他相关交通参与者交互实现行驶意图的过程。其中，行驶意图是指测试对象完成自身运动状态改变，例如，完成一次自由变道或在交通路口转向。交通环境是测试对象运行的道路、气象、光照等静态环境。交通参与者是指场景内对测试对象运动状态有影响的场景元素，如与测试车辆行驶路线有冲突的车辆、行人等。

从场景定义可以看到，测试场景由测试交通环境、测试车辆和测试交通参与者共同组成。在测试场景构建中，为保证场景能够有效模拟真实交通场景，通常采用基于数据的构建方法。丰富的真实交通数据中蕴含变化多样、难以穷尽的真实交通场景。因此，测试场景构建不是对真实交通场景的简单复现，而是依据测试任务对基元场景柔性组合的结果。基元场景是在交通场景中对自动驾驶汽车运行可能存在影响的且不可分割的最小场景元素，来源于对真实交通场景进行分解并对其中基元场景进行提取的过程。测试场景的柔性构建是将提取出的基元场景根据测试任务确定场景要素的参数，按照一定规则重新组合的过程。

针对不同的测试对象、测试方法和测试内容，可以灵活地控制测试场景中基元场景数量和场景要素的参数，构建出相应的测试场景，从而适应不同的测试需求。虚拟测试场景如图 4-9 所示。

图 4-9　虚拟测试场景

4.2.2 封闭测试场地的道路环境设计

智能网联汽车封闭测试场地建设应统筹考虑测试需求及交通组织、道路及附属设施的实际情况，合理布局，同时不同类型测试道路的连接和规划应充分考虑测试场景连续性原则，以满足智能网联汽车流程化测试需求。封闭测试场地建设应以满足智能网联汽车基础功能测试为主，通过网联、定位、轨迹跟踪等各类路侧设施的配备，满足智能网联汽车性能测试、车联网与车路协同功能及效能测试需求。

在满足智能网联基础功能测试需求的前提下，智能网联封闭测试场地建设应尽可能结合当地的地貌环境和气象特征，进行差异化的测试场地设计，以满足自动驾驶差异化测试与智能网联封闭测试场地差异化发展需求。

在道路环境设计方面，封闭测试场地应满足公路工程和道路设计相关国家标准和行业标准，同时宜设置部分非标准化的道路及附属设施，满足特殊道路条件下智能网联测试需求。

智能网联封闭测试场地应具备沥青路、水泥路、砖石路、砂石路、泥土路等多种路面材质，满足智能网联汽车在各种道路路面下的测试需求。封闭测试场地应充分考虑自动驾驶测试场景柔性化布置设计的需求，提高面向多场景柔性布置设计的单一场地复用能力，同时宜利用动态广场等设置可定制化的测试区域，增加场地可搭建的测试场景数量。

除道路环境设计外，封闭测试场地还应设置与测试相关的设施与设备。封闭测试场地应设有智能网联汽车准备车间、试验开发间，同时宜设置加油站、充电站，用于保障测试场的基本测试服务能力。

封闭测试场地应具有测试数据中心和车载测试数据采集设备，实现智能网联汽车测试过程中的有关测试数据的实时采集、存储、上传、监控，满足智能网联封闭场地测试监管要求；测试数据应至少包含测试车辆位置数据、车载摄像头数据、路侧摄像头数据。此外，测试场地应具有区域自动气象监测设备，实时监测测试场地内的冰、雪、雨、雾、霾、风及温湿度等气象状况。

智能网联封闭测试场地测试道路外应设置完善的安全保障设施。测试道路应建立缓冲区，不应设置其他物体，如无法规避，需要采用轮胎等软性隔离物进行缓冲，保障测试车辆发生故障时测试人员的安全性。封闭测试场地应配备消防设备，有条件的场地可配备紧急救护药品和设备，消防设施设置应符合 GB 50016—2014《建筑设计防火规范（2018 年版）》的要求。封闭测试场地应有完整的给排水设施，给水设施应满足场地设施测试、绿地和消防的需要，排水设施应保证场地设施正常使用和路基、路面不因积水而损毁，明沟排水应保证测试车辆发生事故后不造成二次伤害，给排水设施应有规范的维护设置。

智能网联封闭测试场地应与公共道路物理隔离，车辆未经场地管理方允许不得进入测试场地，测试场地应有专人负责值守。

智能网联封闭测试场地按照测试道路可以划分为基础测试道路和特殊测试道路，基础测试道路包括直线测试道路、弯道测试道路、坡道测试道路、道路入口测试道路、道路出口测试道路、人行横道测试道路、减速丘测试道路、施工区测试道路、停车让行测试道路、减速让行测试道路、自主泊车测试道路、平面交叉口测试道路、环道测试道路。特殊测试道路包括隧道测试道路、S形路线测试道路、车联网测试道路、雨雾模拟测试道路、路灯模拟测试道路。

4.2.2.1 基础测试道路

1. 直线测试道路

直线测试道路应最少包含两车道直线道路结构，部分路段应至少设置为三车道。面向不同自动驾驶功能测试需求，车道宽度按照公路和城市道路建设标准确定，典型测试速度所需直线段长度和道路技术等级参数见表4-1。

直线道路测试场地应满足标志、标线识别与响应，前方运动车辆识别与响应，异常交通目标识别与响应，跟车、变道、超车、靠边停车、U形掉头等自动驾驶功能测试需求。应分段设置为单向两车道（路面中心线白色实线）、单向两车道（路面中心线白色虚线）、单向两车道（路面中心线白色虚实线）、双向两车道（路面中心线黄色虚线）、双向两车道（路面中心线黄色实线）、双向两车道（路面中心线黄色虚实线）、双向三车道（对向行车道分界线为黄色虚线，同向行车道分界线为白色虚线），并根据实际测试需要，在路侧设置固定或移动式交通标牌。

表4-1　典型测试速度所需直线段长度和道路技术等级参数

最高测试速度/(km/h)	40	60	80	100	120
直线段最小长度/m	300	350	400	450	500
车道宽度/m	3.25~3.75	3.5~3.75	3.5~3.75	3.5~3.75	3.75

2. 弯道测试道路

弯道测试道路应最少包含一处弯道道路结构及交通标牌，弯道半径取测试车车速对应道路建设标准的最小曲率半径，其示意图如图4-10所示。典型车速与最小弯道半径对应关系见表4-2。

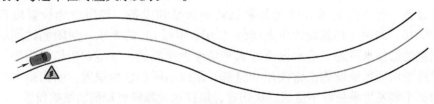

图4-10　弯道测试道路示意图

表 4-2 典型车速与最小弯道半径对应关系

最高测试速度/(km/h)	40	60	80	100	120
最小弯道半径/m	10~20	20~30	30~40	30~40	250

3. 坡道测试道路

坡道测试道路应最少包含一处坡道道路结构，一般取 9%~20% 坡度，车道宽度参照表 4-1，示意图如图 4-11 所示。

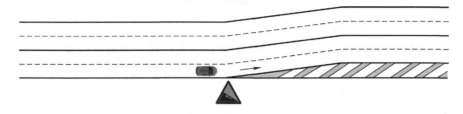

图 4-11 坡道停车和起步测试道路示意图

4. 道路入口测试道路

道路入口测试道路应最少包含一处入口道路结构及入口交通标牌，车道宽度参照表 4-1，示意图如图 4-12 所示。

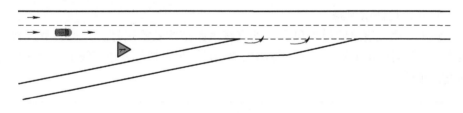

图 4-12 道路入口测试道路示意图

5. 道路出口测试道路

道路出口测试道路应最少包含一处出口道路结构及出口交通标牌，车道宽度参照表 4-1，示意图如图 4-13 所示。

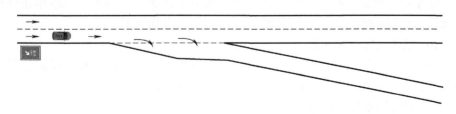

图 4-13 道路出口测试道路示意图

6. 人行横道测试道路

人行横道测试道路应最少包含一处人行横道道路结构、人行横道线及人行横道标牌，车道宽度参照表4-1，示意图如图4-14所示。人行横道测试场地可通过复用直线道路测试场地的方式实现。

图4-14 减速测试道路示意图

7. 减速丘测试道路

减速丘测试道路应最少包含一处减速丘道路结构、减速标线及减速标牌，车道宽度参照表4-1，示意图如图4-15所示。减速丘测试场地可通过复用直线道路测试场地的方式实现。

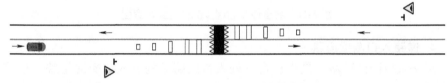

图4-15 减速丘限速测试道路示意图

8. 施工区测试道路

施工区测试道路应最少包含一处直线道路结构及施工标牌，车道宽度参照表4-1，示意图如图4-16所示。道路限速测试场地可通过复用直线道路测试场地的方式实现。

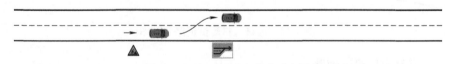

图4-16 施工区测试道路示意图

9. 停车让行测试道路

停车让行测试道路应最少包含一处直线或平面交叉道路结构、停车让行标线及停车让行标牌，车道宽度参照表4-1，示意图如图4-17所示。

10. 减速让行测试道路

减速让行测试道路应最少包含一处直线或平面交叉道路结构、减速让行标线及减速让行标牌，车道宽度参照表4-1，示意图如图4-18所示。

11. 自主泊车测试道路

自主泊车测试道路应至少包含平行式停车位、垂直式停车位和斜列式停车位，停车位尺寸要求见表4-3和表4-4，示意图如图4-19~图4-21所示。

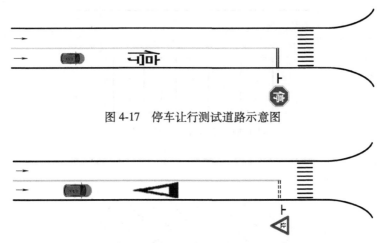

图 4-17 停车让行测试道路示意图

图 4-18 减速让行测试道路示意图

表 4-3 停车位设计基本参数

车辆类型	车位类型	车位长度/m	车位宽度/m	斜向车位倾斜角度/(°)
M1、N1	平行式、垂直式、斜列式	5.0~5.5	2.5	30、45、60
M2、M3、N2、N3	平行式、垂直式、斜列式	12	4.2	30、45、60

注：M1 类车指包括驾驶员座位在内，座位数不超过 9 座的载客车辆。

M2 类车指包括驾驶员座位在内，座位数超过 9 座，且最大设计总质量不超过 5000kg 的载客车辆。

M3 类车指包括驾驶员座位在内，座位数超过 9 座，且最大设计总质量超过 5000kg 的载客车辆。

N1 类车指最大设计总质量不超过 3500kg 的载货汽车。

N2 类车指最大设计总质量超过 3500kg，但不超过 12000kg 的载货汽车。

N3 类车指最大设计总质量超过 12000kg 的载货汽车。

表 4-4 无障碍行驶空间宽度要求

车辆类型	平行式车位/m	垂直式车位/m	斜列式车位/m
M1、N1	$L_1 \geq 4.5$	$L_2 \geq 6$	$L_3 \geq 3.8$
M2、M3、N2、N3	$L_1 \geq 6$	$L_2 \geq 13$	$L_3 \geq 8.5$

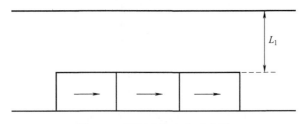

图 4-19 平行式停车位示意图

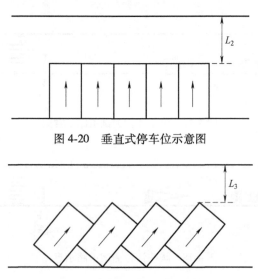

图 4-20　垂直式停车位示意图

图 4-21　斜列式停车位示意图

12. 平面交叉口测试道路

平面交叉口测试道路应最少包含一处双向十字形交叉口或双向丁字形路口，具备通信功能信号灯及控制车辆，车道宽度参照表 4-1，安全停车视距见表 4-5，转弯最小半径见表 4-6，示意图如图 4-22 所示。

表 4-5　平面交叉口安全停车视距

路线设计车速/(km/h)	30	35	40	45	50	60
安全停车视距/m	30	35	40	50	60	75

表 4-6　平面交叉口转弯最小半径

右转弯计算行车速度/(km/h)	15	20	25	30
路缘石转弯半径/m	10	15	20	25

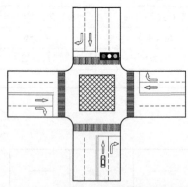

图 4-22　平面交叉口测试道路示意图

13. 环岛测试道路

环岛测试道路应最少包含一处四支及以上的环岛，示意图如图 4-23 所示，岛内双车道，双向两车道和环岛连接，道路的基本设计参数见表 4-7，其中，至少一个入口直线段最小有效长度为 200m。环岛设计速度与环岛最小半径的关系见表 4-8。环岛内的机动车车道宽度视中心岛的半径大小对内侧车道进行加宽，车道加宽值见表 4-9。表 4-7 中的最小有效长度适用于 M1、M2、N1 和 N2 类车型，对于 M3 和 N3 类车型，最小有效长度宜在表 4-7 规定的数值基础上增加 100m。

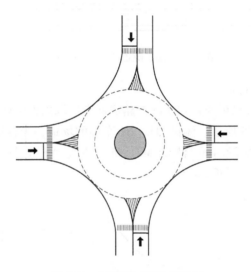

图 4-23 环岛测试道路示意图

表 4-7 环岛测试道路基本设计参数

入口数	岛内车道数	入口车道数	出入口车道宽度/m	入口直线段最小有效长度/m
4	2	双向两车道	3.25~3.75	200

表 4-8 环岛设计速度与环岛最小半径的关系

环岛设计速度/(km/h)	20	25	30	35	40
环岛最小半径/m	20	25	35	50	65

表 4-9 环岛内的机动车车道加宽值

环岛半径/m	15~20	20~25	25~30	30~50	50~70
车道加宽值/m	2.2	1.8	1.5	1.3	0.9

4.2.2.2 特殊测试道路

1. 隧道测试道路

隧道测试道路应含有一处真实隧道或模拟隧道,能够模拟隧道对光照、通信和定位信号的影响;真实隧道的建设要求按照 JTG B01—2014《公路工程技术标准》进行;模拟隧道净高为 5m,车道宽度参照表 4-1,模拟隧道高度、照明和交通控制设施应符合有关标准的规定,模拟隧道应能屏蔽卫星定位及外部可见光及电磁波。其示意图如图 4-24 所示。

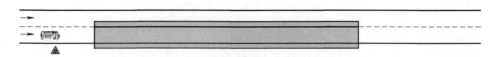

图 4-24 模拟隧道测试道路示意图

2. S 形路线测试道路

S 形路线测试道路可通过在实际道路或动态广场内设置标识和隔离设施来实现,示意图如图 4-25 所示。测试 M1、N1 车型的场地,半径取值 9.5m,路宽取值 3.7m,弧长取值 22.4m。测试 M2、M3、N2、N3 车型的场地,半径取值 12m,路宽取值 4m,弧长 28.3m。

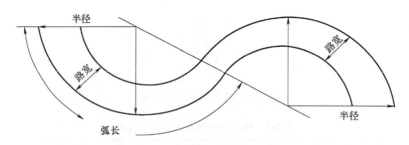

图 4-25 S 形路线测试道路示意图

3. 车联网综合测试道路

测试场地应部署有全场无缝覆盖的 DSRC/802.11p 和 C-V2X 网联通信设备,其中 C-V2X 网联通信设备包括基于 Uu 工作模式的 C-V2X 通信基站和 PC5 工作模式的路侧设备,相关建设应满足 YD/T 3400—2018《基于 LTE 的车联网无线通信技术 总体技术要求》和 YD/T 3340—2018《基于 LTE 的车联网无线通信技术 空中接口技术要求》标准要求。车辆网联通信测试场地应至少包含一处不少于 1000m 长的两车道及以上直道和一处红绿灯信号控制交叉口。车联网测试场地可通过复用平面交叉口测试场地等场地的方式实现。

4. 雨雾模拟测试道路

自动驾驶封闭测试道路可提供雨雾模拟测试设施,满足不同气象环境下的自动驾驶测试需求。雨雾模拟测试场地应具有自动化控制的模拟降雨、造雾设备，模拟真实雨、雾天气；雨雾模拟覆盖道路至少应为单车道，覆盖道路长度至少应为 50m；应至少具备小雨（24h 降水总量小于 9.9mm）、大雨（24h 降水总量大于 37.9mm）两种降雨模式和一种造雾模式；雨雾模拟测试场地道路的排水情况应保持良好。

5. 路灯模拟测试道路

自动驾驶封闭测试道路可提供路灯模拟测试设施，以满足夜间道路不同照明度环境下的自动驾驶测试需求。灯光模拟测试场地应具有多级照度路灯照明系统，以满足不同夜间灯光环境。路灯杆应至少有 5 套，相邻灯杆之间的距离为（25±0.5）m，总布置距离为 100m，灯头距离地面高度为 5m，车辆行驶路径中的光照度为（19±3）lx，灯头开合角度、旋转角度应可调。

4.2.3 封闭测试场地的气象条件模拟

4.2.3.1 雨雾气象条件模拟

雨、雾等气象环境测试是自动驾驶技术研发的必经之路，在封闭环境下构建雨、雾等测试环境具有很多优点。首先是测试安全，当前自动驾驶和环境感知能力及对各种行驶工况的应对能力尚未发展成熟，在封闭的单一环境中开展测试能够大大降低在开放道路与有人驾驶车辆混行的风险，极大地确保了测试的安全。其次是模拟雨雾可控。自然雨雾气象环境有地域性、季节性特点，其降雨强度、雾的浓度以及持续时间等无法人为控制。同时，在自然雨雾条件中进行测试，难以遍历所有的气象条件，测试的有效性难以保证。通过模拟雨雾环境，能够极大地规避自然雨雾的地域性、季节性，完全把控降雨强度、雾的浓度、持续时间等，使得测试环境完全可控。最后是提高测试效率，降低测试成本。在自然雨雾条件下测试的实施依赖于天气变化，导致测试效率降低，测试周期延长。通过在封闭环境下建立雨雾模拟系统，可以显著降低测试成本，提高测试效率。

1. 雨雾模拟环境构建研究现状

当前，众多自动驾驶研究机构积极开展智能网联汽车在雨雾环境中的测试。Drive.ai 利用雨天测试其利用深度学习技术处理各种困难环境。福特公布了在雨天测试的视频，展示福特自动驾驶汽车能够在降雨较小的环境下行驶。为了检查车辆的传感器（包括激光雷达、摄像头和其他雷达）在雨中的表现，Waymo 在美国佛罗里达州开展了大雨天气下智能网联汽车测试；测试发现，大雨会让其所使用的传感器产生噪声，雨后湿滑的道路也会让道路使用者产生与平时完全不同的行为。密歇根州立大学的研究发现，即使是小雨也会混淆自动驾驶系统用来检测行人和其他道路使用者的算法。通过模拟雨雾天的测试可以了解这种独特的驾驶条件，更好地处理雨雾气象对车辆运动所造成的影响。

为了开展雨雾气象环境测试，美国于 20 世纪 80 年代建立了 Smart Road 试验场，该试验场由弗吉尼亚理工大学交通学院负责运营和管理。试验场包含一条长约 9.17km 的限制进入高速公路。如图 4-26 所示，Smart Road 试验场天气模拟系统由 75 个天气塔及一个容量为 189 万 L 的水箱组成。天气模拟系统具备模拟雨、雪和雾天的能力，可以在适宜的天气环境下在 0.8km 的道路范围内产生特定的天气，如雨量为 2~64mm/h 的降雨天气，能见度在 3~91m 范围内变化的雾天以及雪量为 102mm/h 的降雪天气。

图 4-26　Smart Road 试验区天气模拟系统

Smart Road 试验场的照明和能见度检测系统也处于优势地位。试验场内配有可变照明设施来研究照明技术对传感器的影响，可以复现 95% 的国家公路照明系统。照明系统采用变间距设计，光源有包括发光二极管模块在内的多种灯具。能见度测试系统包括静态和动态两个路段，可以用于测试路面标记和其他对象的可见性。

同时，Smart Road 试验场设置了控制中心统筹安排各项测试与研究，并提供全天 24h 监控。控制中心可以通过监控摄像头直接或间接地观测道路交通情况和驾驶员表现。控制中心内的调度员可根据情况操纵照明和天气系统，并控制各类设施的访问权限。

日本自动车研究所修建了 J-town 自动驾驶汽车试验场，如图 4-27 所示。该测试场拥有约 160000m² 的室内特殊环境测试区，能够再现雨、雾、阳光等环境条件。

J-town 特殊环境测试区用于在室内复现雨、雾以及由于日照条件引起的逆光、夜间视野不良等交通天气条件，用以评价自动驾驶汽车环境感知系统中光学相机、激光雷达等传感器对周边环境的识别能力。

 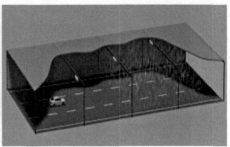

图 4-27 J-town 雨雾模拟气象环境

J-town 特殊环境测试区内降雨设施技术概况见表 4-10。

表 4-10 降雨设施技术概况

道路长度/m	200
车道数（车道宽度）	3 车道（3.5m）
降雨强度/(mm/h)	30、50、80
粒径/μm	640~1400
连续降雨持续时间/min	30
试验用水补给时间/min	120
降雨区域	每 100m 设定 2 分区

J-town 特殊环境试验区降雨模拟环境技术的主要技术特点包括：①J-town 特殊环境试验区主要模拟暴雨、大暴雨及特大暴雨降雨强度，且在封闭环境中与光照模拟相结合，实现不同光照条件下的降雨模拟，同时在封闭环境中，可避免外界因素影响；②J-town 在环境模拟隧道中设置隔离栏、标志标线、红绿灯等交通元素，能够组合实现多种降雨环境下的测试场景；③J-town 在封闭环境中构建了良好的网联环境，具有丰富完善的 V2X 基础设施，包括可移动安装的路侧设施和旋转式交通信号灯等，使得雨天气象环境下具有丰富的测试场景。

除了日本外，由新加坡国家陆路运输管理局（LTA）和新加坡南洋理工大学（NTU）共同建设了新加坡自动驾驶汽车测试与研发中心。CETRAN 测试场设计了一个模拟的城市道路网络，包括交通路口、公共汽车站和斑马线、交通灯、楼宇、洒雨机等。图 4-28 所示为 CETRAN 自动驾驶测试中心场地图，其中 2 号区域设置雨天模拟器，由一个近 40m 长的薄金属框架组成，分为 9 个部分，在每个部分的顶部有 3 个喷嘴，可以模拟热带降雨天气。

CETRAN 自动驾驶测试中心可以让自动驾驶汽车在不同的运行环境中进行测试，可针对各种恶劣天气制订全面的测试计划，并且能模拟热带降雨气候，用来测试智能汽车的感知能力。该中心于 2017 年底开放以来，已有多家公司在此对其自动驾驶汽车进行恶劣天气测试。

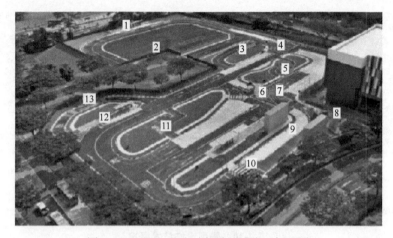

图 4-28 CETRAN 自动驾驶测试中心场地图

1—带湾公交车站 2—雨天模拟器 3—坡道 4—十字路口（信号灯）5—S 弯道
6—十字路口（信号灯）7—V2X 通信能力 8—车辆监测和评估系统的充电站
9—城市峡谷 10—行人横穿 11—直角弯道 12—公交车站 13—地面反光区域

CETRAN 降雨模拟环境技术主要特点包括：①测试中心主要模拟特大暴雨降雨情况，测试场景较为单一，由于模拟设施的长度及角度限制，仅供低速或静态条件下的环境感知测试；②测试中心除了能针对各种恶劣天气制订全面的测试计划外，还能结合本地气候特点模拟热带降雨气候，用来测试智能汽车的感知能力。

国外自动驾驶降雨模拟测试环境技术对比见表 4-11。

表 4-11 国外自动驾驶降雨模拟测试环境对比

序 号	分析对象	技术指标	特点分析
1	美国弗吉尼亚 Smart Road 试验场	1. 道路长度：800m 2. 降雨强度：2~64mm/h	1. 测试道路较长，满足高速雨天场景测试 2. 降雨强度覆盖范围大
2	日本 J-town 测试场	1. 道路长度：200m 2. 车道：3.5m×3 车道 3. 降雨强度：30mm/h、50mm/h、80mm/h 4. 粒径：640~1400μm 5. 连续降雨持续时间：30min 6. 试验用水补给时间：120min 7. 降雨区域：每100m 设定 2 分区	1. 针对环境感知系统设计测试路段长度 2. 测试道路较宽，可设置较多场景 3. 测试主要针对强降雨 4. 与光照模拟结合，搭建其他交通设施，满足不同场景元素的排列组合
3	新加坡 CETRAN 测试场	1. 道路长度：40m 2. 降雨强度：150mm/h	主要针对热带地区常见强降雨环境测试

当前，国内少有机构开展雨雾等特殊天气环境下的自动驾驶测试，各大测试场构建的雨雾环境主要用于车辆密封性、刮水器性能等传统项目测试，尚无针对自动驾驶测试所构建的雨雾模拟环境。然而，国内外对人工降雨模拟的研究已趋成熟，降雨模拟设施主要应用于水土保持、雨水积蓄、作物灌溉试验等。为研究水土保持，通过模拟降雨环境，定量评价一定降雨条件下土壤水分含量及入渗产流关系，从而可以规避野外径流小区定位观测费时费力、周期长的缺点，加速水土保持研究进程。

我国早在20世纪80年代已开展人工模拟降雨、喷雾在水土保持等领域的研究应用，相关领域的研究人员针对具体应用设计了不同人工降雨、喷雾模拟装置，被广泛应用于水土保持研究中。黄毅等（1997）利用弹性压片使有压水流形成连续水舌，在空气阻力作用下，水舌形成雨滴，通过改变供水压力得到不同雨量。该装置的有效降雨面积为 $20\sim40m^2$，降雨强度 $30\sim150mm/h$，降雨均匀系数 $K\geqslant0.8$。王晓燕等（2000）利用人工模拟降雨方法研究了地表径流与水分入渗关系，降雨模拟装置的降雨量、雨型和降雨强度可通过选定喷头、调节供水压力和控制喷头摆动速度来完成。陈文亮等（2000）研制的SR型人工降雨装置，利用多喷头、多单元组合形成下喷式间歇降雨，该装置喷头出水孔径较大，其雨滴直径大小分布与天然降雨相似。喷头处的机械装置使喷头往返摆动以增加喷头的散水面积和均匀度，同时将降雨强度控制在实用的范围内。该降雨装置降雨高度 2.4m，喷头孔径 6.4mm，在限定供水压力范围内，雨滴直径为 $0\sim3mm$，均匀系数为 0.8，能够达到较好的降雨效果。周跃等（2008）为研究土壤侵蚀研制了 Kus03-1 型人工模拟降雨试验系统，并对设施降雨强度、降雨均匀性、雨滴直径、终点速度等参数进行了试验，在采用双喷模式下，降雨强度范围达到 $12.8\sim84.0mm/h$，雨滴直径分布范围达到 $0.6\sim6.2mm$，降雨均匀系数平均为 0.8802，很好地模拟了自然降雨。模拟降雨装置普遍采用两类技术路线，其一用喷头作为雨滴发生器，如上述SR型人工降雨模拟装置；其二为用自吸泵输水，用孔板作为雨滴发生装置。陈来荣等为减少农药使用量，提高农产品质量并保障工作人员健康，设计了适用于温室的无人自动喷雾系统。为适用于不同的温室环境，该系统通过控制步进电机的工作方式和转速来控制喷雾执行机构的工作方向和行走速度，能够实现温室的无人自动喷雾。曹旭等通过分析细水雾系统对水喷淋系统的突破点，研制出细水雾灭火系统。目前，国内规模比较大的驾校也建立了模拟降雨、喷雾的训练场地。这些训练场地规模比较小，在降雨、喷雾时受到风及自身系统的影响导致系统不稳定，虽然能够训练驾驶员对雨雾天气的适应性，但并不适合用于开展自动驾驶在雨雾气象环境下自主感知、决策等相关测试研究。

2. 雨雾模拟构建评价指标

为测试自然降雨对自动驾驶环境感知系统的影响，确保模拟降雨与自然降雨形态一致，使模拟环境下的自动驾驶场景测试具备较高可信度，对雨雾模拟系统的评价应从降雨强度、降雨均匀性、雨滴直径分布、雨滴动能等方面开展。

模拟降雨分布均匀性的测定方法是在降雨面上布设一组雨量筒作为测点，根据各测点的降雨量，采用均匀性公式计算

$$K = 1 - \frac{\sum_{i=1}^{n} |H_i - \overline{H}|}{n\overline{H}} \tag{4-1}$$

式中，K是降雨均匀系数；H_i是降雨面上的第i个测点雨量（mL）；$\overline{H}$是降雨面上的平均雨量（mL）；n是测量点数。

根据田间试验或室内试验的要求，目前我国的模拟降雨装置的均匀性指标一般大于0.8。降雨强度的测量是通过在受雨区域内按照指定间隔按阵列摆放量杯，降雨过程结束后测量每一个给定位置玻璃杯的水量来实现的。

通常情况，雨滴的直径介于0.5~6mm；极少情况下，雨滴直径会达到8mm甚至10mm。科学研究发现：水粒径小于0.5mm时，由于大气层上升气流的作用，会使该尺寸的水粒留在空中；当雨滴直径超过6mm时，由于空气阻力作用，大雨滴在下落过程中会分解成许多体积骤减的细小雨滴。此外，大雨滴在下落时相互不断碰撞，也促使它们分离。在实验室条件下发现，大雨滴通常在直径达到大约5mm时就开始分化瓦解。在云层中，大雨滴直径达到5mm时，通常也会因为相互碰撞而碎裂。因此，在地面上的雨滴直径通常小于5mm。

雨滴直径一般采用色斑测定法测定。先在滤纸上涂刷一层曙红与滑石粉混合色料用于雨滴取样。取样后，量出雨滴的色斑直径D，将不同大小的色斑直径分类统计出来，由换算公式$d=aDb$（计算公式中选用$a=0.322$，$b=0.742$），计算得到各类雨滴直径d。然后分类统计，计算出不同直径的质量或体积的和，并求出它们在降雨总量中所占的百分数，最后根据累积百分数，得到雨滴的平均直径。

雨滴动能的计算依赖于雨滴收尾速度的测定。雨滴在下落过程中受到重力和空气阻力的作用。因阻力与速度成正比，在雨滴由静止状态下落的加速运动中，阻力由小变大，经过短暂的时间后阻力与重力相平衡，雨滴以匀速下落。雨滴下落的末速度称为雨滴的收尾速度。雨滴大小不同，下落速度也不同。自然降雨雨滴的大小分布在0~6mm范围内，其相应的收尾速度为2~2.9mm/s，要使所有大小不同的雨滴达到相应的收尾速度，其最小高度应达到20m。要使95%的雨滴达到相应的收尾速度，所需要的相应降落高度为7~9m。根据相关研究，具有初速度的下喷式喷头，雨滴下落高度达5.5m时，就可满足不同直径的雨滴获得2~2.9mm/s的收尾速度。

对雾天模拟系统的评价主要从能见度角度开展。根据能见度将雾划分为5个等级，见表4-12。

表 4-12 雾的等级划分

能见度等级	能见度范围/m	雾 等 级
1	500~1000	轻雾
2	200~500	雾
3	100~200	大雾
4	50~100	浓雾
5	<50	强浓雾

3. 雨雾气象模拟系统构建

针对智能网联汽车测试需求,雨雾模拟系统主要满足智能网联汽车感知系统在降雨天气条件下的功能与性能测试。当前智能网联汽车感知系统主要由视觉摄像头、毫米波雷达和激光雷达组成。

摄像头技术相对成熟,成本低廉,但易受天气和光照因素影响。毫米波雷达抗干扰能力较强,对烟雾灰尘具有较好的穿透性,受天气影响较小,但是精确度相对不足。激光雷达工作精度高、探测距离远,但易受雨雾和光照导致的热辐射影响。环境感知传感器优劣势对比见表 4-13。

表 4-13 环境感知传感器优劣势对比

传 感 器	优 势	劣 势	主 要 应 用
摄像头	体积小、成本低,支持深度学习	受光照等环境影响大、数据量大,对速度、距离感知精度不高	泊车辅助(PA)、自动跟车(SG)、前向碰撞预警(FCW)、盲点检测(BSD)、倒车辅助(BPA)等
毫米波雷达	受天气环境影响小、可检测车辆	无法感知行人、相对分辨率低、精度较低	长距毫米波雷达:前向碰撞预警(FCW)、自适应巡航控制(ACC)、自动紧急制动(AEB)等
激光雷达	感知精度高、不受光线等制约、能够建立环境模型	成本高、数据量大	L3 以上高级别自动驾驶

当前,自动驾驶主流感知传感器的技术性能对比见表 4-14。通过分析可知,智能网联汽车环境感知系统融合后的传感器探测距离通常不超过 120m,因此,在构建雨雾模拟系统时,模拟设施的覆盖范围应在此基础上同时满足设计行驶车速的要求。

降雨模拟系统采用高压喷头喷水模拟降雨天气。雨水模拟系统支架搭建在道路一侧或两侧，喷头安装在支架上。同时，需要建设水泵房、水箱、降雨喷水管路等基础设施，并配备水泵、可调节变频器、压力传感器、激光雨滴谱仪等设备。

对于粒径大于 5.5mm 的雨滴，其收尾速度可达 8~9m/s，根据 $mgh = \dfrac{mv^2}{2}$ 计算可得，当雨滴下落高度大于 4.1m 时即能满足雨滴下落速度的要求，因此模拟设施高度不应小于 4.1m。

表 4-14　自动驾驶主流感知传感器的技术性能对比

传感器	典型产品	探测距离/m	探测角度	工作温度/℃
单目摄像头	博世 MPC2	120	水平 50°，垂直 28°	-40~85
双目摄像头	博世双目	55	水平 50°，垂直 28°	-40~85
24GHz 雷达	大陆 SRR320	95	150°	-40~85
77GHz 雷达	博世 LRR4	200~250	水平 12°	-40~85
激光雷达	Velodyne 公司 HDL-64	120	水平 360°，垂直 26.8°	—
传感器融合	—	120	—	—

国内外自动驾驶降雨环境模拟设施技术指标对比见表 4-15。

表 4-15　国内外自动驾驶降雨环境模拟设施技术指标对比

序号	分析对象	技术指标
1	日本 J-town 测试场	道路长度：200m 车道：3.5m×3 车道 降雨强度：30mm/h、50mm/h、80mm/h 粒径：640~1400μm 连续降雨持续时间：30min 试验用水补给时间：120min 降雨区域：每 100m 设定 2 分区
2	新加坡 CETRAN 测试场	道路长度：40m 降雨强度：150mm/h
3	美国弗吉尼亚 Smart Road 试验场	道路长度：800m 降雨强度：2~64mm/h
4	北京市自动驾驶车辆封闭测试场地技术要求（规范要求）	T5 能力评估分级，具体要求应建设模拟雨天设施，长度不小于 100m，应能模拟（小时降雨量，mm）：中雨（10~25）、大雨（26~40），有条件可以模拟暴雨（50~100），用于通过雨区道路测试训练与能力评估

在构建降雨模拟系统时，除考虑模拟系统长度、高度外，还需要考虑符合

中国真实天气条件的模拟降雨量设计。根据中国气象局统计数据，我国夏季最大日降雨量可达30~70mm，局部地区可达100~150mm。根据GB/T 28592—2012《降水量等级》中降雨等级标准：小雨0.1~1.5mm/h，中雨1.6~6.9mm/h，大雨7.0~14.9mm/h，暴雨15.0~39.9mm/h，大暴雨40.0~49.9mm/h，特大暴雨≥50mm/h。因此，降雨模拟系统应能通过不同流量的喷头来控制喷水量的大小，从而模拟小雨、中雨、大雨、暴雨、大暴雨、特大暴雨情况的降雨量。

雾天气象场景模拟的实现方法主要有干冰造雾、高压喷雾和气水雾化等方法。干冰在常温下升华为气体，从周围空气吸收大量的热，使周围空气降温，水蒸气发生液化反应，放出热量，成为小液滴，形成雾。但干冰造雾受空气中湿度、温度和风速等环境因素影响较大。同时，干冰造雾多沉于地面附近，难以均匀分布于测试空间，与真实雾天情景相差较大，且造雾浓度难以调节。高压喷雾模拟雾天系统（高压喷雾原理）如图4-29所示。

图4-29 高压喷雾模拟雾天系统（高压喷雾原理）

高压喷雾利用柱塞泵将经过过滤器处理过的水加压传送到雾化喷嘴，在高水压的挤压下产生液体雾化的效果。相比干冰造雾，高压喷雾造雾可以实现雾滴在造雾空间内均匀分布和雾滴浓度可调。但经过实际测试，高压喷雾方式产生的雾滴直径一般为200~400μm。虽然从肉眼看，高压喷雾的形态已很接近真实自然雾气形态，但其雾滴的直径还是不能满足自然雾气雾滴直径10~15μm的物理特性。

气水雾化系统为克服高压喷雾雾滴直径偏大的不足，利用二流体喷嘴（空气和液体）使液体和气体均匀混合，产生微细滴尺寸（8~20μm）的液滴喷雾。此外，可以通过增加气体压力或降低液体压力实现雾滴直径调节。

雾区立杆之间距离为4m，8个立杆（2粗杆、6细杆），总长32m（两头立杆的喷洒延伸 4m）。喷雾喷头置于龙门架顶端，喷头横向距离 2.5m。两立杆之间布置 4 个喷头，共计 32 个喷头。喷雾水管为直径 10mm 的 304 不锈钢材质。造雾系统电机额定功率为 3.5kW。水需要用水质净化器净化。喷头实物如图 4-30 所示，现场测试如图 4-31 所示。

图 4-30　喷头实物

图 4-31　现场测试

4.2.3.2　降雪气象条件模拟

降雪作为一种常见天气现象，产生的大直径雪花对智能网联汽车感知系统存在干扰。同时降雪伴随的低温会导致雪花凝结于传感器表面或镜头表面，造成传感器表面污染，导致感知结果出现不准确或者错误。因此，研究降雪对智能网联汽车的影响是保证智能网联汽车安全的重要措施。

1. 降雪模拟原理

自然界的降雪主要是云中的过冷水滴和冰晶相互碰撞，部分冰晶迅速增大，当冰晶能够克服空气阻力和浮力时，便从空中落下，在空气温湿度、气流、降落高度等因素的影响下，最终形成各种形状的雪花。

模拟降雪是在特定温度、湿度、水温、物化水滴直径和气流形式等条件下，通过过冷水雾化形成降雪。造雪机模拟降雪基本模仿天然雪的形成过程，首先由压缩机产生高压空气送到核子发生器的喷嘴处，将持续水流分散为小液滴，形成水雾；然后风扇把雾化的水雾吹到空气中抛散，在有限的空间和距离内冷凝结晶，形成"雪花"，最终在指定区域内形成降雪环境，通过这种方式形成的雪花为不规则的椭球状。高压空气的主要作用：①使水雾化，形成微小的水滴；②将水滴分散到空气中，使空气与水充分接触；③压缩空气瞬间膨胀吸热，冷却空气中的水滴。

2. 真实环境下降雪模拟环境搭建与测试

与降雨模拟不同，降雪模拟需要低气温环境。由于智能网联汽车感知系统探测距离长达120m，在室内建设模拟降雪系统存在投资过大、技术难度较高的问题。因此，模拟降雪需要利用天然寒冷气候条件，在室外测试道路中搭建模拟降雪环境。

单个造雪机造雪范围可覆盖30~40m的道路，最大造雪量为80~100m³/h（天气、密度、湿度均会影响造雪量）。对于长度120m、宽度6m的测试道路，需部署4台造雪机。同时需配备供水管线和大功率供电线路。考虑到造雪机工作所需的供水供电问题，造雪机采用单侧布设，如图4-32和图4-33所示。模拟降雪条件的测试现场如图4-34所示。

图4-32　造雪机

3. 模拟降雪对智能网联汽车感知系统的影响

下面将以毫米波雷达为例，研究模拟降雪对智能网联汽车感知系统的影响。

（1）雪影响理论分析

雪对毫米波雷达的影响可分为衰减和后向散射两种类型。

1）雪衰减。用 r 表示雷达与目标之间的距离。具有雪衰减效应的接收信号功率 P_r 可以表示为

$$P_r = \frac{P_t G^2 \lambda^2 \delta_t}{(4\pi)^3 r^4} V^4 \exp(-2\gamma r) \tag{4-2}$$

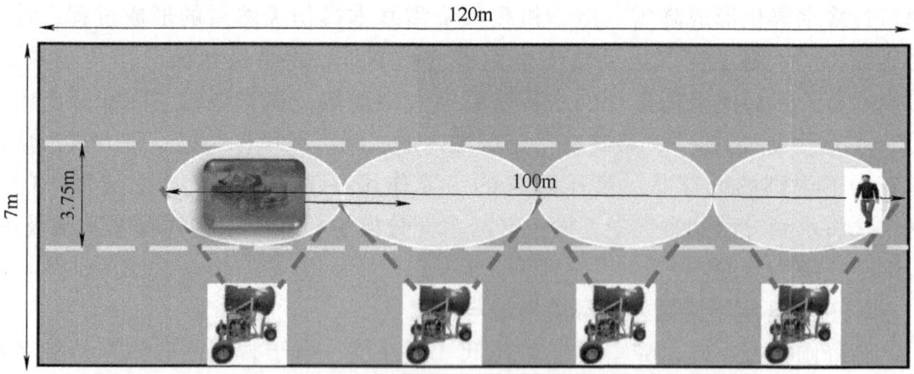

图 4-33 天气模拟测试中造雪机布设方案

图 4-34 模拟降雪条件的测试现场

式中，λ 是雷达波长；γ 是雪衰减系数，由降雪量决定；P_t 是衰减之前的功率（发射功率）；G 是功率比；δ_t 是目标物反射面积；r 是雷达与目标之间的距离；V 是多径系数；表 4-16 解释了其他变量。

表 4-16 模拟变量值

变 量	值
P_t	10mW
G	40dB
f	77GHz
τ	518^{-8}s
θ_{BW}	2°

(续)

变 量	值
σ_t	车：15.85m² 人：1m²
F_N	11dB
B	500MHz
T_0	273K

γ 可以近似按照式（4-3）计算

$$\gamma = aR^b \tag{4-3}$$

式中，a 和 b 是频率 f 和降雨温度 T 的函数。而 $b=1$ 的近似有效性由 Ryde 在早期的 Mie 散射计算的基础上首先指出。

多径系数 V 的计算公式为

$$|V| = \sqrt{1+\rho_S^2 - 2\rho_S \cos\frac{2\pi}{\lambda}\delta} \tag{4-4}$$

式中，ρ_S 是镜面反射系数，如下式计算：

$$\rho_S^2 = \exp\left[-\left(\frac{4\pi\sigma_h \sin\psi}{\lambda}\right)^2\right] \tag{4-5}$$

式中，$\sin\psi = \psi = \dfrac{h_r + h_t}{r}$；$\delta = \dfrac{2h_r h_t}{r}$；$h_r$ 是雷达的安装高度；h_t 是目标的高度；σ_h 是表面粗糙度。

2）后向散射影响。毫米波雷达的检测过程取决于信号干扰加噪声比（SINR），将 SINR 保持在某个阈值以上对于可靠检测至关重要。目标信号的功率强度与后向散射信号的功率强度之间的关系为

$$\left(\frac{S_t}{S_b}\right) = \frac{8\sigma_t}{\tau c \theta_{BW}^2 \pi r^2 \sigma_i} \tag{4-6}$$

式中，S_t 是目标的功率强度；S_b 是反向散射功率强度；c 是光速；其他变量参见表 4-16。

3）接收噪声。接收噪声的表达式为

$$N = (F_N - 1)kT_0 B \tag{4-7}$$

式中，k 是玻尔兹曼常数；其他变量参见表 4-16。

（2）模拟分析

在模拟分析中，我们将雪的后向散射效应视为接收端的干扰，则信号干扰噪声比可以计算为 SINR $=P_r/(P_b+N)$，P_r 为接收器的信号功率；P_r/P_b 可近似等于 S_t/S_b。毫米波雷达的 SINR 设置要求为 13.2dB，其探测概率为 0.9。为了便于

计算，该模拟分析结果为 SINR = 13dB 条件下的结果。雷达对轿车和人的探测距离与降雪量的关系如图 4-35 和图 4-36 所示。

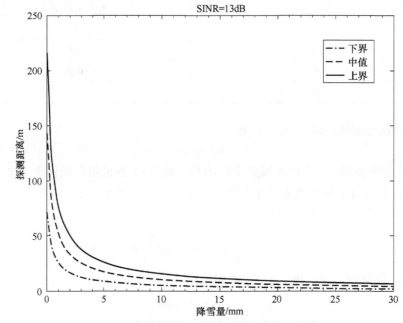

图 4-35　雷达对轿车的探测距离与降雪量的关系

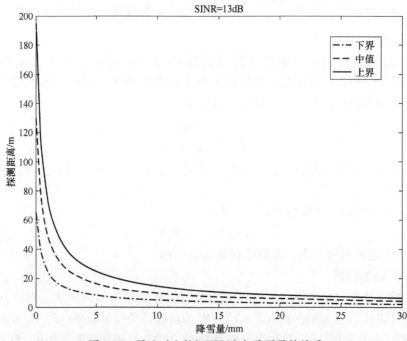

图 4-36　雷达对人的探测距离与降雪量的关系

（3）真实环境下毫米波影响测试

在实际测试中选用了大陆 ARS408-21（Premium）77GHz 长距离毫米波雷达（图 4-37），其采用快斜率调频连续波（FMCW）调频体制，在一个测量周期内可以独立测量目标距离与速度，目标的实时刷新率为 17Hz。雷达发射功率增益配置为 -9dB 且输出为目标（Object）模式；其距离检测精度为 0.2m，雷达散射截面（Radar Cross Section，RCS）检测精度为 $0.5dB \cdot m^2$。

图 4-37　ARS408-21（Premium）77GHz 长距离毫米波雷达

雷达散射截面（RCS）是度量目标在雷达波照射下所产生回波强度的一种物理量。它是目标的假想面积，用一个各向均匀的等效反射器的投影面积来表示，该等效反射器与被定义的目标在接收方向单位立体角内具有相同的回波功率。对于每个雷达检测视角、不同的雷达频率等都对应不同的 RCS，其值用雷达散射截面的对数值的 10 倍来表示，单位是 $dB \cdot m^2$。

由图 4-35 和图 4-36 可知，降雪对毫米波雷达的检测距离影响较大。当降雪量为 0mm 时，即在没有降雪的条件下，该毫米波雷达对于目标的有效检测距离最远可超过 200m，与其参考值相近；而随着降雪量的增加，该毫米波雷达对于目标的有效检测距离骤然下降，以 1mm 降雪量作为基准，其下降幅度最大达 43%。

基于自车静止，前车由近及远行驶场景的试验结果如图 4-38 所示。由图可知，无降雪条件下毫米波雷达对于小轿车的检测距离远大于降雪条件下毫米波雷达对于小轿车的检测距离。

图 4-39 所示为跟车试验场景的测试结果，结果表明在近距离的探测范围内，毫米波雷达对于小轿车的检测较为准确。

另外，试验结果还表明，毫米波雷达探测距离受到降雪影响的同时，雷达的 RCS 检测值同样受到影响，测试结果如图 4-40 所示。对于同一辆小轿车，当无降雪时，其检测到的 RCS 集中在 $10dB \cdot m^2$ 附近，并且随着检测距离的增大而增大；而在降雪条件下，其检测到的 RCS 集中在 $5dB \cdot m^2$ 附近，同样随着检测距离的增大而增大。但对于同一检测距离范围（6~7m）内，以无降雪条件作为

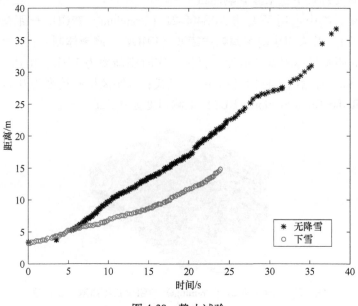

图 4-38 静止试验

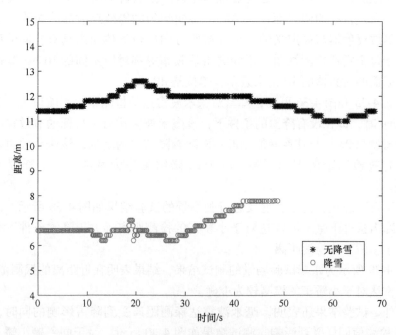

图 4-39 跟车试验场景的测试结果

基准参考，RCS 的平均检测值减小了 78%。此外，在降雪条件下实际测试过程中，该毫米波雷达无法检测到有效性人。

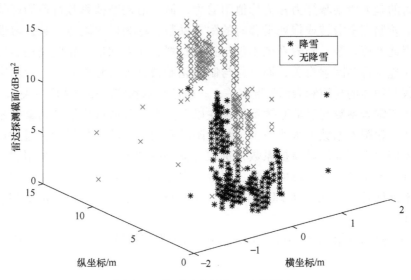

图 4-40 降雪对小轿车 RCS 的影响

4.2.3.3 模拟结冰环境构建

道路结冰会改变路面摩擦系数，影响智能网联汽车控制与执行系统。为探索结冰路面对自动驾驶控制系统的影响因素及机理，降低道路结冰对自动驾驶控制稳定性的影响，搭建道路结冰模拟环境对于智能网联汽车安全具有重要意义。

自动驾驶模拟结冰环境主要采用不同材质的低附着系数路及配套喷水设备组合实现。

1. 模拟冰面路材料

1）合成材料。模拟冰面采用可拆装合成材料板组成，具有轻便、使用寿命长、维护费用较低等优点，但建造成本较高。

2）玄武岩砖。玄武岩砖以玄武岩为主要原料，经配料、熔化、成型、结晶和退火多道热处理工艺而制成。在表面喷水时，其附着系数接近真实冰面路标准。

3）高强度仿滑路面涂料。高强度仿滑路面涂料具有抗紫外线、耐老化、耐磨、耐冲击、耐寒、耐高温、耐油、耐酸碱及路面施工后对环境无污染等性能特点。在表面喷水时，其附着系数接近真实冰面路标准。

4）天然大理石与水磨石。大理石与水磨石均是一种常用的建筑装饰材料。作为模拟冰面使用时，具有刚性好、硬度高、耐磨性强、温度变形小、维护方便简单及使用寿命长等优点，但相对其他材质附着系数较大。

评价模拟冰面环境的指标主要是极限附着系数。车辆轮胎在滑动速度接近于零时的最大滑动摩擦力称为峰值附着力,最大滑动摩擦系数可称为峰值附着系数。轮胎完全滑转或抱死滑移时的附着系数,称为极限附着系数,习惯上也称为滑动摩擦系数。附着系数不仅与道路材料、路面状况、轮胎结构、胎面花纹及车速等许多因素有关,而且还与制动轮胎被抱死的程度有关;滑动摩擦系数不仅与物体的材质和表面情况有关,一般还与两物体的相对速度有关。

由于附着系数与滑动摩擦系数存在以上关系,可通过比较滑动摩擦系数的大小来比较附着系数的大小。由于测量附着系数的试验比较复杂,通过对比轮胎与不同路面间的滑动摩擦系数来选取合适的模拟冰面路材料。采用实车在模拟冰面路上制动抱死滑移的方法,测得真实冰面的附着系数为 0.2~0.3,高强度仿滑路面涂料、天然大理石和水磨石的滑动摩擦系数分别约为 0.17、0.40 和 0.57。

结冰路面场景如图 4-41 所示,其中,L3 为模拟冰面,L5 为模拟压实雪地路面。

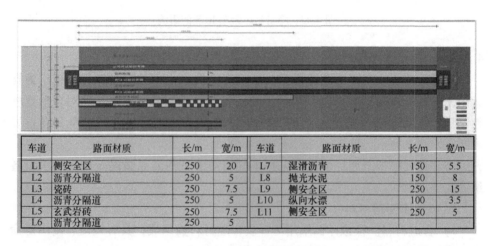

车道	路面材质	长/m	宽/m	车道	路面材质	长/m	宽/m
L1	侧安全区	250	20	L7	湿滑沥青	150	5.5
L2	沥青分隔道	250	5	L8	抛光水泥	150	8
L3	瓷砖	250	7.5	L9	侧安全区	250	15
L4	沥青分隔道	250	5	L10	纵向水漂	100	3.5
L5	玄武岩砖	250	7.5	L11	侧安全区	250	5
L6	沥青分隔道	250	5				

图 4-41 结冰路面场景

2. 配套设施设计

(1) 喷水系统

为保持低附着系数,除了使用特殊的材料外,模拟冰面道路表面必须保证有一定厚度的水膜。一般情况下,模拟冰面路面水膜厚度以 2mm 为最佳状态。喷水系统由水泵、储水罐、供水管、喷头、控制装置等部分组成。喷头布置于道路两侧,大约每 5m 布置 1 个喷头,喷头有多个小喷孔,水经喷头喷出后成发散状,落地点不超过整个路面宽度的 2/3。

(2) 安全防护设施

道路两侧设置路肩或护墙的高度不得高于车辆的最小离地间隙,防止车辆滑出路面而侧翻。结合乘用车等车型的最小离地间隙，路肩或护墙的最大高度设定为200mm。

（3）轮胎清洗池

入口处设置一个水池，长度大于1倍轴距，宽度为6~8m，作用是在车辆驶入模拟冰面路之前，对轮胎进行清洗，减少涂料层的磨损，延长模拟冰面路的使用寿命。

4.2.4 封闭测试场地的V2X路侧系统

1. V2X通信技术

建设封闭测试场地V2X路侧系统是车联网测试和车路协同自动驾驶的必备条件，现有V2X相关通信技术主要包括专用短程通信（DSRC）、4G-LTE、LTE-V和超高速无线通信系统（EUHT）。其中，专用短程通信基于IEEE 802.11p协议和IEEE 1609协议族，运行于5.850~5.925MHz频段。其最显著的特点是自组织的网络结构和广播数据传输。这使得DSRC能够适应快速变化的车联网拓扑，为车辆提供低时延的数据传输，且不需要路侧基础设施支持。DSRC特别适用于基于协同感知的智能网联汽车安全应用。但是，其自组织的网络结构导致网络时域资源利用率低，无法适应高密度的交通场景。

4G-LTE是目前应用最广泛的无线网络通信技术。由于LTE产业链成熟、设备选择面广、网络覆盖较好，已经成为车企开展车联网协同感知和智能网联汽车应用研究的重点和主要推广的车联网通信手段，用于提供各类交通信息服务以及互联网接入服务。4G-LTE采用正交频分复用，可以在提高频谱利用率的同时，更有效地调度和管理有限的频域资源，具有覆盖范围大和网络容量大的优点。4G-LTE具有抗多径干扰能力强、兼容MIMO、更好的带宽扩展性与频域调度灵活的特点。不过，LTE运用于车联网系统也存在着一定的问题，具体表现在用户数量大、构成复杂以及组播问题。但由于其具有非交通负载，使得网络性能不够稳定、传输时延较高，一般研究认为4G-LTE适用于各类交通场景下车载终端的网络接入应用以及个性化信息服务应用等非安全类车联网应用。

超高速无线通信系统（Enhanced Ultra-High Throughput，EUHT）是由我国自主研发的无线通信系统，可以实现高速移动场景下移动终端在基站间的水平切换，上下行速率大于10Gbit/s，传输时延实测小于10ms，符合GB/T 31024.1—2014《合作式智能运输系统　专用短程通信　第1部分：总体技术要求》和GB/T 31024.2—2014《合作式智能运输系统　专用短程通信　第2部分：媒体访问控制层和物理层规范》要求。

LTE-V是基于LTE的车-车通信技术，采用LTE终端上行时使用的单载波频分多址（Single Carrier-Frequency Division Multiple Access，SC-FDMA）技术对车-车直接通信进行调制。为了提高信道利用率，LTE-V采用覆盖范围内和覆盖范围外两种工作场景。其中覆盖范围内场景描述终端处于基站范围内时，由基站分配时频资源场景；覆盖范围外场景描述终端在基站范围以外时，终端自主选择时频资源场景。在覆盖范围内场景下，LTE-V 网络性能在不同终端数量下均优于 DSRC。在覆盖范围外场景下，当终端数量较大时，网络性能优于 DSRC。

无线局域网目前广泛应用于各类场景中宽带网络的无线接入，有大量系统通过 Wi-Fi 组网，实现无线通信应用。目前，应用较为广泛的无线局域网技术包括 IEEE 802.11b、IEEE 802.11g、IEEE 802.11n 以及 IEEE 802.11ac。在车联网领域，可采用 IEEE 802.11n 作为无线局域网的传输协议。针对车联网应用，基于 IEEE 802.11n 的无线局域网具有较高的传输带宽以及更快的调制编码方案反馈技术优势。同时，无线局域网应用于车联网时存在水平切换问题以及覆盖范围问题。

上述单一无线网络技术都具有明显的结构特性和性能特性，在面对特定车路协同应用时，能够提供较为可靠稳定的网络服务。然而，车联网运行环境覆盖复杂的道路场景，单一网络难以满足所有的车联网应用需求和环境需求。因此，车联网应融合不同通信技术，形成车载异构网络，充分发挥不同网络技术的性能优势，为车联网应用提供透明传输服务。

2. 车载异构网络的技术特点

1）网络消息周期性发布：车载异构网络中所有应用消息均为周期性发布。部分车联网终端由特定事件触发，按照固定频率发出消息；其他一部分应用周期性连续发送消息，不随任何事件的发生或结束而中断。例如，摩托车提示、弱势交通参与者提示、浮动车数据上传、超车警告、并道辅助以及协同防眩光等应用虽然在网络安全与可靠性需求、发送频率需求上不完全一致，但其消息内容一致。其消息用于描述车辆的基本运动状态，这种消息被称为基本安全消息（Basic Safety Message，BSM）或协同感知消息。这些消息由 GPS 时钟在每 0.1s 时触发。

2）采用广播传输消息：对于车载异构网络，特别是涉及交通安全、交通效率的应用，均通过广播传输消息。通过广播传输消息，可以最大化共享交通相关信息，同时避免由组播、单播产生的消息维护开销，同时减少了网络加密、解密相关软硬件的成本和时频资源开销。

3）对安全和可靠的严格要求：车载异构网络涉及生命财产安全，对信息安全和消息可靠具有较高要求。在消息传输时，要保证消息内容的准确性和实时性，确保基于该消息的应用正常运行。其中，大部分应用对网络传输时延的需求在 100ms 以内，部分应用为 50ms。

4）网络消息包长度较短：为了降低网络开销，简化应用处理流程，车载异构网络相关应用传递的数据包较短。而且在车载异构网络中，存在多个应用共享同一数据包数据的情况。

3. 车载异构网络在应用场景方面的显著特点

1) 网络环境的快速变化：车载异构网络系统的工作环境随着车辆的快速移动而快速变化。具体表现在网络覆盖的快速变化、信道状况的快速变化以及网络拓扑的快速变化。需要依托路侧基础设施的网络系统可能因为网络优化水平不同产生网络性能波动；网络基站或接入点间的水平切换也会造成网络性能的不稳定；车辆的快速移动产生的多普勒频移会对网络性能，特别是误包率造成显著影响。为此，在车载异构网络切换方法构建时，需要充分考虑网络结构特性，充分利用网络结构灵活的自组织网络。

2) 网络覆盖条件差异：车联网终端设备安装在机动车辆上，机动车辆可能在各种复杂道路条件下行驶。异构网络系统囊括的候选网络需要有尽可能广的覆盖范围和尽可能强的兼容性，以实现不同条件下、不同环境中的网络接入。除自组织网络之外，4G-LTE 是我国覆盖面积最广且能满足车联网终端低时延传输信息的网络；Wi-Fi 兼容性强，设备成本低，在特定场景下能够满足车载异构网络通信需求。将 4G-LTE 和 Wi-Fi 引入车载异构网络系统，有利于解决由于网络覆盖条件差异造成的车载异构网络性能不稳定的问题。

3) 高密度终端场景下的高性能需求：在车联网系统中的高密度终端场景下，如车辆拥塞、大型交叉路口、立交路等，网络系统需要保证车联网应用的高性能需求，包括低时延、高可靠的网络通信和信息服务，以支持对应场景的车联网信息服务。

4) 结合交通基础设施建设：在城市交通场景中，车载异构网络系统需要结合交通标志标牌，用于向车载终端发送交通控制和诱导信息。同时，路侧设备需要采集车辆发出的 BSM，实现实时交通数据采集，用于交通控制系统优化等其他应用。在高速公路场景，路侧设备依附于现有高速公路机电专网系统，该系统相较于商用公网，具有稳定的通信负载和足够的网络容量，能够支持各类车载异构网络应用。同时，专网系统能够直接与交通管理、养护、收费等系统结合，实现交通控制、施工区提示及自由流收费等应用。在面向未来的远程驾驶、无人驾驶电子地图发布中，高速公路机电系统专网能够发挥应用服务下沉的优势，低时延、高可靠地完成交通安全相关的复杂应用，同时不增加主干网络开销。为此，选取方便实现网络扩展和调试的无线网络系统，结合交通基础设施建设，是车载异构网络系统实现推广的关键。

4. 车载异构网络系统

综上所述，选择以 DSRC、LTE 和 Wi-Fi 三种无线通信技术作为异构网络技术来构建车载异构网络系统。车载异构网络系统拓扑结构如图 4-42 所示。

在车载端，针对异构网络的特点，建立异构车联网软硬件平台。其中，硬件平台由 DSRC 子系统、LTE 子系统和 Wi-Fi 子系统组成。

DSRC 子系统设备硬件组织如图 4-43 所示。

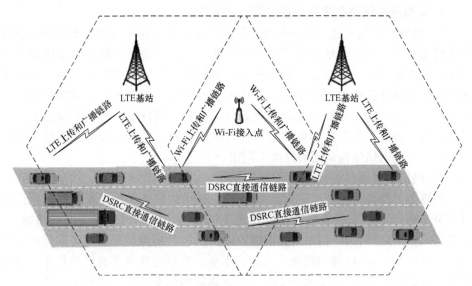

图 4-42 车载异构网络系统拓扑结构

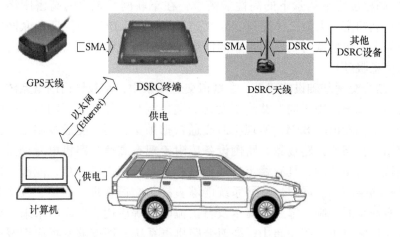

图 4-43 DSRC 子系统设备硬件组织

DSRC 子系统设备功能逻辑结构说明如图 4-44 所示。计算机配备有交互界面,以实现与 DSRC 终端的连接管理和指令发送,并对所发送的数据与接收的数据进行管理。计算机通过以太网与本地 DSRC 相连。DSRC 终端接收所有的控制信息,并将接收到的所有信息转发给计算机,供其处理。DSRC 内置操作系统运行的应用负责控制信息实现,结合 GPS 消息等数据,实现 BSM 广播和受控于计算机的数据广播。广播信息通过 WSMP 与其他 DSRC 终端设备实现信息交互。

LTE 子系统采用分时长期演进技术(TD-LTE),工作于 1.8GHz 频段,组成 TD-LTE 专网。设备与商用 LTE 互不干扰,相互隔离,并能为专网内设备提供互联网接入和局域网服务。TD-LTE 系统架构如图 4-45 所示。

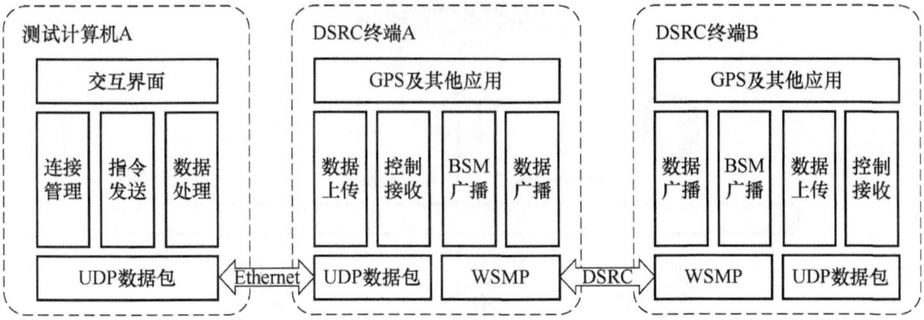

图 4-44 DSRC 子系统设备功能逻辑结构说明

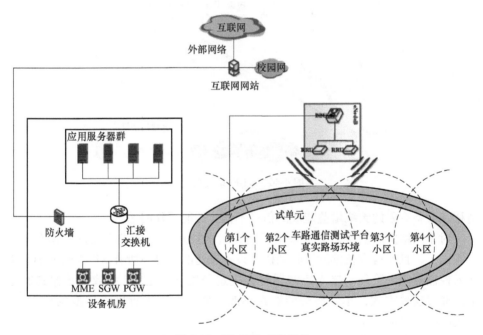

图 4-45 TD-LTE 系统架构

Wi-Fi 子系统支持 IEEE 802.11g 和 IEEE 802.11n 网络协议。其中，IEEE 802.11g 采用开放的 2.4 GHz ISM 频段，IEEE 802.11n 采用 5GHz 频段的 40MHz 信道。Wi-Fi 系统架构如图 4-46 所示。

Wi-Fi 系统采用双频点工作。其中，路侧设备包括基站 AP 和覆盖 AP。覆盖 AP 工作在 2.4G 频段 IEEE 802.11g，用于实现室外一般设备网络接入。基站 AP 工作在 5G 频段 IEEE 802.11n，为车载接入点提供网络服务。车载接入点为车载设备提供桥接服务，通过高增益天线来保证试验场内远距离的网络接入，减少

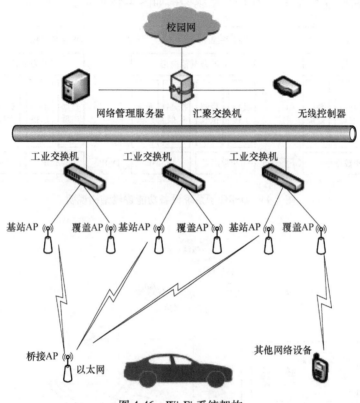

图 4-46　Wi-Fi 系统架构

由移动设备有限的天线增益造成的信号不佳、性能下降问题。

对于网络间的切换，系统采用了同频组网技术：多个路侧设备工作在同一个频段上，且所有设备都能接收到桥接设备发送的消息。所有 AP 收到的消息由接入控制器统一管理。接入控制器将会决定采用某特定 AP 接收的消息进行通信。通过这种方式，车载终端能够在不改变频点，不进行网络切换的前提下，实现网络消息的传输。

在软件方面，设计一种基于多网卡的车载异构网络终端系统，通过计算机同时接入多台网卡，再由网卡连接不同的网络接入设备，从而实现网络的同时接入。通过套接字配置切换不同的网卡，实现不同网络间的切换。通过这种方式，可以兼容各种类型的网络，算法调整、调试更加灵活，能够适应车载异构网络的测试工作。

图 4-47 所示为车载异构网络终端逻辑结构示意图。每个车载终端由三种网络终端和一台计算机构成。计算机通过 USB 接口和 USB 网卡外接实现多网卡环境。计算机和网络终端之间通过以太网进行连接，防止因为无线连接造成的非车载异构网络性能瓶颈。

第 4 章 智能网联汽车的整车测试

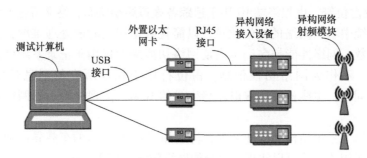

图 4-47 车载异构网络终端逻辑结构示意图

车载异构网络终端运行流程如图 4-48 所示。软件主线程进行套接字初始化，调用 3 个线程处理接收到的套接字消息，在收到消息后，3 个线程计算网络性能并存储网络状态消息。虚拟终端负责生成 BSM 并依据切换算法做出网络切换决策。广播消息设定为固定长度 190B/s。其中，数据信息包括虚拟终端 ID、终端所选网络消息、上周期网络性能参数、上周期网络性能排名、本周期网络切换

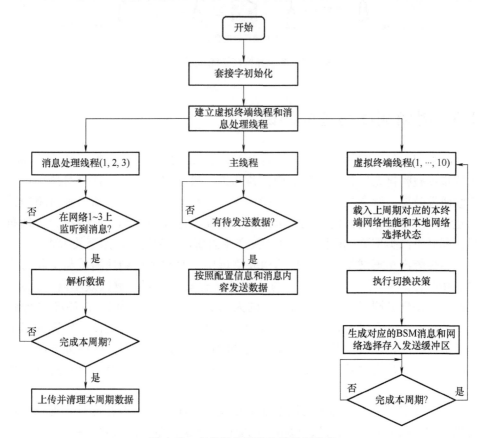

图 4-48 车载异构网络终端运行流程

决策 以及占位符。虚拟终端 ID 用于追踪各虚拟终端状态；终端所选网络用于终端统计系统中不同网络的终端数量，以简化数据接收时的处理难度；上周期网络性能参数、网络性能排名和本周期网络切换决策仅用于记录系统状态，方便数据处理，不作为网络切换依据；占位符用于保证所有的消息长度固定为 190B/s。同时，主线程读取虚拟终端生成的 BSM，实现终端上的网络切换和消息广播。

综合以上系统结构和软件流程，构建如图 4-49 所示的车载异构网络测试系统结构，运用该系统可以实现车载异构网络的测试与实际运行。

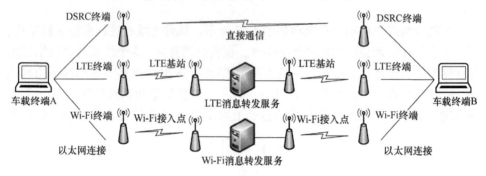

图 4-49 车载异构网络测试系统结构

4.3 封闭测试场地的测试

随着国内外研究的不断深入，自动驾驶感知、决策、执行等领域的关键技术逐步突破，自动驾驶商业化应用日益临近。科学完善的测试评价对提高自动驾驶研发效率、健全技术标准和法律法规，具有重要意义。自动驾驶封闭测试场建设应统筹考虑测试需求及交通组织、道路及附属设施的实际情况，合理布局，同时不同类型测试道路的自动驾驶产业创新发展和商业应用至关重要。

与传统汽车测试相似，在自动驾驶测试中，通常采用场地测试与实际道路测试相结合的测试方法。其中，场地测试具有安全性好、测试效率高等优点。然而，自动驾驶测试对象由传统汽车的人-车二元结构转变为车-路-环境-任务强耦合系统。测试方法由相互分离的驾驶员考试与车辆力学性能测试转变为基于场景的测试。传统汽车基于各类测试道路的测试场地，针对力学性能的测试项目已经不能满足自动驾驶场地测试需求。因此，急需建立完整的自动驾驶场地测试系统和测试方法。

在实际交通中，车辆运行场景复杂多变；在测试中，需要针对各类真实运行场景构建相应的测试系统，包括测试项目、测试设备和测试方法等。

测试项目是指针对智能网联汽车需要完成的各项行驶任务测试而建立项目。区别于传统汽车的测试项目，智能网联汽车测试项目将智能网联汽车作为交通主动参与者进行测试。测试项目主要包括14种，分别是交通标志和标线识别及响应、交通信号灯识别及响应以及前方车辆行驶状态识别及响应等。针对不同的测试项目，需要构建与其相对应的测试场景。

在构建场景过程中，不仅需要交通参与者，还需要测试仪器来进行数据记录。在封闭测试场景中，广泛应用到的测试仪器有低速移动平台、假人目标物、高速移动平台、汽车目标物、测试感知系统和定位系统。其中，移动平台和目标物等为交通参与者，而感知系统和定位系统为测试仪器，这些都是构建场景时必不可少的测试仪器。

针对不同的测试场景，有不同的测试方法，需要不同的设备以及不同的通过条件。在测试过程中，应记录相应的数据。测试场景通常包括交通标志和标线的识别及响应、交通信号灯识别及响应以及前方车辆行驶状态识别及响应等14个场景。其中某些场景可以进行组合测试，测试过程中，应记录所需数据。针对不同种类的数据，所需精度也有不同要求。

4.3.1 封闭测试场地的测试项目

在人-车二元结构的传统交通运行过程中，传统汽车是完全受控于驾驶员的被动执行者，而智能网联汽车作为具有一定自动化水平的智能个体，则转变为交通运行的主动参与者。在不同的道路环境中，智能网联汽车需要完成的行驶任务也不同。在自动驾驶场地测试中，需要根据场地能够模拟的真实交通运行环境，针对智能网联汽车需要完成的各项行驶任务，建立相应的测试项目。此外，为进行智能网联汽车功能测试，需要构建相应的测试场景。

依据智能网联汽车需要完成的各项运行功能，可对封闭测试场地测试项目进行总结，详见表4-17。

表4-17 封闭测试场地测试项目

序 号	测 试 项 目	测 试 场 景
1	交通标志和标线识别及响应	限速标志识别及响应
		停车让行标志标线识别及响应
		车道线识别及响应
		人行横道线识别及响应
2	交通信号灯识别及响应	机动车信号灯识别及响应
		方向指示信号灯识别及响应

(续)

序号	测试项目	测试场景
3	前方车辆行驶状态识别及响应	车辆驶入识别及响应
		对向车辆借道本车车道行驶识别及响应
4	障碍物识别及响应	障碍物测试
		误作用测试
5	行人和非机动车识别及避让	行人横穿马路
		行人沿道路行走
		两轮车横穿马路
		两轮车沿道路骑行
6	跟车行驶	稳定跟车行驶
		停-走功能
7	靠路边停车	靠路边应急停车
		最右车道内靠边停车
8	超车	超车
9	并道	邻近车道无车并道
10	交叉路口通行	直行车辆冲突通行
		右转车辆冲突通行
		左转车辆冲突通行
11	环形路口通行	环形路口通行
12	自动紧急制动	前车静止
		前车制动
		行人横穿
13	人工操作接管	人工操作接管
14	联网通信	长直路段车车通信
		长直路段车路通信
		十字交叉口车车通信

4.3.2 封闭测试的测试仪器

在自动驾驶封闭场地测试中,需搭建与测试项目相应的测试场景。测试场景由测试道路和动静态交通参与者组成。动态交通参与者是构建测试场景的主要元素,包括各种类型车辆、行人及非机动车辆。为保证测试过程的安全,动态交通参与者应该采用能够模拟真实传感器信号特征的柔性假车和假人。此外,为了记录测试过程中待测车辆的速度、加速度、姿态、轨迹等运动数据,封闭测试场地还应配备定位和运动数据采集仪器。本节将介绍几种广泛应用的封闭测试场地测试仪器。

1. 低速移动平台

低速移动平台是用于搭载假人及仿真非机动车的专用测试仪器。当前,该领域广泛应用的设备是 LaunchPad。

智能汽车自动紧急制动功能测试系统 LaunchPad 是一款用于搭载道路弱势使用者(VRU)目标物模型的紧凑型动力平台,适用于车辆 ADAS 开发与测试及高等级智能网联汽车测试。该平台具备完整的路径跟随能力,最高速度可达 50km/h,适用于行人、自行车和两轮摩托车目标物模型。兼容 ABD(英国公司)同步系统和 ABD 同步模式,可实现与测试车辆或其他自动驾驶功能测试目标(如 GST HD)的同步测试,如图 4-50 所示。

图 4-50 低速移动平台

与其他同类型设备相比,LaunchPad 具有以下优势:
1)兼容欧洲官方 NCAP 实验室中的系列弱势道路使用者软目标。

2）适用于全部柔性试验的自我推动式路径跟随平台。
3）平台四轮驱动、四轮转向，控制灵活性相当高。
4）搭载了 D-GPS 运动包和 ABD 同步系统。
5）可通过侧向通道快速更换电池系统，无须移除目标。
6）超低轮廓（65mm）和浅斜坡，便于低雷达回波和车辆平滑通过。

LaunchPad 的主要参数见表 4-18。

表 4-18　LaunchPad 的主要参数

尺寸	970mm×875mm×65mm
耐候性	全密封，防水等级 IP66
最高速度	50km/h
最大纵向加速度	$4m/s^2$
负载	最大 15kg（行人、自行车、摩托车和动物）
电池	2 个大容量 LiFePO4 电池包及快速更换系统

2. 假人目标物

图 4-51 所示为与低速移动平台匹配的假人目标物。假人目标物由两个关节腿、两个静态手臂、躯干和一个从下侧或从上侧的接口管组成。

图 4-51　假人目标物

假人目标物穿着黑色长袖和蓝色牛仔裤，由防裂和防水材料组成，皮肤表面由不反光的彩色纹理完成，衣服和皮肤在 850~910nm 波长范围内的红外反射率在 40%~60% 之间，头发在 850~910nm 波长范围内的红外反射率在 20%~60% 之间，能够表示车辆传感器检测到的相关人类属性。成年人目标物和儿童目标物尺寸如图 4-52 和图 4-53 所示。

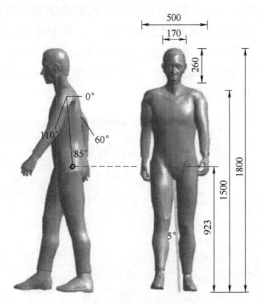

图 4-52 成年人目标物尺寸

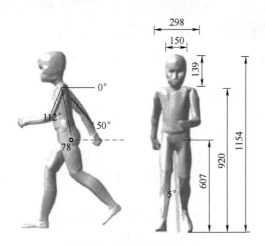

图 4-53 儿童目标物尺寸

假人目标物没有任何坚硬的冲击点,能够防止测试车辆的损坏,其能承受的最大碰撞速度为 60km/h,成人目标物重量为 7kg,儿童目标物重量为 4kg。

3. 高速移动平台

与低速移动平台不同,高速移动平台主要搭载测试用假车,用于模拟测试场景中的高速运动车辆。GST 是目前广泛应用的高速移动平台。智能汽车自动紧急制动功能测试系统（GST HD）用作自动驾驶功能测试系统中的目标物，与其他型号的自动紧急制动功能测试系统相比，具有加速快、续驶里程长、重量轻、抗误操作能力强等优点，可以承受重型货车的碰撞与碾压。如图 4-54 所示，GST HD 由遥控底盘、数据传输模块、远程控制器（包括控制盒及遥控手柄）组成，用于搭载汽车目标物模型。

图 4-54　智能汽车自动紧急制动功能测试系统（GST HD）

GST HD 遥控底盘内置电池使电机驱使底盘的移动，并且包含控制系统，能够以预定速度准确地沿着预编程路线引导车辆。动力电池组能够满足典型测试日的续驶里程需求，并具备快速充电能力。

控制器通过高精度 GPS 校正的惯性导航系统提供的位置，实现精确的路径跟踪控制。GPS 时间信号用于确保毫秒级同步，能够满足重复测试和近距离测试需求。

智能汽车自动紧急制动功能测试系统具有以下特点：
1) 铝制底盘，悬架被碾压时车轮收回。
2) 由铝蜂窝（或碳纤维）制成的高强度顶板。
3) 带传动的电驱动系统。
4) 电动转向系统。
5) 磷酸铁锂电池组具有良好的功率重量比。
6) 带有故障安全紧急制动的 4 碟液压制动系统。
7) 采用 ABD 公司经过验证的无人驾驶控制系统。
8) 具有 GPS 校正的惯性导航系统的位置反馈。

9）准确的路径跟踪和速度控制功能。

10）用于操作引导目标的控制软件允许与其他车辆协调运动。

GST HD 的主要参数见表 4-19。

表 4-19 GST HD 的主要参数

最大轴负载	9000kg
最大速度	70km/h
最大加速度	$0.13m/s^2$
最大减速度	$0.7m/s^2$
最大横向加速度	$0.4\sim0.5m/s^2$
底盘重量	350kg
长度	2800mm
宽度	1520mm
底盘材料	7075（6mm）
LPC 高度	147mm（铝蜂窝材料） 132mm（碳纤维材料）
最大离地高度	25mm
路径跟随精度	最大偏差 2cm

4. 汽车目标物

汽车目标物（VT）代表一辆普通的中型客车，能够显示与真实车辆相关的所有车辆属性。VT 的尺寸和形状与真正中型客车尺寸相对应，它由目标结构和可选的目标载体组成，能够满足各类传感器特性信号模拟，并为 GPS 天线提供安全的安装位置，确保了 VT 的雷达反射（即金属）结构不会干扰平台的 GPS 卫星接收，如图 4-55 所示。

图 4-55 汽车目标物

图 4-56、图 4-57、表 4-20、表 4-21 提供了 VT 的外形参数。

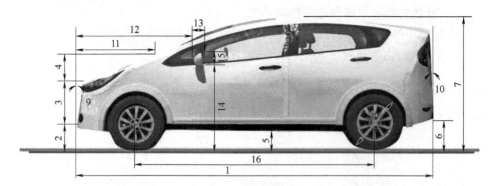

图 4-56 VT 纵向和垂直尺寸

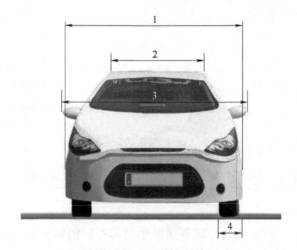

图 4-57 VT 横向尺寸

表 4-20 VT 纵向和垂直尺寸

编 号	类 型	尺 寸	误 差
1	总长度	4023mm	±50mm
2	前离地间隙	173mm	±25mm
3	前蒙皮高度	488mm	±25mm
4	发动机罩高度	290mm	±25mm
5	侧离地间隙	185mm	±25mm
6	后离地间隙	323mm	±25mm
7	总高度	1427mm	±50mm
8	轮胎直径	607mm	±10mm
9	前蒙皮角度	6.4°	±2.0°

(续)

编号	类型	尺寸	误差
10	后蒙皮角度	1.0°	±0.5°
11	发动机罩长度	792mm	±25mm
12	侧镜位置	1140mm	±25mm
13	侧镜长度	229mm	±10mm
14	侧镜间隙	892mm	±25mm
15	侧镜高度	132mm	±10mm
16	轴距	2565mm	±50mm

表 4-21 VT 横向尺寸

编号	类型	尺寸	误差
1	总宽度（不包括后视镜）	1712mm	±50mm
2	车顶宽度	1128mm	±50mm
3	总宽度	1798mm	±50mm
4	轮胎宽度	206mm	±10mm

从安装在测试车辆中的传感器的角度来看，VT 满足了白色掀背式乘用车的可见光和红外特性。VT 表面的红外反射率在 850~910mm 的波长范围内。红外感知区域如图 4-58 所示，红外反射率见表 4-22。

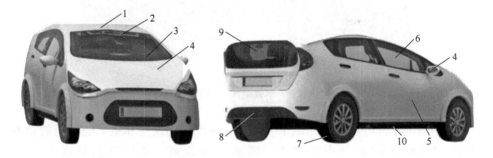

图 4-58 红外感知区域

表 4-22 红外反射率

编号	感知区域	红外反射率
1	白色乙烯基	>70%
2	风窗玻璃，黑暗区域	40%~70%
3	风窗玻璃，灯区	>70%
4	侧视镜面	>70%

(续)

编　号	感 知 区 域	红外反射率
5	侧板	>70%
6	侧窗	>70%
7	轮胎、墙和胎面	10%~40%
8	后保险杠，黑色	>10%
9	后窗，灯区	>70%
10	黑色织物（冲压裙、轮罩）	<10%

VT 的雷达反射率特性等同于相同尺寸的实际客车，最大 VT 重量约 110 kg，最大相对速度为 120km/h。在反复碰撞后，VT 能够继续满足规定的要求。

5. 测试感知系统

测试感知系统基于 RT-RangeS 测试设备开发。该系统分为车载单元和路侧单元，如图 4-59 所示。其中，车载单元集成惯性导航和 GNSS 模块，实现基于 RTK 的高精度定位，支持 GPS、GLONASS 和北斗定位方案；车载单元搭载基于 Wi-Fi 的数据传输模块，能够满足直线距离不小于 200m 的低延时数据传输，可以通过升级实现 1000m 的数据传输。

图 4-59　车载单元与路侧单元

利用测试平台可实现对测试车辆位置、速度、加速度和运动的方向的精确测量。在 100Hz 刷新频率条件下，可实现对距离、速度及加速度 0.03m、0.1km/h、0.1m/s^2 的最低测量精度，同时误差方均根值不超过 0.02m、0.02m/s 和 0.01m/s^2。

在应用方面，测试平台可满足 AEB、FCW、LDW、BSD、ACC 等 ADAS 测试要求。同时在场地测试中，可实现在不同测试场景中对测试车辆轨迹的准确跟踪，为自动驾驶场地测试提供支持。

6. 定位系统

为满足待测车辆和测试设备需求，封闭测试场地应配备高精度定位仪器。

连续运行参考站（Continuous Operational Reference Station，CORS）系统是

重大地理空间基础设施。CORS 系统是在一定区域（县级以上行政区）布设若干个 GNSS 连续运行基站，对区域 GNSS 定位误差进行整体建模，通过无线数据通信网络向用户播发定位增强信息，将用户终端的定位精度从 3~10m 提高到 2~3cm，且定位精度分布均匀、实时性好、可靠性高；同时，CORS 系统是区域高精度、动态、三维坐标参考框架网建立和维护的一种新手段，为区域内的用户提供统一的定位基准。

目前的卫星导航定位系统已经由单一星座的 GPS 导航系统向多星座的 GNSS 导航系统发展。GNSS 包含了美国的 GPS、俄罗斯的 GLONASS、中国的 Compass（北斗）及欧盟的 Galileo 四大系统；区域星座及相关的星基增强系统（SBAS）有美国的 WAAS、欧洲的 EGNOS、俄罗斯的 SDCM、日本的 QZSS 和 MSAS、印度的 IRNSS 和 GAGAN、尼日利亚的 NiComSat-1 等，这样 GNSS 系统可用的卫星数目达到 100 颗以上。

（1）北斗 CORS 技术优势

北斗卫星导航系统是中国正在实施的自主发展、独立运行的全球卫星导航系统。目前来讲，北斗卫星导航系统与 GPS、GLONASS 等系统兼容共用，将使用户享受到更优质的卫星导航服务和更好的体验。

北斗 CORS 具有以下优势：

1）具备定位与通信功能，不需要其他通信系统支持，而 GPS 只能定位。
2）覆盖范围大，目前北斗系统无缝覆盖了亚太地区，覆盖效果优于 GPS。
3）特别适合集团用户大范围监控管理和数据采集以及用户数据传输应用。
4）完全兼容 GPS、GLONASS 系统，高精度多星 GNSS 设备的使用效果更优。
5）自主系统，安全、可靠、稳定且保密性强，适合关键部门应用。

与 GPS 相比，BD2 卫星导航系统除了设计 27 颗 MEO 卫星（全球卫星），还在我国上空设计了 5 颗 GEO 卫星（地球同步卫星）、3 颗 IGSO 卫星（以地球作为参照物，以我国上空为中心，来回南北半球转动），这样使 BD2 卫星导航系统在亚太地区的应用效果远远好于 GPS 卫星，特别是在高遮挡地区或遮挡环境。经过多次对比测试表明，三星设备在抗干扰环境下解算能力明显；在短基线和长基线的解算精度都明显优于双星和单星；甚至能达到 100km 距离 1min 左右固定。

北斗 CORS 系统的网络协议采用 TCP/IP 网络协议，其系统组成如图 4-60 所示。

（2）GNSS 技术优势

本书采用的 GNSS 技术融合了网络 RT 技术和 PPP 技术的各自优势，充分借鉴了网络 RTK 和 PPP 技术的工作模式，因而其技术本身可具备以下优势：

1）北斗为主，兼容 GPS、GLONASS 系统。具有 COMPASS 独立组网进行高

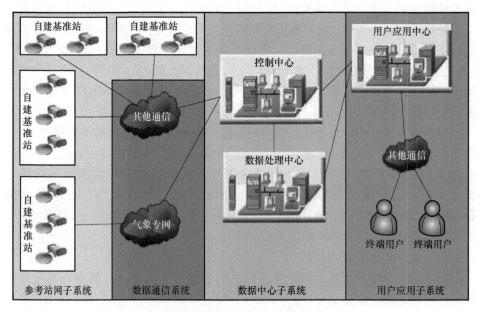

图 4-60　北斗 CORS 系统组成

精度定位增强的能力，同时提供 CGR 三系统、CG 双系统、CR 双系统、GR 双系统等 4 种组合定位增强模式，实现 GEO/IGSO（北斗高轨）卫星与 MEO（GPS/GLONASS 中圆轨道）卫星联合解算技术。

2）区域网络 RTK 与广域 PPP 技术融合统一，区域 CORS 网内和网外用户采用同一套数据处理软件及相同的数据处理模式，可实现区域增强与广域增强服务自动无缝切换，并且具有近海高精度定位增强服务能力。

3）同时兼容 CGCS2000 和 WGS84 坐标系统。

4）现有的 GNSS A 级点可以结合 IGS 站点，实现 HC-CORS 系统中的基准点的坐标联测的起算点。

4.3.3　封闭测试的测试方法

4.3.3.1　测试场景设置及测试方法

1. 交通标志和标线的识别及响应

本测试项目旨在测试智能网联汽车对交通标志和标线的识别和响应，评价被测智能网联汽车遵守交通法规的能力。本测试项目包括进行限速标志、停车让行标志标线、车道线和人行横道线四类标志标线场景的测试。可根据实际测试路段情况增加相关禁令/禁止、警告和指示类标志和标线的测试。

（1）限速标志识别及响应

该项功能测试场景应设置于直线道路测试场地，测试道路为至少包含一条车道的长直道，并于该路段设置限速标志牌，被测智能网联汽车以高于限速标志牌的车速驶向该标志牌，如图 4-61 所示。

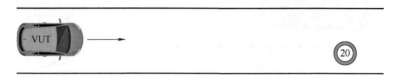

图 4-61　限速标志识别及响应测试场景示意图

被测智能网联汽车在自动驾驶模式下，在距离限速标志 100m 前达到限速标志所示速度的 1.2 倍，并匀速沿车道中间驶向限速标志。被测智能网联汽车到达限速标志时，车速应不高于限速标志所示速度。

（2）停车让行标志标线识别及响应

该项功能测试场景应设置于停车让行测试场地，测试道路为至少包含一条车道的长直道，并于该路段设置停车让行标志牌和停车让行线，被测智能网联汽车匀速驶向停车让行线，如图 4-62 所示。

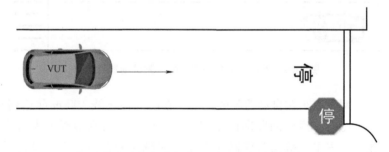

图 4-62　停车让行标志标线识别及响应测试场景示意图

被测智能网联汽车在自动驾驶模式下，在距离停车让行线 100m 前达到 30km/h 的车速，并匀速沿车道中间驶向停车让行线。测试中，停车让行线前无车辆、行人等。要求测试过程中被测智能网联汽车应在停止让行线前停车；被测智能网联汽车的停止时间应不超过 3s。

（3）车道线识别及响应

该项功能测试场景应设置于弯道测试场地，测试道路应包括一条半径不大于 500m 弯道和连接弯道的长直道，测试道路两侧车道线应为白色实线或虚线，如图 4-63 所示。

被测智能网联汽车在自动驾驶模式下，在进入弯道 100 m 前达到 30km/h 的车速并匀速沿车道中间行驶。要求测试过程中被测智能网联汽车应始终保持在测试车道线内行驶，方向控制准确，不偏离正确行驶方向；被测智能网联汽车的车轮不得碰轧车道边线内侧；被测智能网联汽车应平顺地驶入弯道，无明显晃动。

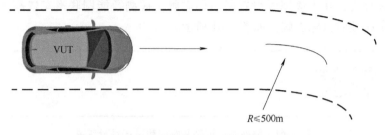

图 4-63　车道线识别及响应测试场景示意图

（4）人行横道线识别及响应

该项功能测试场景应设置于人行横道测试场地，测试道路为至少包含一条车道的长直道，并在路段内设置人行横道线，被测智能网联汽车沿测试道路驶向人行横道线，如图 4-64 所示。

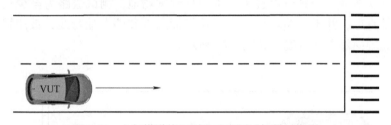

图 4-64　人行横道线识别及响应测试场景示意图

被测智能网联汽车在自动驾驶模式下，在距离停止线 100 m 前达到 40km/h 的车速，并匀速沿车道中间驶向停止线。测试中，人行横道线上无行人、非机动车等。测试过程中，被测智能网联汽车应能减速慢行通过人行横道线；被测智能网联汽车允许短时间停于停止线前方，但停止时间不能超过 3s。

2. 交通信号灯识别及响应

本测试项目旨在测试自动驾驶系统对交通信号灯的识别和响应，评价被测智能网联汽车遵守交通信号灯指示的能力。本测试项目应进行机动车信号灯、方向指示信号灯场景测试。可根据实际测试路段情况增加相关方向指示信号灯、非机动车信号灯、人行横道信号灯、车道信号灯、闪光警告信号灯、道路与铁路平面交叉道口信号灯的场景测试。

（1）机动车信号灯识别及响应

该项功能测试场景应设置于直线道路测试场地或平面交叉口测试场地，测试道路为至少包含一条车道的长直道并在路段内设置机动车信号灯或平面交叉口并设置机动车信号灯，信号灯类型可根据实际测试道路设置情况选择，如图 4-65 所示。

被测智能网联汽车在自动驾驶模式下，在距离停止线 100 m 前达到 30km/h

第 4 章 智能网联汽车的整车测试

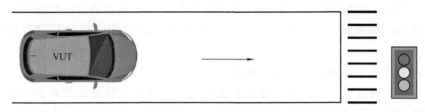

图 4-65　机动车信号灯识别及响应测试场景示意图

的车速，并匀速沿车道中间驶向机动车信号灯。机动车信号灯初始状态为红色，待被测智能网联汽车停稳后，机动车信号灯由红灯变为绿灯。要求在测试过程中，被测智能网联汽车应在红灯期间停车等待，且不越过停止线；当机动车信号灯由红灯变为绿灯后，被测智能网联汽车应及时起步通行，且起动时间不得超过 5s。

（2）方向指示信号灯识别及响应

该项功能测试场景应设置于平面交叉口测试场地，测试道路为至少包含双向两车道的十字交叉路口，路口设置方向指示信号灯，被测智能网联汽车匀速驶向信号灯，如图 4-66 所示。

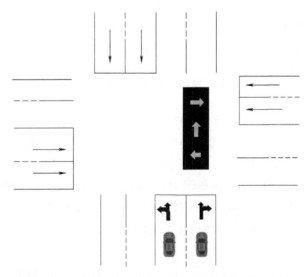

图 4-66　方向指示信号灯识别及响应测试场景示意图

被测智能网联汽车在自动驾驶模式下，在距离停止线 100 m 前达到 30km/h 的车速，沿车道中间驶向方向指示信号灯。被测智能网联汽车行驶方向对应方向指示信号灯初始状态为红色，待被测智能网联汽车停稳后，信号灯由红灯变为绿灯。该场景各方向指示信号灯识别和响应能力应分别测试。要求在测试过程中，被测智能网联汽车应在红灯期间停车等待，且不越过停止线；当机动车

179

信号灯由红灯变为绿灯后，被测智能网联汽车应及时起步通行，且起动时间不得超过5s；被测智能网联汽车在进行左转或右转时，应能正确开启对应的转向灯。

3. 前方车辆行驶状态识别及响应

本测试项目旨在测试自动驾驶系统对前方车辆行驶状态的识别和响应，评价被测智能网联汽车对前方车辆的感知、行为预测和响应能力。本测试项目应进行车辆驶入和对向车辆借道行驶两项场景测试。可根据实际测试路段情况增加相关场景。

（1）目标车辆驶入识别及响应

该项功能测试场景应设置于直线道路测试场地，测试道路为至少包含两条车道的长直道，中间车道线为白色实线或虚线。被测智能网联汽车和目标车辆在各自车道内匀速行驶，在被测智能网联汽车接近目标车辆过程中，目标车辆驶入被测智能网联汽车所在车道，如图4-67所示。

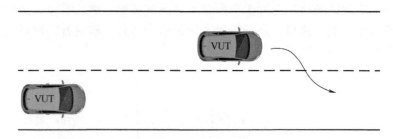

图4-67　目标车辆驶入识别及响应测试场景示意图

被测智能网联汽车在自动驾驶模式下以30km/h的速度沿车道中间匀速行驶，目标车辆以20km/h的速度沿相邻车道中间匀速同向行驶。当两车时距不大于1.5s时，目标车辆切入被测智能网联汽车所在车道。要求在测试过程中，被测智能网联汽车应能根据目标车辆切入的距离和速度，自适应调整自身车速；被测智能网联汽车应与目标车辆保持安全距离不发生碰撞；被测智能网联汽车应在目标车辆切入后能稳定跟随目标车辆行驶。

（2）对向车辆借道行驶识别及响应

该项功能测试场景应设置于直线道路测试场地，测试道路为至少包含双向两条车道的长直道，中间车道线为白色实线或虚线。被测智能网联汽车沿车道中间匀速行驶，同时对向目标车辆压白色实线或虚线匀速行驶，如图4-68所示。

被测智能网联汽车在自动驾驶模式下以30km/h匀速行驶，对向目标车辆压白色实线或虚线以相同速度接近被测智能网联汽车，两车稳定行驶后的初始纵向距离不小于100m，横向重叠率不小于10%。要求在测试过程中，被测智能网联汽车应在测试中在本车道内进行避让，与目标车辆不发生碰撞。

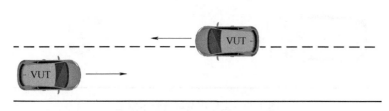

图 4-68　对向车辆借道行驶识别及响应测试场景示意图

4. 障碍物识别及响应

本测试项目旨在测试自动驾驶系统对障碍物的识别和响应，评价被测智能网联汽车对前方障碍物的感知、决策及执行能力。本测试项目应进行障碍物和误作用两项场景测试。可根据实际测试路段情况增加相关的障碍物类别。

（1）障碍物测试

该项功能测试场景应设置于直线道路测试场地，测试道路为至少包含一条车道的长直道，在车道中间分别放置锥形交通路标和隔离栏，被测智能网联汽车匀速驶向前方障碍物，如图 4-69 所示。

图 4-69　障碍物测试场景示意图

被测智能网联汽车在自动驾驶模式下，在距离前方障碍物 100 m 前达到 30km/h 的车速，并匀速沿车道中间驶向前方障碍物。障碍物为测试道路内垂直于道路方向并排分开放置的 3 个锥形交通路标或 1 个隔离栏，测试应分别进行。测试过程中，被测智能网联汽车应能通过制动、转向或组合方式避免与上述障碍物发生碰撞。

（2）误作用测试

该项功能测试场景应设置于直线测试道路，测试道路为至少包含一条车道的长直道，在车道中间放置井盖、铁板中的任意一种不影响车辆匀速通行的目标物，被测智能网联汽车匀速驶向该目标物，如图 4-70 所示。

被测智能网联汽车在自动驾驶模式下，在距离前方目标物 100 m 前达到 30km/h 的车速，并匀速沿车道中间驶向该目标物。测试过程中要求被测智能网联汽车能够碾压或避让通过以上目标物，不得直接制动停车。

5. 行人和非机动车识别及避让

本测试项目旨在测试自动驾驶系统对行人和非机动车的识别和响应，评价

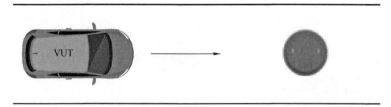

图 4-70　误作用测试场景示意图

被测智能网联汽车对前方行人和非机动车的感知、行为预测和响应能力。本测试项目应进行行人横穿马路、行人沿道路行走、两轮车横穿马路和两轮车沿道路骑行四项场景测试。可根据实际测试路段情况增加相关场景。

（1）行人横穿马路

该项功能测试场景应设置于人行横道测试场地，测试道路为至少包含两条车道的长直道，并在路段内设置人行横道线。被测智能网联汽车匀速驶向人行横道线，同时行人沿人行横道线横穿马路，两者存在碰撞风险，如图 4-71 所示。

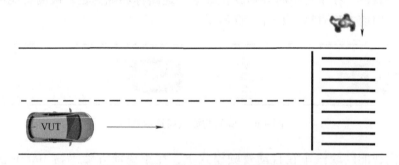

图 4-71　行人横穿马路测试场景示意图

被测智能网联汽车在自动驾驶模式下，以 30km/h 的速度匀速行驶，当被测智能网联汽车到达人行横道线所需时间为 3.5s 时，行人自车辆左侧路侧开始起步，以 5~6.5km/h 的速度通过人行横道线。测试过程中要求被测智能网联汽车应能提前减速并保证行人安全通过车辆所在车道；被测智能网联汽车停止于人行横道前方时，待行人穿过被测智能网联汽车所在车道后，车辆应能自动起动继续行驶，起动时间不得超过 5s。

（2）行人沿道路行走

该项功能测试场景应设置于直线道路测试场地，测试道路为至少包含两条车道的长直道，中间车道线为白色实线或虚线。被测智能网联汽车沿车道中间匀速行驶，同时行人于车辆正前方沿车道向前行走，如图 4-72 所示。

被测智能网联汽车在自动驾驶模式下，在距离行人 100 m 前达到 30km/h 的

第 4 章 智能网联汽车的整车测试

图 4-72 行人沿道路行走测试场景示意图

车速,并匀速沿车道中间驶向行人。行人速度为 5km/h。测试过程中要求被测智能网联汽车应能通过制动、转向或组合方式避让行人。

(3) 两轮车横穿马路

该项功能测试场景应设置于人行横道测试场地,测试道路为至少包含两条车道的长直道,并在路段内设置人行横道线。被测智能网联汽车匀速驶向人行横道线,同时两轮车正沿人行横道线横穿马路,两者存在碰撞风险,如图 4-73 所示。

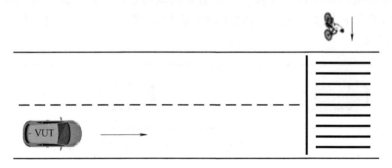

图 4-73 两轮车横穿马路测试场景示意图

被测智能网联汽车在自动驾驶模式下,以 30km/h 的速度匀速行驶,当被测智能网联汽车到达人行横道线所需时间为 1.5s 时,两轮车以 15km/h 由车辆左侧路侧开始横穿马路。测试过程中要求被测智能网联汽车应能提前减速并保证两轮车安全通过车辆所在车道;被测智能网联汽车停止于人行横道前方时,待两轮车穿过被测智能网联汽车所在车道后,车辆应能自动起动继续行驶,起动时间不得超过 5s。

(4) 两轮车沿道路骑行

该项功能测试场景应设置于直线道路测试场地,测试道路为至少包含两条车道的长直道,中间车道线为白色实线或虚线。被测智能网联汽车沿车道中间匀速行驶,同时两轮车于车辆正前方沿车道向前行驶,如图 4-74 所示。

被测智能网联汽车在自动驾驶模式下,在距离两轮车 100m 前达到 30km/h

图 4-74 两轮车沿道路骑行测试场景示意图

的车速,并匀速沿车道中间驶向两轮车。两轮车速度为 20km/h。测试过程中要求被测智能网联汽车应能通过制动、转向或组合方式避让两轮车。

6. 跟车行驶

本测试项目旨在测试自动驾驶系统跟随前车行驶的能力。本测试项目应进行稳定跟车行驶和停-走功能测试;如果被测智能网联汽车具备编队行驶功能,则需进行编队行驶测试。可根据实际测试路段情况增加相关场景。

(1) 稳定跟车行驶

该项功能测试场景应设置于直线道路测试场地,测试道路为两侧车道线为实线的长直道。被测智能网联汽车沿车道接近前方匀速行驶的目标车辆,如图 4-75 所示。

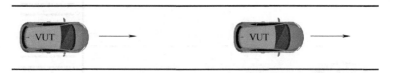

图 4-75 稳定跟车行驶测试场景示意图

被测智能网联汽车在自动驾驶模式下,以 30km/h 的速度沿车道中间匀速接近目标车辆,目标车辆以 20km/h 的速度匀速行驶。测试过程中要求被测智能网联汽车应能识别目标车辆,并自适应调节车速,实现稳定跟随目标车辆行驶。

(2) 停-走功能

该项功能测试场景应设置于直线道路测试场地,测试道路为两侧车道线为实线的长直道。被测智能网联汽车稳定跟随目标车辆行驶,目标车辆制动直至停止,一定时间后目标车辆起步加速,如图 4-76 所示。

被测智能网联汽车在自动驾驶模式下,跟随前方目标车辆行驶,目标车辆以 30km/h 匀速行驶。测试时两车保持车道中间行驶,被测智能网联汽车稳定跟随目标车辆行驶至少 3s 后,目标车辆减速直至停止。被测智能网联汽车停止至少 3s 后,目标车辆起步并加速恢复至 30km/h。测试过程中要求,当目标车辆减速至停止后,被测智能网联汽车应能跟随目标车辆停止,并未与目标车辆发生

第 4 章 智能网联汽车的整车测试

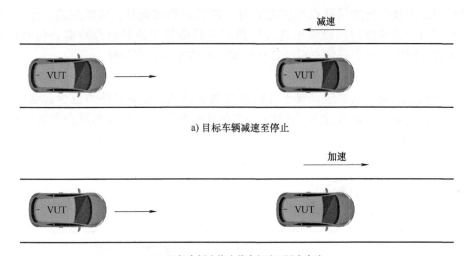

a) 目标车辆减速至停止

b) 目标车辆由停止状态加速至设定车速

图 4-76 停-走功能测试场景示意图

碰撞；当目标车辆重新起动时，被测智能网联汽车应在 5s 内随其重新起步；被测智能网联汽车重新起步后，应能稳定跟随目标车辆行驶。

7. 靠路边停车

本测试项目旨在测试自动驾驶系统在遇到驾驶风险时靠边停车的功能，评价被测智能网联汽车最小风险状态实现的能力。

本测试项目应进行靠路边应急停车和最右车道内靠边停车两项场景测试。可根据实际测试路段情况增加靠边停车相关场景。

（1）靠路边应急停车

该项功能测试场景应设置于直线道路测试场地，测试道路至少包含一条行车道和一条应急车道，被测智能网联汽车在行车道内匀速行驶，如图 4-77 所示。

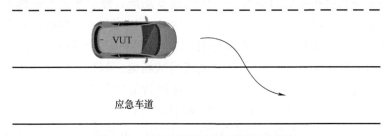

图 4-77 应急车道停车测试场景示意图

被测智能网联汽车在自动驾驶模式下以 60km/h 车速沿车道中间匀速行驶，以适当方式向被测智能网联汽车发出靠边停车指令。如果被测智能网联汽车最高自动驾驶速度 V_{max} 小于 60km/h，则以最高自动驾驶速度 V_{max} 进行测试。测试过程中要求被测智能网联汽车应能够自动开启右侧转向灯，实现变道并停于应急车道内；被测智能网联汽车进入应急车道后应能正确开启危险警告信号灯；被测智能网联汽车完全停车后，其任何部位不应在应急车道外。

（2）最右车道内靠边停车

该项功能测试场景应设置于直线道路测试场地，测试道路为至少包含两条车道的长直道，中间车道线为虚线，被测智能网联汽车在左车道内匀速行驶，如图 4-78 所示。

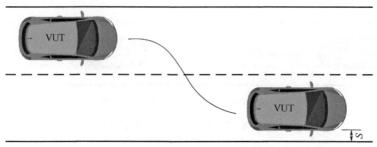

S：测试车辆右侧车轮距车道线内侧距离

图 4-78　城市道路测试场景中对停车位置的要求

被测智能网联汽车在自动驾驶模式下以 30km/h 车速沿车道中间匀速行驶，以适当方式向被测智能网联汽车发出靠边停车指令。测试过程中要求被测智能网联汽车应能够自动开启右侧转向灯，实现变道并停于右侧车道内；被测智能网联汽车应能一次性完成停车，不可出现倒车等动作；被测智能网联汽车停车后，车身应基本平行于右侧车道，且 $S \leq 50cm$；被测智能网联汽车停车后应能正确开启危险警告信号灯。

8. 超车

本检测项目旨在测试自动驾驶系统的超车功能，评价被测智能网联汽车的感知、决策和执行能力。本检测项目应包含并入相邻车道、超越目标车辆和安全返回原车道三项动作。可根据实际测试路段情况增加超车相关场景。

该项功能测试场景应设置于直线道路测试场地，测试道路为至少包含两条车道的长直道，中间为白色实线或虚线。被测智能网联汽车稳定跟随目标车辆行驶，以适当方式向被测智能网联汽车发出超车指令，如图 4-79 所示。

被测智能网联汽车在自动驾驶模式下，以 50km/h 的速度接近目标车辆，目标车辆以 30km/h 的速度匀速行驶，以适当方式向被测智能网联汽车发出超车指令。测试过程中要求被测智能网联汽车在超车过程中不得与目标车辆发生碰撞，且不得影响目标车辆正常行驶；被测智能网联汽车顺利完成超车动作，返回本车道后保持在车道中间行驶；被测智能网联汽车在超车过程中能够开启正确转向灯。

第 4 章　智能网联汽车的整车测试

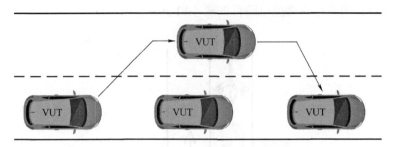

图 4-79　超车测试场景示意图

9. 并道（邻近车道无车并道）

本测试项目旨在测试自动驾驶系统换道行驶的能力。本检测项目应进行邻近车道无车并道、邻近车道有车并道和前方车道减少三项场景测试。可根据实际测试路段情况增加并道相关场景，如图 4-80 所示。

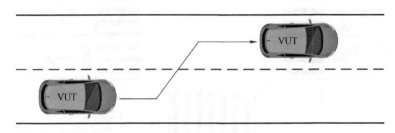

图 4-80　邻近车道无车并道测试场景示意图

该项功能测试场景应设置于直线道路测试场地，测试道路为至少包含两条车道的长直道。被测智能网联汽车匀速行驶，且邻近车道无干扰车辆。被测智能网联汽车在自动驾驶模式下以 30km/h 的速度沿车道中间匀速行驶，以适当方式向被测智能网联汽车发出并道指令。测试过程中要求被测智能网联汽车应能开启正确转向灯，并在转向灯开启至少 3s 后开始转向；被测智能网联汽车从开始转向至完成并入相邻车道动作的时间不大于 5s。

10. 交叉路口通行

本测试项目旨在测试自动驾驶系统的交叉路口通行，评价被测智能网联汽车的路径规划和导航能力。本测试项目应进行直行车辆冲突通行、右转车辆冲突通行、左转车辆冲突通行三项场景测试。可根据实际测试路段情况增加相关场景。

（1）直行车辆冲突通行

该项功能测试场景应设置于平面交叉口测试场地，测试道路为至少包含双向两车道的十字交叉路口。被测智能网联汽车匀速行驶在标有直行和右转指示标线的车道，直行通过该路口，目标车辆从被测智能网联汽车左方横向匀速直线驶入路口，两车存在碰撞风险，如图 4-81 所示。

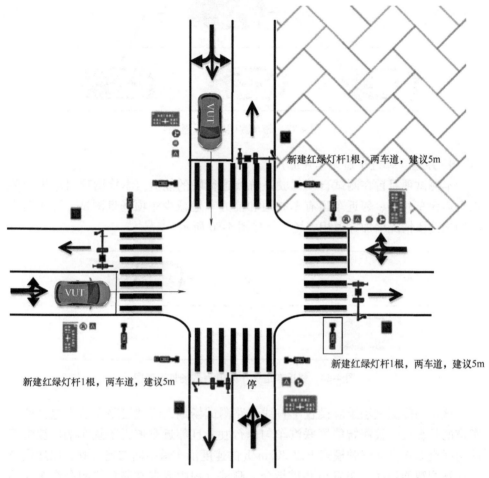

图 4-81　直行车辆冲突通行测试场景示意图

被测智能网联汽车在自动驾驶模式下，以 30km/h 的车速匀速驶向交叉路口，目标车辆以 20km/h 匀速行驶。若被测智能网联汽车保持当前行驶状态，两车可同时到达碰撞点。测试过程中要求被测智能网联汽车不应与目标车辆发生碰撞；被测智能网联汽车应遵守右方来车先行的交通规则，实现通行并进入对应车道行驶。

（2）右转车辆冲突通行

该项功能测试场景应设置于平面交叉口测试场地，测试道路为至少包含双向两车道的十字交叉路口。被测智能网联汽车在标有直行和右转指示标线的车道内右转行驶通过该路口，同时路口横向左侧存在匀速直线行驶的目标车辆驶向被测智能网联汽车将转入车道，两车存在碰撞风险，如图 4-82 所示。

第 4 章 智能网联汽车的整车测试

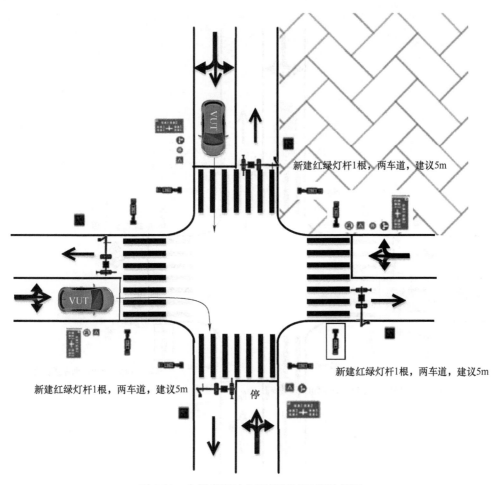

图 4-82 右转车辆冲突通行测试场景示意图

被测智能网联汽车在自动驾驶模式下，以 30km/h 的车速匀速驶向交叉路口，目标车辆以 20km/h 匀速行驶。若被测智能网联汽车保持当前行驶状态，则两车可同时到达碰撞点。测试过程中要求被测智能网联汽车不应与目标车辆发生碰撞；被测智能网联汽车应能开启正确转向灯；被测智能网联汽车应遵守直行优先的交通规则，实现右转通行并进入对应车道行驶。

（3）左转车辆冲突通行

测试道路为至少包含双向两车道的十字交叉路口。被测智能网联汽车在标有直行和左转指示标线的车道内左转行驶通过该路口，同时对向车道存在匀速直线行驶的目标车辆，如图 4-83 所示。

被测智能网联汽车在自动驾驶模式下，以 30km/h 的车速匀速驶向交叉路口，被测智能网联汽车距离交叉路口时距 2s 时，目标车辆从对向车道以 20km/h

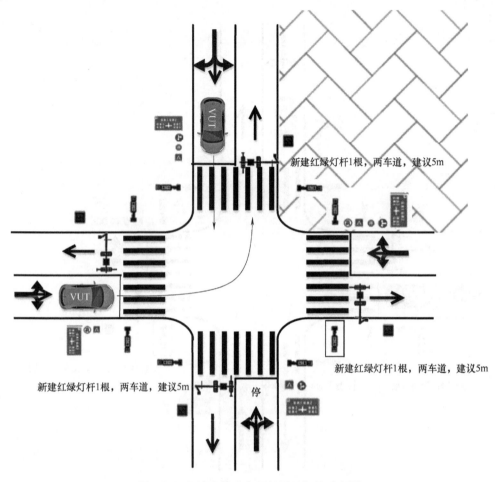

图 4-83 左转车辆冲突通行测试场景示意图

的速度匀速驶出。测试过程中要求被测智能网联汽车不应与目标车辆发生碰撞；被测智能网联汽车应能开启正确转向灯；被测智能网联汽车应遵守直行优先的交通规则，实现左转通行并进入对应车道行驶。

11. 环形路口通行

本测试项目旨在测试自动驾驶系统进出环形路口的通行行为，评价被测智能网联汽车路径规划和执行的能力。本检测项目应进行环形路口通行场景测试。可根据实际测试路段情况增加相关场景。

该项功能测试场景应设置于环岛测试场地，测试场地为不低于 3 个出入口的环形路口，每个出入口至少为双向两车道。被测智能网联汽车入口上游存在 1 辆目标车辆。被测智能网联汽车经环形路口驶向测试终点，如图 4-84 所示。

被测智能网联汽车在自动驾驶模式下，应至少经过 1 个出口后驶出环岛。

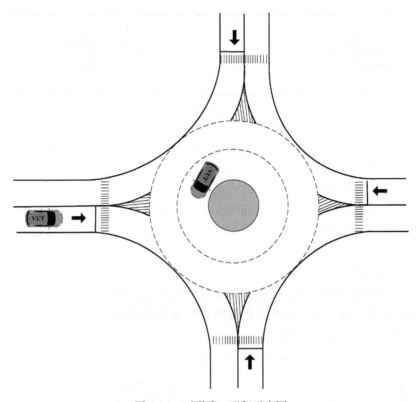

图 4-84　环形路口通行示意图

被测智能网联汽车以 20km/h 的车速驶向环形路口，当被测智能网联汽车到达环岛入口时，在入口上游附近存在正要通过出口 1 驶出的目标车辆，目标车辆车速为 20km/h。记录被测智能网联汽车进入环岛、绕行环岛和驶出环岛的全过程。测试过程中要求被测智能网联汽车不应与目标车辆发生碰撞；被测智能网联汽车进出环岛时应能开启正确转向灯；被测智能网联汽车能够绕经环岛并由正确出口驶出。

12. 自动紧急制动

本测试项目旨在测试在发生碰撞危险时被测智能网联汽车自动紧急制动的性能，评价其紧急避撞能力。本测试项目应进行前车静止、前车制动和行人横穿三项场景测试。可根据实际测试路段情况增加相关场景。

（1）前车静止

该项功能测试场景应设置于直线道路测试场地，测试道路为至少包含一条车道的长直道，被测智能网联汽车匀速接近前方静止目标车辆，如图 4-85 所示。

被测智能网联汽车在人工驾驶或自动驾驶系统失效模式下，以 50km/h 车速

图 4-85 前车静止测试场景示意图

沿车道中间匀速接近前方静止目标车辆，被测智能网联汽车和目标车辆中心线横向距离偏差不超过 0.5 m。制动过程中，测试驾驶员不得转动转向盘和踩踏制动踏板。若被测智能网联汽车为商用车辆（最大设计总质量不超过 3.5t 的载货车辆除外），则测试速度选为 30km/h。测试过程中要求被测智能网联汽车应在制动之前发出报警信息，至少包含光学和声学报警信号；被测智能网联汽车未与目标车辆发生碰撞。

（2）前车制动

该项功能测试场景应设置于直线道路测试场地，测试道路为至少包含一条车道的长直道，被测智能网联汽车跟随目标车辆以相同车速稳定行驶，目标车辆减速制动，如图 4-86 所示。

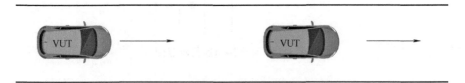

图 4-86 前车制动测试场景示意图

被测智能网联汽车在手动驾驶或自动驾驶系统失效模式下，与前方目标车辆均以 50km/h 的车速沿车道中间匀速行驶，两车纵向间距保持在 (40±5) m 范围内，横向距离偏差不超过 0.5m。该状态维持至少 3s 后，前方车辆以 $4m/s^2$ 的减速度制动。制动过程中，测试驾驶员不得转动转向盘和踩踏制动踏板。若被测智能网联汽车为商用车（最大设计总质量不超过 3.5t 的载货车辆除外），则前方目标车辆以 $2m/s^2$ 的减速度制动。测试过程中要求被测智能网联汽车应在制动之前发出报警信息，至少包含光学和声学报警信号；被测智能网联汽车未与目标车辆发生碰撞。

（3）行人横穿

该项功能测试场景应设置于直线道路测试场地，测试车道为至少包含一条车道的长直道，被测智能网联汽车匀速行驶，前方存在行人横穿马路，如图 4-87 所示。

被测智能网联汽车在手动驾驶或自动驾驶系统失效模式下，以 30km/h 的车

第 4 章 智能网联汽车的整车测试

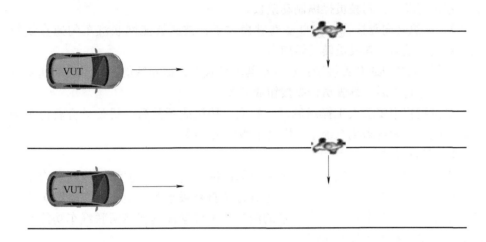

图 4-87 行人横穿测试场景示意图

速沿车道中间匀速行驶，前方行人在设定时刻以 5km/h 的速度横穿马路。如果自动紧急制动功能不介入，则被测智能网联汽车与行人发生碰撞。制动过程中，测试驾驶员不得转动转向盘和踩踏制动踏板。测试过程中要求被测智能网联汽车应在制动之前发出报警信息，至少包含光学和声学报警信号；被测智能网联汽车未与目标车辆发生碰撞。

13. 人工操作接管

本测试项目旨在测试自动驾驶系统的人工操作接管功能，评价被测智能网联汽车自动驾驶和人工操作两种模式转换的人机共驾能力。本测试项目应进行接管请求提醒功能和接管功能测试。可根据实际测试路段情况增加相关场景。当被测智能网联汽车处于自动驾驶模式下，出现自动驾驶功能超出设计运行范围的场景时，应触发人工操作接管请求。

（1）接管请求提醒功能测试

被测智能网联汽车在自动驾驶模式下，以恒定车速（推荐的测试车速区间为 20~80km/h）直线行驶。稳定行驶后，以适当方式向被测智能网联汽车发出人工操作接管指令，记录被测智能网联汽车的人工操作接管请求的提醒方式。测试过程中要求，当车辆进行人工操作接管提醒时，至少包含声音和视觉提醒；报警声音清晰、响亮，视觉警告处于驾驶员前方视野范围内，且信号装置点亮后应足够明亮醒目。

（2）接管功能测试

人工操作接管功能测试包含三项测试，分别为操纵制动踏板接管、操纵转向盘接管以及操纵按钮或开关接管。

1）操纵制动踏板接管：在自动驾驶模式下，被测智能网联汽车匀速直线行驶，稳定行驶后，驾驶员操纵制动踏板。

2）操纵转向盘接管：在自动驾驶模式下，被测智能网联汽车匀速直线行驶，稳定行驶后，驾驶员转动转向盘。

3）操纵按钮或开关接管：在自动驾驶模式下，被测智能网联汽车匀速直线行驶，稳定行驶后，驾驶员操纵按钮或开关。

测试过程中要求人工操纵制动、转向、按钮或开关后，驾驶员应获得车辆控制权限，驾驶自动化系统不可恢复车辆控制权限。

14. 联网通信

本测试项目旨在测试自动驾驶系统的联网通信，评价被测智能网联汽车和外界信息交换的能力。本测试项目应进行长直路段车车通信、长直路段车路通信和十字交叉口车车通信3个场景的测试。可根据被测智能网联汽车功能在实际测试中增加相关场景的测试。

（1）长直路段车车通信

该项功能测试场景应设置于车联网测试场地，测试道路为双向两车道的长直路段，开阔无遮挡，被测智能网联汽车和目标车辆对向行驶，保证至少300m的有效测试车距，如图4-88所示。

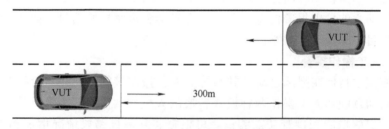

图4-88　长直路段车车通信测试场景示意图

被测智能网联汽车在自动驾驶模式下，开启联网通信功能，被测智能网联汽车和目标车辆均以30km/h对向匀速行驶，两车车载单元终端分别对对方车辆连续发送信息包。当两车距离达到300m时，开始记录被测智能网联汽车和目标车辆的收发日志，直至两车相遇，统计两车信息包递交成功率。测试过程中要求被测智能网联汽车、目标车辆信息包递交成功率都不低于90%。

（2）长直路段车路通信

该项功能测试场景应设置于车联网测试场地，测试道路为至少包含一条车道的长直道，开阔无遮挡。被测智能网联汽车驶向路侧单元保证至少300m的有效测试距离，如图4-89所示。

被测智能网联汽车在自动驾驶模式下，开启联网通信功能，被测智能网联汽车以60km/h的速度匀速驶向路侧设备，路侧单元向被测智能网联汽车连续发送广播信息。行驶至距路侧设备300m处时，开始记录被测智能网联汽车和路侧

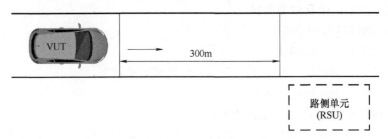

图 4-89　长直路段车路通信测试场景示意图

设备的收发日志，直至被测智能网联汽车行驶至路侧设备为止，统计被测智能网联汽车收取广播信息成功率。测试过程中要求被测智能网联汽车收取广播信息成功率不低于 90%。

（3）十字交叉口车车通信

该项功能测试场景应设置于车联网测试场地，测试道路为双向两车道的十字交叉路口，保证车辆距离交叉口中心线 50m 的有效测试距离，两车匀速行驶，如图 4-90 所示。

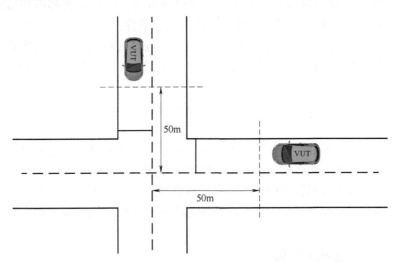

图 4-90　十字交叉口车车通信测试场景示意图

被测智能网联汽车在自动驾驶模式下，开启联网通信功能，被测智能网联汽车和目标车辆均以 15km/h 的速度驶向十字交叉口，被测智能网联汽车和目标车辆分别向对方车辆连续发送信息包。当两车分别行驶至距十字交叉口中心线 50m 处时，开始记录被测智能网联汽车和目标车辆的收发日志，直至两车到达停车线，统计两车信息包递交成功率。测试过程中要求被测智能网联汽车、目标车辆信息包递交成功率都不低于 90%。

4.3.3.2 测试记录及精度要求

（1）测试过程记录内容

1）待测车辆控制模式。

2）待测车辆速度、加速度、姿态、位置等运动状态。

3）待测车辆环境感知数据。

4）待测车辆灯光、信号实时状态。

5）测试参考车或模拟行人的速度、加速度、姿态、位置等运行状态。

6）测试区域视频监控情况。

7）待测车辆驾驶舱视频及语音监控情况。

8）测试静态环境描述。

（2）测试精度要求

1）被测智能网联汽车和目标车辆速度测试精度：0.02m/s。

2）被测智能网联汽车和目标车辆相对横向、纵向距离测试精度：0.03m。

4.3.3.3 通过条件和特殊条件

（1）通过条件

除自动紧急制动和人工操作接管的测试场景外，所有测试都应在被测智能网联汽车自动驾驶状态下完成，并满足以下通过条件：

1）被测智能网联汽车应按照规定进行每个场景的测试，并满足其要求。

2）被测智能网联汽车应在一次测试申请中通过所有规定的必选项目和选测项目的测试。

3）测试期间不应对软硬件进行任何变更调整。

（2）特殊条件

1）除避险工况外，自动驾驶被测智能网联汽车不应违反交通规则。

2）自动驾驶被测智能网联汽车应能正常使用灯光、刮水器等功能。

3）自动驾驶被测智能网联汽车发生故障时应及时发出警告提醒。

4）自动驾驶被测智能网联汽车行驶方向控制准确，无方向摆动或偏离。

4.4 开放道路测试

2018年4月，工业和信息化部、公安部、交通运输部三部委联合印发《智能网联汽车道路测试管理规范（试行）》。规范对智能网联汽车及自动驾驶概念和范围进行了界定，并对其路测主体、驾驶员、车辆、申请及审核、管理、交通违法和事故处理等做了规定。该规范自2018年5月1日起施行。

《智能网联汽车道路测试管理规范（试行)》的发布，揭开了我国智能网联汽车道路测试的序幕。上海、北京、长沙、天津等城市陆续发布了各自的道路测试管理办法，并开放了不同里程的测试路段。同时，国内形成了20余家智能网联汽车示范区,开展了智能网联汽车运营测试、应用测试、载人载物测试、道路测试等多种形态的测试项目。

4.4.1 开放道路测试概述

随着智能网联汽车的快速发展普及以及自动驾驶功能的逐步落地,关于下一阶段智能网联汽车的测试评价及检测认证方法已在产业界层面、欧盟 ECE WP29 GRVA/ITS AD 工作组层面及 ISO 层面等开展了长时间的深入讨论。目前,由仿真、场地、开放道路组成的三层验证架构已经形成了行业共识,可以满足并支撑从 L3 至 L5 级自动驾驶功能的验证及认证需要,各国主机厂、Tier1、第三方检测机构围绕各层级内需要开展的测试内容及试验认证方法、层级间如何相互验证确认等详细技术内容开展研究及协调。多支柱法框架如图 4-91 所示。

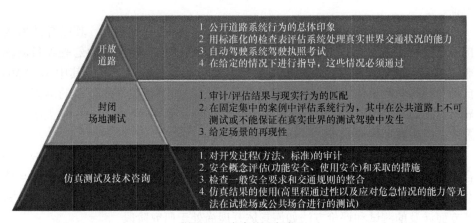

图 4-91 多支柱法框架

在全部三个层级中,皆需要第三方检测机构开展相应工作,在开放道路测试与封闭场地测试方面,第三方检测机构将承担独立测试任务,通过封闭场地测试评估智能网联汽车在受控场地制定场景下的实际性能,实施真实道路环境下难以安全开展的危险场景测试并与仿真测试结果进行比对校核。在开放道路测试中,需覆盖自动驾驶的典型应用场景,在由第三方检测机构测试车辆行为合规性的基础上,也降低了企业依照封闭场地指定场景进行针对性开发的可能性,减少了检测认证流程中的漏洞。

多支柱法覆盖了自动驾驶车辆测试从审核评估、仿真、封闭场地测试到实际道路测试的全部过程,是目前最为广泛接受的 L3 及以上级别自动驾驶功能的测试评价方法。由于自动驾驶技术目前已处于纵深发展阶段,很多企业将 2021—2022 年视为自动驾驶产品大量上市的关键节点,行业对于智能网联汽车的测试、评价产生了急迫的需求。而实际道路测试作为多支柱法不可或缺的最后一步,是验证自动驾驶功能完整性与可靠性的关键步骤,因此如何有效进行自动驾驶车辆的开放(实际)道路测试,是目前行业关注的重点之一。

4.4.1.1 开放道路测试的分类

根据在产品开发环节的目的不同,开放道路测试可以分为满足企业功能研发需求的开放道路测试和面向产品准入环节的开放道路测试。

国内各地正在开展的道路测试属于企业为了满足其功能研发需求而自发开展的开放道路测试项目。现阶段,各家企业都是独立承担测试任务,且在测试过程中无一定之规,虽然都会记录自动驾驶行驶里程、接管次数等参数,但各家的统计方式各不相同。针对车辆自身的各项功能,各家的测试方法也不尽相同。另外,虽然各地方要求提交一定时段内的测试报告,但在报告中规定的内容也没有统一的格式,不管是对测试的管理还是技术的研究,都带来一定的困难。

国际上对于智能网联汽车实际道路测试走在前列的是美国,其联邦政府为自动驾驶技术的发展提供了诸多支持,各州也陆续推动各类自动驾驶项目的落地。在加州,全球各大厂家均布局了自家的自动驾驶测试车队,其中 WAYMO 自动驾驶车队在整体表现上远超其他厂家。根据加州相关部门公布的测试结果显示,WAYMO 在自动驾驶行驶里程、接管次数、平均行驶里程上,均大幅领先第二名通用汽车的测试车队。

开放道路测试将作为智能网联汽车产品准入环节的重要测试项目之一,联合国 WP.29 已开展了智能网联汽车测试评价体系研究,初步提出了以仿真与体系审核、场地测试和实际道路测试等三个方面为主的自动驾驶测试评价方法,各方面涉及的测试和评价方法如何具体开展尚处于研究阶段。

国际上对于实际道路测试评价方法及标准的讨论主要围绕测试项目选择、测试路线典型性判定,以及自动驾驶系统性能的主观、客观评价合理性等几个方面展开,面临着诸多面向新技术测试评价的新挑战。我国在开展实际道路测试工作中,也面临着各地实际道路场景不全面,测试系统、设备不规范,评价体系不统一等问题,各企业自行其是,并未形成有效的、能够满足智能网联汽车道路测试评价及支撑政府管理的通用标准,难以从第三方的角度判定智能网联汽车在实际道路上的表现。因此,有必要开展包含测试路段、测试方法以及评价方法规范化的实际道路测试研究,作为中心引领行业、为政府管理提供支持的保证。

2019 年 10 月,在 2019 年智能网联汽车标准相关项目组第五次系列会议中,成立了"自动驾驶汽车实际道路测试标准化需求研究项目组",共有 20 余家主机厂、供应商、互联网公司和检测机构参与,标志着国内在面向产品准入环节的智能网联汽车实际道路测试领域正式启动标准化研究工作。

面向准入的智能网联汽车实际道路测试主要由三部分组成，分别是测试道路的选择方法、测试设备和测试评价指标。实际道路测试考察的是自车对于道路交通流的影响，以及长时间测试对于乘客的体验，关注的是常见的场景、情况，不必搭建场景，可以通过道路的选择及延长测试执行时间作为前提基础，保证关注的考核情况的出现。考虑到智能网联汽车实际道路测试的实际情况与考核的目标，自动驾驶车辆与其他车辆的交互情况、对其他交通流的影响很难通过测试设备进行测试，且这类指标与驾乘人员的主观感受息息相关，因此，实际道路测试可以采用主客观相结合的评价体系，对自动驾驶系统进行全面的测试评价。

4.4.1.2 开放道路测试的发展现状

目前，国内各省市为推动智能网联汽车产业发展，鼓励、支持、规范智能网联汽车技术的研发和应用，北京、上海、重庆各地先后发布了智能网联汽车公共道路测试实施细则或管理办法。随后，工业和信息化部、公安部、交通运输部也从国家层面给出参考文件。

2017年12月18日，北京市交通委、公安交管局、经济信息化委联合发布了《北京市关于加快推进自动驾驶车辆道路测试有关工作的指导意见（试行）》，这是国内第一个关于智能网联汽车道路测试的文件，也是中国智能网联汽车产业的重要里程碑。该文件明确规定了对测试主体、测试驾驶员、测试车辆的要求，以及测试如何管理和发生事故后如何认定责任等事项。

2018年2月22日，上海市经济信息化委、市公安局、市交通委联合发布了《上海市智能网联汽车道路测试管理办法（试行）》，积极推动上海市智能网联汽车产业从研发测试向示范应用和商业化的转变，建设具有全球影响力的科技创新中心。

2018年3月11日，重庆市经济信息委、市公安局、市交委、市城管委联合发布了《重庆市自动驾驶道路测试管理实施细则（试行）》，极大地推动了重庆市智能网联汽车道路测试的开展。同时，鉴于重庆特有的山区道路，该细则可以更全面地测试车辆的自动驾驶功能。

2018年4月12日，工业和信息化部、公安部、交通运输部联合发布了《智能网联汽车道路测试管理规范（试行）》，主要说明了规范的目的、适用范围、测试主体、测试驾驶员及测试车辆应该满足的条件、完成测试需要的申请材料和审核条件、测试车辆应遵守的相关规定以及测试车辆发生违法和事故后的处理方法等。从国家层面给各地开展公共道路测试提供参考。

《智能网联汽车道路测试管理规范（试行）》的发布，揭开了我国智能网联汽车道路测试的序幕。国内其他省市如广州、深圳、长沙、长春、天津等地也先后发布了相关的实施细则或管理办法，以此来推动智能网联汽车产业的发展。同时开放部分道路，为满足要求的测试主体发放牌照，根据测试主体的需求和技术现状，逐渐为测试主体开放更高复杂度的道路，以满足不同测试层面的需求，推动道路测试相关工作。

2019年9月，中共中央、国务院印发了《交通强国建设纲要》，明确提出要"加强智能网联汽车（智能汽车、自动驾驶、车路协同）研发，形成自主可控完整的产业链"。2020年1月，美国正式发布自动驾驶4.0计划，旨在确保美国在自动驾驶领域的技术领先地位。无论国际还是国内，智能网联汽车（智能汽车、自动驾驶、车路协同）的发展持续受到国家的空前重视。2020年2月，国家11部委联合印发了《智能汽车创新发展战略》，对智能汽车进行了定义："智能汽车是指通过搭载先进传感器等装置，运用人工智能等新技术，具有自动驾驶功能，逐步成为智能移动空间和应用终端的新一代汽车。智能汽车通常又称为智能网联汽车、自动驾驶汽车等"，并明确提出了以中国标准为特色的智能汽车发展方向与战略目标："到2025年，中国标准智能汽车的技术创新、产业生态、基础设施、法规标准、产品监管和网络安全体系基本形成。展望2035到2050年，中国标准智能汽车体系将全面建成、更加完善。安全、高效、绿色、文明的智能汽车强国愿景逐步实现，智能汽车充分满足人民日益增长的美好生活需要。"该战略公布了中国标准智能汽车发展的6大战略体系，共计20项战略任务。

截至2019年底，国内18个城市共发放自动驾驶道路测试牌照278张，近50家企业获得自动驾驶道路测试牌照，路测牌照测试场景已经涵盖了乘用车、公交车、物流重型货车、清洁车以及载人测试。全国主要城市自动驾驶路测牌照发放情况如图4-92所示。

其中，北京有13家企业，涵盖6家互联网企业、6家主机厂、1家地图厂商共计77辆车，测试里程突破1040211km。申请企业数、车辆数、牌照数、路测里程均位居全国第一。其中，2019年度，有12家企业，73辆车参与北京市自动驾驶车辆一般性道路测试，并首次为百度公司40辆车发放了允许载人测试的联席审查意见。

上海已向18家企业颁发了51张智能网联汽车道路测试和示范应用测试的牌照。在2019世界智能网联汽车大会上，上海第三阶段智能网联汽车开放测试道路正式发布，嘉定地区开放测试道路总里程从11.1km增至53.6km，覆盖面积65km^2。2019年8月23日，"上海临港智能网联汽车综合测试示范区"在临港新片区正式开园，主要范围位于临港主城区103区域临港科技城开发地块内。临港测试示范区一期已建成并试运行，包括26.1km开放测试道路、3 km^{2}封闭测试区及数据中心，并实现了区域内4G、5G网络全覆盖。

长沙市共发放三批共计55张智能汽车开放道路测试牌照。获牌车辆被允许在长沙指定的智能汽车开放测试道路上行驶，申请载人测试和高速公路测试的智能车辆仍需继续在开放道路的指定区域测试2000km后由湘江智能进一步评估。

第4章 智能网联汽车的整车测试

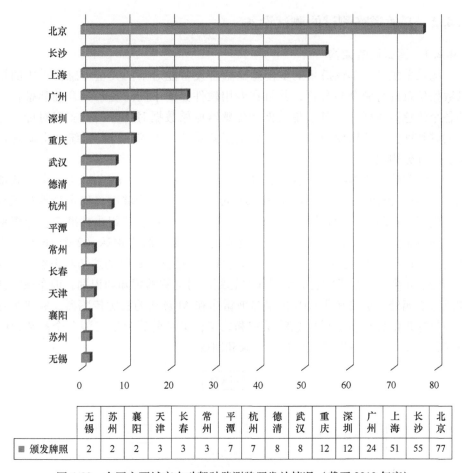

图4-92 全国主要城市自动驾驶路测牌照发放情况（截至2019年底）

深圳市已发布124km的开放测试道路，覆盖9个行政区域，并向腾讯、大疆、海梁等企业共发放12张牌照。其中，海梁在福田保税区展开"阿尔法巴"智能公交试运行。

2019年6月20日，在广州市交通运输局、工业和信息化局、公安局联合举办的"广州市智能网联汽车示范区运营中心成立暨首批智能网联汽车道路测试授牌仪式"活动上，广州发放了24张自动驾驶路测牌照。

2019年9月底，国内首批智能网联汽车载人试运营许可证在国家智能网联汽车（武汉）测试示范区颁发。百度、海梁科技、深兰科技3家企业获得湖北省武汉市交通运输局颁发的首批智能网联汽车载人试运营许可证，同时武汉市公安交管局为东风汽车、海梁科技、深兰科技等企业发放8张智能网联汽车路测牌照。

4.4.2 开放道路测试的测试设备

4.4.2.1 测试设备架构

场景采集平台车辆搭载的多传感器融合设备能对不同类型传感器采集的场景数据信息进行融合与分析,并可在专用软件界面中同时显示融合前和融合后的各个传感器数据。通过采集数据和传感器原始数据对比分析,实现对传感器的测试和评价。高精度数采架构主要由感知系统、工控机设备系统和电源管理系统三部分构成。

高精度数采架构感知系统(图 4-93)由 GPS、IMU、激光雷达、毫米波雷达和 AI 算法摄像头等主流的定位和感知传感器组成,能够准确稳定计算和识别车辆周围的道路、车辆和行人信息。其中 GPS 和 IMU 装置组成精准定位定姿系统,满足车辆自身位置实时更新;车顶装载 3 个组合激光雷达(2 个 16 线激光雷达,1 个 32 线激光雷达),完成对车身周围近距离目标物的感知和识别;车身周围安装 6 个 4 线激光雷达,满足车身远距离目标物的感知和识别;前车保险杠和风窗玻璃处分别安装 77GHz 的毫米波雷达和 AI 算法的视觉传感器,完成车身周围目标物信息和车道线信息的识别和确定;车身前后分别安装 2 个高清视频摄像头,用于实际道路测试中视频记录和回放。

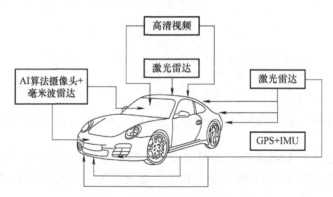

图 4-93 高精度数采架构感知系统

数采工控机设备完成所有数据信息的同步和存储,放置在行李舱内,所有设备使用螺栓固定在散热装置上。设备由激光雷达工控机、交换机和同步盒组成;数据存储工控机集成对千兆以太网、万兆以太网、音频、USB3.0、SATA、DSP 和 CAN/CANFD、LIN 等总线的数据输入和输出接口;内部配置 16TB 可插拔式大容量 SSD 固态硬盘。

电源管理系统针对不同传感器和工控机设备的供电要求进行供电,内置 12~24V 直流电平、220V 交流供电插排、高低压分隔排线布置、分布式供电盒、分布式电源开关以及系统集成熔丝盒等电器装置。

4.4.2.2 测试设备工作原理

在数采系统各设备供电正常情况下,感知系统和工控机设备系统分别进行道路目标信息感知和数据存储,以保证整个数据系统的正常工作。感知传感器和工控机设备的工作原理如图 4-94 所示。

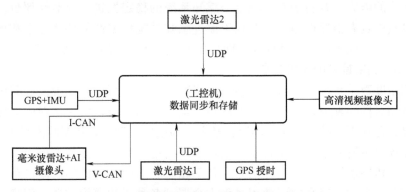

图 4-94 感知传感器和工控机设备的工作原理

感知系统主要将识别获取的数据信息输入工控机设备进行数据同步和存储。GPS 和 IMU 组合构成一套开放道路测试的定位定姿系统,以厘米级精度实时捕捉车辆运动的速度、加速度和位置信息,通过标准以太网接口使用 UDP 协议传输至工控机进行数据存储。同工控机配套使用的数采软件系统将速度和角速度信息转换为 CAN 协议数据传入激光雷达 2,完成车身附近道路、车辆和行人等目标物信息数据计算,得到的目标物信息存储至工控机设备。AI 算法摄像头和毫米波雷达组合的识别系统通过工控机软件通过 V-CAN 获取车身速度和角速度信息,经摄像头和雷达内部融合系统计算后,将得到车前道路、车辆和行人的数据信息,并以 I-CAN 传输存储至工控机设备。激光雷达 1 有自身感知定位模块,使用以太网接口的 UDP 协议将传感器得到的车身周围道路、车辆和行人信息输入工控机设备。通过 USB 接口将安装至车前和车后的高清摄像头视频传入工控机设备,记录当时车辆采集的路况信息。所有的感知信息以数据信息存储至工控机设备之后,通过工控机高精度 GPS 授时系统对采集得到的数据信息进行授时处理,在完成数据存储的同时执行数据同步。

目前,市场即将量产或已经量产的具有辅助驾驶的车辆均装备了车载感知系统,但是车载传感器的成本有限且感知系统的感知识别能力评价不成熟,没有经过严格客观测试验证并出具感知系统认证报告。基于上述情况,高精度采集系统的感知成本和准确性已经超出市场量产车辆的感知能力,可以作为量产车辆感知设备和系统评价的真值,并且能够针对特定传感器、感知系统甚至整车实现的自动驾驶功能进行验证和评价。目前,高精度采集系统预留标准以太网接口、车规以太网、CAN/CANFD、LIN 等车载传感器和车载总线通信接口,能够将车载感知信息和相关总线数据同步存储至工控机设备。通过将高精度数采数据和车载感知和总线数据对比分析，实时判断车载传感器设备的数据有效性、感知系统的识别和判断能力以及整车功能实现的准确性评价，如误报率和漏检率等。以高精度数采数据系统作为相对精度的真值系统去评价车载感知设备和系统的能力；有利于对车辆整个感知系统的稳定性进行针对性评价，出具的测试报告具有指导性建议；有利于促进感知系统稳定性的评测方案和评价方法的研究，有助于推进自动驾驶车辆在开放道路准入驾驶的基础策略。

4.4.2.3　测试设备的技术难点

高精度数采系统能够对车载感知系统完成系统性测试和评价，目前仅是作为一种相对性的真值系统，并不能达到完全绝对的真值。作为基础评价环节的数采设备存在不少的技术难点问题，基本分为硬件、软件和数据同步问题。

市场上主流数采硬件设备还是来自国外制造厂商，内部各种板卡、通信接口、数据传输协议以及数据存储方式各不相同。理论上各种传输接口具有备用的互相兼容方式，但是实际使用过程中会遇到各种无法兼容问题。例如，虽然通信协议相同，但是因数据采集板卡类型不同而导致数据需要二次开发后才能进行同步存储；不同传感器数据物理接口类型不同，无法直接对应工控机设备相应接口，需要增加接口转换线；不同传感器和工控机设备之间会有电磁干扰，容易造成数据丢帧或者失效；针对驾驶员接管功能的听觉、视觉和触觉提醒或者报警等数据信息，不易使用目前的数采设备进行信息采集和存储；基于安全和稳定考虑的高精度数采设备的传感器配置造成信息冗余，同时兼顾运行成本低、采集效率高的高精度数采方案还有待进一步研究。

在数据采集分析软件方面，虽然国内的软件开发水平已经接近甚至某些方面已经超出国外水平，但是对于数据分析软件仍处于定制化开发阶段，缺少统一的数据分析方案，无法对多方数据报告互认。数据存储格式多种多样且不具有开放性，需要进行二次开发才能共享研究，无法发挥所采集数据的潜力。

数据传输延时长和同步问题仍然存在。不同传感器的采样频率不同、传输速度不同等带来数据存储和同步问题。目前主要使用软件插值计算和硬件授时协同同步，以减少延时和时间同步误差。但是数采设备的软硬件无法保证实时协同同步，数据采集稳定性差，造成数据结果和报告偏差。数采系统接入车辆CAN/LIN总线数据后，数据同步和延迟问题会更加明显。随着需要进行同步的数据量越大，数据同步问题就更加成为一个挑战。

4.4.3　开放道路测试的测试方法

根据开放道路测试的分类不同，测试方法也不尽相同。由企业自发申请的道路测试牌照及其测试过程，企业根据项目研发进度及需求，开展不同形式、不同过程的道路测试。例如，企业开发的自动驾驶功能具备机动车信号灯识别及响应能力，首先在封闭场地进行测试验证，测试车辆在自动驾驶模式下，在距离停止线100m前以30km/h的速度沿车道中间驶向机动车信号灯。机动车信号灯初始状态为红色，待测试车辆停稳后，机动车信号灯由红灯变为绿灯。在场地测试中，符合以下条件则判定通过：①红灯期间，测试车辆应在停止线前0~3m范围内停车等待；②当机动车信号灯由红灯变为绿灯后，测试车辆应及时起步通行，且起动时间不得超过5s。通过封闭场地测试后，企业会开展开放道路测试，通过实时采集车内总线数据以及周边的环境数据，

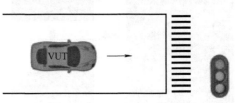

图4-95　机动车信号灯识别及响应测试场景示意图

记录车辆的行驶情况。机动车信号灯识别及响应测试场景示意图如图4-95所示。

企业自发的道路测试没有一定之规，在设备和流程以及判定结果上，都由各家企业自行开展。面向准入认证环节的开放道路测试是以安全评价为核心，辅以及时、准确、顺畅等多方位评价指标，对智能网联汽车的功能表现一致性、安全性、驾乘人员感受做出全面评价。本书讨论的开放道路测试以面向准入认证环节为主，对标准化的测试流程研究及其进展进行介绍。

4.4.3.1　开放道路测试的测试流程

面向准入的实际道路测试是产品上市前必需的检测环节，不同于各地开展的道路测试及牌照，后者属于自愿申请的测试，且执行测试的是企业自身，没有明确的测试标准方法。产品准入测试的管理是自上而下，示范区测试及牌照的管理是自下而上。示范区自动驾驶开放道路测试牌照的申请一般由企业主动提交申请文件开始，文件中包含了测试申请企业的申请书、营业执照复印件、车辆功能的详细说明、企业自测自评报告、测试驾驶员信息及培训证明、测试车辆保险保函、企业测试规程文件等，除了测试申请表中的基本信息，企业还需要提交车辆传感器配置信息及后期的测试计划，以便各地的管理单位审核。除了对文件的审核，当地管理单位一般会要求测试申请企业提供当地认可的检测机构出具的测试报告，测试项目为三部委发布的测试规程中14项测试项目。测试项目全部通过后，由专家评委会对测试单位的申请进行最终的审核评估，决定是否颁发道路测试牌照，申请流程如图4-96所示。

与智能网联汽车道路测试牌照的申请流程相比，面向准入认证的开放道路测试的申请及其文件内容还没有明确的要求，但可以对其过程进行一定的推演。由于开放道路测试不能搭建测试场景，而是以真实的交通环境为主，因此测试道路的选择是测试开展的前提条件。测试道路应该以申请测试的智能网联汽车产品功能为依据，由企业提交的功能设计范围（ODC）描述文件作为道路选择的主要依据。因此，在开放道路测试前，企业也应该提交相关的说明文件给检测机构，其

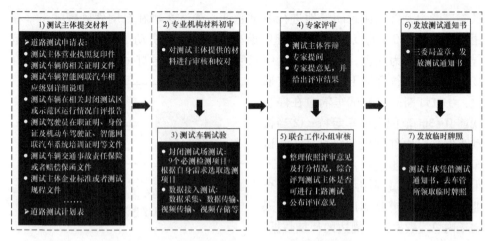

图 4-96 智能网联汽车道路测试牌照申请流程

中 ODC 描述文件应该包括驾驶员状态、本车状态、外部环境状态、最小风险状态方面内容,具体内容见表 4-23。除了 ODC 描述文件,由于开放道路测试要考核量产车辆的功能表现,用户手册也是需要参考的内容,应当作为申请文件包含的内容之一。

表 4-23 ODC 描述文件

车辆级别			L3/L4/L5
驾驶员状态	有能力接管	驾驶员位置	
		驾驶员精神状态	
		驾驶员安全带	
	无能力接管		
	驾驶员干预	驾驶员干预方式	
本车状态	自动化系统失效	自动驾驶控制器	
		感知系统	
		远程监管系统	
		HMI 系统	
	车辆其他系统失效	车辆悬架部件断裂	
		动力系统	
		转向系统	
		制动系统	
		车身电子系统(BCM)	
		车姿、车重、四轮定位、胎压等参数是否正常	
	本车速度	—	

（续）

外部环境	道路基本特征	道路类型	结构化
			非结构化
		道路种类	高速公路、城市快速路、城市主干道、城市次干道、城市支路
		道路几何特性	曲率、坡度等
		道路情况	路口、车道变化、隧道、桥梁
		道路边界	路沿、护栏、屏障、铁路交叉口
	交通设施	交通标线标志	信号灯、交通指示标志
		道路车道特征	车道数、车道线
		照明	光源、光照强度、光照方向、光源高度
	道路临时变更	临时设施	交通锥、施工标示
		路面情况	特殊覆盖（钢板）
		其他	障碍物、散落物
	移动目标	交通参与者	行人、自行车、摩托车、机动车
		特殊车辆	特种车辆（洒水车等）、消防车、救护车、警车等
		动物	不同动物类型
	气候环境条件	天气	雨、雪、雾、霾
		时间	白天、黑夜
		天气导致的路面条件	积水、结冰、积雪等
		能见度	烟尘、灰尘
	信息环境条件	GNSS 条件	
		4G/5G/V2X	

(续)

最小风险状态	进入条件	L3 ——在发出接管请求后，如果动态驾驶任务接管用户未响应，则适时执行风险减缓策略 L4 ——即将不满足设计运行条件 ——驾驶自动化系统失效或车辆其他系统失效 ——用户未响应接管请求 ——用户要求实现最小风险状态 L5 ——驾驶自动化系统失效或车辆其他系统失效 ——用户未响应接管请求 ——用户要求实现最小风险状态
	风险减缓策略	本车道停车
		靠边停车

检测机构根据功能 ODC 描述文件制订测试路线后，根据实际情况和测试周期，制订具体测试计划。根据功能在不同类型道路中的使用范围，不同类型的道路需要达到不同的测试里程和测试时间，参考指标见表 4-24 和表 4-25。测试开始前，需要在被测车辆上安装必要的测试设备，如图 4-97 所示。一般情况下，测试数据的获取通过检测机构的测试设备获得，不能通过被测车辆的传感器及控制器获取，这是因为增加车载设备及网络的数据传输量可能会对自动驾驶的功能产生各种影响。

表 4-24　开放道路测试里程（参考指标）

道 路 种 类	测试里程（至少）/km
高速公路	乘用车：1080
	其他车辆：900
城市快速路	720
城市主干道	720
城市次干道	720
城市支路	720

第4章 智能网联汽车的整车测试

表 4-25 开放道路测试时间（参考指标）

道 路 种 类	测试时间/h
高速公路	12
城市快速路	12
城市主干道	24
城市次干道	24
城市支路	24

图 4-97 开放道路测试设备情况

自动驾驶开放道路测试评价由主观评价和客观测试相结合的方式开展，在测试的过程中，3名评价人员需要在车内完成测试评价任务。同时测试设备也会实时记录整个测试过程中车内外的指标参数，形成测试报告。

4.4.3.2 开放道路测试的评价指标

开放道路测试采用主客观相结合的评价体系，考核内容为智能网联汽车在实际交通流运行中与安全、准确、及时、顺畅相关的指标。根据企业提供的ODC描述文件，自动驾驶功能提示接管或者退出主要有三方面的原因，即因驾驶员状态导致、因车辆状态导致、因外部环境状态导致。当这三方面状态都符合ODC的要求时，车辆能够正常开启自动驾驶功能，即系统运行在ODC范围内，能够正确执行动态驾驶任务（DDT），如图4-98所示。因此，开放道路测试的考核指标会包含驾驶员状态、车辆状态、外部环境状态相关的指标。除此之外，开放道路测试评价的相关指标还应该围绕系统激活、系统运行、交通规则、主动接管和提示接管五类。在自动驾驶开放道路测试中，为了确保测试过程尽可能不带来交通事故等危险情况，对于自动驾驶功能的最小风险模式不作为必需测试的项目。

测试天气状况应符合 ODC 的规定，测试天气超出 ODC 范围的，系统应该具备提示和接管策略。对于极端天气情况，不作为必需测试项。自动驾驶开放道路测试评价体系由评估项（主观评价）和测试项（客观测试）组成，详见表 4-26~表 4-28。测试过程中，与安全强相关的测试指标为一票否决项，即在测试过程中不能有不通过的指标。与及时、准确、顺畅强相关，与安全间接相关的测试指标，采用评分、计分的方法，由测试评价人员对车辆表现进行评分，根据评分结果，考核车辆表现。

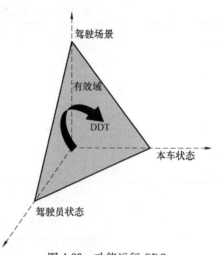

图 4-98 功能运行 ODC

（1）评估项（主观评价）

表 4-26 一票否决项

类型	评估指标		结果	
			通过	未通过
功能激活	驾驶员状态	有能力接管	驾驶员位置 驾驶员精神状态 驾驶员安全带	
		无能力接管		
	本车状态	自动化系统失效	自动驾驶控制器	若出现本车失效导致的状态转换，则本次试验未通过
			感知系统	
			远程监管系统	
			HMI 系统	
		车辆其他系统失效	车辆悬架部件断裂	
			动力系统	
			转向系统	
			制动系统	
			车身电子系统（BCM）	
			车姿、车重、四轮定位、胎压等参数是否正常	
		本车速度	—	

（续）

类型			评估指标	结果	
				通过	未通过
功能激活	外部环境	道路基本特征	道路类型		
			道路种类		
			道路几何特性		
			道路情况		
			道路边界		
		交通设施	交通标线标志		
			道路车道特征		
			照明		
		道路临时变更	临时设施		
			路面情况		
			其他		
		移动目标	交通参与者		
			特殊车辆		
			动物		
		气候环境条件	天气		
			时间		
			天气导致的路面条件		
			能见度		
	最小风险状态		进入条件		
			风险减缓策略		
功能运行	车辆是否能够与其他交通参与者（包括行人以及两轮车）保持安全的横向以及纵向距离				
	可根据驾驶规划进行正确的横向和纵向控制行动				
	可根据驾驶规划生成合适的横向和纵向加速度				
	本车的正常驾驶行为是否对于其他交通参与者产生巨大影响以影响其他交通参与者的安全				
	本车正常驾驶行为中不会出现车辆蛇行				
HMI	提前检测出超出 ODC 并提示				
	车辆及时通知驾驶员失效信息				
驾驶员干预	非接管请求时间，驾驶员可通过与驾驶相关的主动动作（如转向盘、制动踏板等；不包括刮水器、前照灯等）接管车辆控制权				

(续)

类型	评估指标	结果	
		通过	未通过
接管	车辆状态信息能够有效地通知驾驶员		
	启动接管需求时,车辆具备提醒功能		
	接管请求期间,驾驶员可通过主观控制动作接管车辆控制权限(需要OEM提供主动接管动作列表)		
	接管请求期间,驾驶员可方便快捷地接管车辆运行		

表 4-27 评分项

类型	评分指标	得分
产品说明材料	车辆使用说明清晰易懂	
正常行驶	非紧急模式下本车的速度变化不会让人产生眩晕及其他不适症状	
	车辆行驶过程中可以及时根据道路和天气情况调整车速	
	车辆是否能够及时响应行驶前方道路障碍物	
	车辆是否能够及时响应车辆侧方可对本车行驶产生影响的路边设施或障碍物	
	车辆是否能够及时响应车辆后方可对本车行驶产生影响的路边设施或障碍物	
	车辆是否能够及时响应到车辆正面可对本车行驶产生影响的其他交通参与者	
	车辆是否能够及时响应到车辆侧面可对本车行驶产生影响的其他交通参与者	
	车辆是否能够及时响应到车辆后方可对本车行驶产生影响的其他交通参与者	
	车辆应能识别对本车行驶行为产生最大影响的相关物体并告警	
	车辆应以符合其他交通参与者预期的方式响应其他交通参与者	
	车辆正常行驶下自动驾驶功能是否顺畅	
	车辆正常行驶下自动驾驶功能是否及时	
	车辆正常行驶下自动驾驶功能是否准确	
	车辆发出的自动驾驶接管需求是否过于频繁	
	车辆发出的接管信息是否足够清晰、明确	
	驾驶员按键操作后,各项功能进入所需的时间	
	功能的使用性参数可调性(如ACC车距)	
HMI	提示方式是否足够醒目	
	提示内容是否足够清晰	
	提示内容是否足够及时	
	提示方式是可以接受的方式	

(2) 测试项

表 4-28 一票否决项（客观测试）

类　型	测 试 指 标	结果	
		指标	测试结果
功能激活	系统激活时长		
	ODC 全速域行驶		
	车辆行驶过程中避免与全部障碍物发生碰撞		
	车辆行驶过程中避免与路面或者路边设施发生碰撞		
	除特殊情况外，车辆不与其他交通参与者发生碰撞		
功能运行	平稳行驶	最大加速度	
		平均减速度	
		跟车时距	
	动态避障（超车）	转向灯	
		变道速度	
		变道时长	
	转弯/掉头	转向灯	
		速度	
		时长	
	限速行驶	速度调节时间	
		速度变化	
	紧急避险	最大减速度	
		制动距离	
		转向时机	
交通法规	ODC 内车辆遵守全部交通法规		
HMI	系统状态提示响应时间		
驾驶员干预	驾驶员干预后系统退出自动驾驶状态时长		
接管	接管频率（次数/时间）		

4.4.3.3 开放道路测试的路线选择

与其他测试方法相比，自动驾驶开放道路测试比较显著的特点是在测试过程中不搭建特定的场景，而是在实际交通流中进行测试，测试路线的选择是保障测试有效性的前提条件。测试道路的选择应依据企业提供的 ODC 进行筛选。根据道路类型不同，通常对测试道路进行如图 4-99 所示的划分。测试过程中，选择的道路应该以符合 ODC 描述的道路为主，同时 ODC 描述以外的道路也要在测试范围内，用于测试车辆脱离 ODC 范围后的提示接管情况。

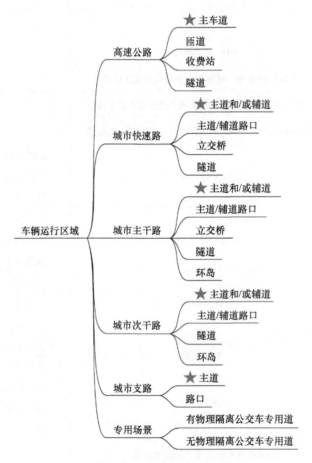

图 4-99 道路类型划分

根据 ODC 文件对道路类型的描述，梳理出实际道路中对应的道路元素，将整个测试过程中要经历的道路交通元素整理成测试道路建议书，供测试人员参考。除了静态交通元素外，测试道路的选择还要考虑动态交通流信息，如果根据静态元素选择的测试道路中，车流量很高或者很低，则都不能对测试进行有效评价。测试道路的选择可以参考 Pegasus 对道路交通的分层划分理论，如图 4-100 所示。

第4章 智能网联汽车的整车测试

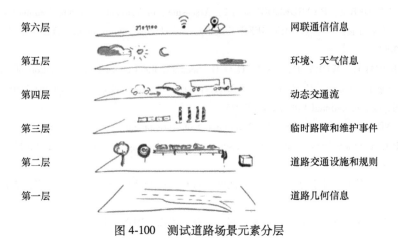

图 4-100 测试道路场景元素分层

4.5 本章小结

本章节主要介绍了整车硬件在环测试技术、封闭测试场地测试技术及开放道路测试三种整车级测试技术。整车硬件在环测试对封闭场地在环和转鼓在环两种在环测试技术进行了介绍，并综述了整车硬件在环的意义。封闭场地测试方面，本章节从场地的构建、测试的项目、测试用仪器及测试方法几个方面进行了系统性阐述，并提供了详细的测试场景及用例。可以看到，整车在环测试采用虚拟场景，场景构建成本低。场地测试既可以提供近似真实的测试场景，又可以保证测试的安全性，有效降低测试的经济成本和时间成本。因此，整车在环测试与场地测试成为目前开展自动驾驶测试的优先选择。开放道路测试的测试方法具备完全真实的测试环境，作为最终的测试级别已在国际上初步达成共识。本章节对开放道路的发展情况、测试设备和测试方法做了介绍。

综上，上述三种方法的应用能够对智能网联汽车整车级别进行全面的测试，多种方法的组合不仅能够降低测试时间和成本，还能够全面覆盖所需测试内容。

参考文献

[1] 曹运红. 柔性制造系统、柔性制造单元和成组技术的发展及其应用 [J]. 飞航导弹, 2004（5）：59-63.

[2] 刘曙光, 陈荣秋. 柔性的比较性定义和性质 [J]. 华中理工大学学报, 1997（10）：41-44.

[3] ROCKLAGE E, KRAFT H, KARATAS A, et al. Automated Scenario Generation for Regression Testing of Autonomous Vehicles [C]//2017 IEEE 20th International Conference on Intelligent Transportation Systems (ITSC). NYC：IEEE, 2017：476-483.

［4］ DE GELDER E, PAARDEKOOPER J P. Assessment of Automated Driving Systems Using Real-Life Scenarios［C］//2017 IEEE Intelligent Vehicles Symposium. NYC：IEEE, 2017：589-594.

［5］ ELROFAI H, WORM D, CAMP O O D. Scenario Identification for Validation of Automated Driving Functions［C］//Advanced Microsystems for Automotive Applications 2016. Berlin：Springer International Publishing, 2016.

［6］ IVANOV A M, SHADRIN S S. Development of Autonomous Vehicles' Testing System［C］//IOP Conference Series：Materials Science and Engineering. Bristol：IOP Publishing, 2018, 15（1）：012011.

［7］ 中国电子信息产业发展研究院. 智能网联汽车测试与评价技术［M］. 北京：人民邮电出版社, 2017.

［8］ 刘天洋, 余卓平, 熊璐, 等. 智能网联汽车试验场发展现状与建设建议［J］. 汽车技术, 2017（1）：7-11, 32.

［9］ MENZEL T, BAGSCHIK G, MAURER M. Scenarios for Development, Test and Validation of Automated Vehicles［C］//2018 IEEE Intelligent Vehicles Symposium（IV）. Piscataway, NJ：IEEE, 2018：1821-1827.

［10］ KRAJEWSKI R, MOERS T, NERGER D, et al. Data-Driven Maneuver Modeling using Generative Adversarial Networks and Variational Autoencoders for Safety Validation of Highly Automated Vehicles［C］//2018 21st International Conference on Intelligent Transportation Systems（ITSC）. NYC：IEEE, 2018：2383-2390.

［11］ HUANG W, LV Y, CHEN L, et al. Accelerate the Autonomous Vehicles Reliability Testing in Parallel Paradigm［C］//2017 IEEE 20th International Conference on Intelligent Transportation Systems（ITSC）. Piscataway, NJ：IEEE, 2018：922-927.

［12］ HUANG W L, WANG K, LV Y, et al. Autonomous Vehicles Testing Methods Review［C］//2016 IEEE 19th International Conference on Intelligent Transportation Systems（ITSC）. Piscataway, NJ：IEEE, 2016：163-168.

［13］ 黄毅, 曹忠杰. 单喷头变雨强模拟侵蚀降雨装置研究初报［J］. 水土保持研究, 1997（4）：105-110.

［14］ 王晓燕, 高焕文, 杜兵, 等. 用人工模拟降雨研究保护性耕作下的地表径流与水分入渗［J］. 水土保持通报, 2000（3）：23, 25, 62.

［15］ 陈文亮, 唐克丽. SR 型野外人工模拟降雨装置［J］. 水土保持研究, 2000（4）：106-110.

［16］ 周跃, 王杰, 胡少伟. Kust03-1 型人工模拟降雨实验装置的设计与率定［J］. 昆明理工大学学报（理工版）, 2008（2）：81-85.

［17］ 盛裴轩, 毛节泰, 李建国, 等. 大气物理学［M］. 北京：北京大学出版社, 2003.

［18］ HEYMSFIELD A J, KAJIKAWA M. An Improved Approach to Calculating Terminal Velocities of Plate-like Crystals and Graupel［J］. Journal of Atmospheric Science, 1987, 44（7）：1088-1099.

［19］ MITCHELL D L, ZHANG R, PITTER R L. Mass Dimensional Relationships for Ice Particles and the Influence of Riming on Snowfall Rates [J]. Journal of Applied Meteorology, 1990, 2 (1): 153-163.

[20] MAGONO C, NAKAMURA T. Aerodynamic Studies of Falling Snowflakes [J]. Journal of Meteorology Society of Japan, 1965, 43 (3): 13-147.

[21] 任战鹏, 吴敬涛, 吴学敏, 等. 气候环境实验室降雪环境模拟技术研究 [J]. 装备环境工程, 2020, 17 (1): 119-123.

[22] POZHIDAEV V N. Estimation of Attenuation and Backscattering of Millimeter Radio Waves in Meteorological Formations [J]. Journal of Communications Technology & Electronics, 2010, 55 (11): 1223-1230

[23] RYDE J W, RYDE D. Attenuation of Centimeter and Millimeter Waves by Rain, Hail, fogs, and clouds [J]. [S. l.]: [s. n.], 1945.

[24] HOVANESSIAN S A. Introduction to Sensor Systems [M]. Norwood: ArtechHouse, 1988.

[25] TOOMAY J C. Radar Principles for the Non-Specialist [M]. Netherlands: Springer, 2004.

[26] 郑少鹏, 程志豪, 苏宇, 等. 恶劣气象条件对路面湿滑系数的影响研究 [J]. 中外公路, 2017, 37 (1): 24-28.

[27] 高梦起, 马奎杰, 储庆中, 等. 路面条件对行车安全影响的闭环仿真试验分析 [J]. 交通运输工程与信息学报, 2013 (3): 81-85, 90.

[28] 代连弟, 于殿祥, 王常永, 等. 驾驶训练场模拟冰面路设计研究 [J]. 军事交通学院学报, 2011, 13 (5): 80-83.

[29] 赵祥磊, 徐维庆. ADAS 车辆在环仿真开发平台研究 [C]//中国汽车工程学会. 中国汽车工程学会论文集. 北京: 机械工业出版社, 2017.

[30] TETTAMANTI S. Vehicle-In-the-Loop Test Environment for Autonomous Driving with Microscopic Traffic Simulation [C]//IEEE International Conference on Vehicular Electronics and Safety (ICVES). NYC: IEEE, 2018.

[31] BOCK T, MAURER M. Validation of the Vehicle in the Loop (VIL)-A milestone for the simulation of driver assistance systems [C]//IEEE Intelligent Vehicles Symposium Istanbul. NYC: IEEE, 2007.

[32] HE J, ROBERSON S, FIELDS B, et al. Fatigue Detection Using Smartphones [J]. Journal of Ergonomics, 2013, 3 (3): 1-7.

[33] GIETELINK O J. Design and Validation of Advanced Driver Assistance Systems [D]. Delft: Delft University of Technology, 2007.

[34] 赵祥模, 陈南峰, 承靖钧, 等. 基于整车在环仿真的自动驾驶汽车室内快速测试平台 [J]. 中国公路学报, 2019, 32 (6): 124-136.

[35] ROSSI R, SAVATIER X. Vehicle-Hardware-In-The-Loop System for ADAS Prototyping and Validation [C]//International Conference on Embedded Computer Systems: Architectures, Modeling and Simulation (SAMOS XIV). [S. l.]: [s. n.], 2014.

[36] 余卓平, 邢星宇, 陈君毅. 自动驾驶汽车测试技术与应用进展 [J]. 同济大学学报（自然科学版）, 2019, 47 (4): 540-547.

[37] MA X, CHEN X, REFAI H H. Performance and Reliability of DSRC Vehicular Safety Com-

munication: A Formal Analysis [J]. EURASIP Journal on Wireless Communications & Networking, 2009 (1): 1-13.

[38] 赵祥模, 惠飞, 史昕, 等. 泛在交通信息服务系统的概念、架构与关键技术 [J]. 交通运输工程学报, 2014 (4): 105-115.

[39] CAMPOLO C, VINEL A, MOLINARO A, et al. Modeling Broadcasting in IEEE 802. 11p/WAVE Vehicular Networks [J]. IEEE Communications Letters, 2011, 15 (2): 199-201.

[40] REMY G, SENOUCI S M, JAN F, et al. Coupling LTE and Network Coding for Efficient Dissemination in Vehicular Networks [C]//Global Information Infrastructure Symposium. NYC: IEEE, 2013: 1-7.

[41] XU C, MA M, HUANG X, et al. A Cross-domain Group Authentication Scheme for LTE-A Based Vehicular Network [C]//International Conference on Communication Software and Networks. NYC: IEEE, 2017: 595-599.

[42] XU Z, LI X, ZHAO X, et al. DSRC versus 4G-LTE for Connected Vehicle Applications: A Study on Field Experiments of Vehicular Communication Performance [J]. Journal of Advanced Transportation, 2017, 435 (89): 1-10.

[43] 李骁驰. 基于 4G-LTE 与 WAVE 的车联网无线通信平台构建与性能测试 [D]. 西安: 长安大学, 2015.

[44] CHEN S, HU J, SHI Y, et al. LTE-V: A TD-LTE-Based V2X Solution for Future Vehicular Network [J]. IEEE Internet of Things Journal, 2017, 3 (6): 997-1005.

[45] CECCHINI G, BAZZI A, MASINI B M, et al. Performance Comparison Between IEEE 802. 11p and LTE-V2V in-Coverage and out-of-coverage for Cooperative Awareness [C]//IEEE Vehicular Networking Conference. NYC: IEEE, 2017: 109-114.

第5章
智能网联汽车的信息安全测试

5.1 智能网联汽车信息安全概述

随着网络的发展,人们的生产生活逐渐进入物联网时代。物联网是基于互联网、传统电信网等信息承载体,让所有能够被独立寻址的普通物理对象实现互联互通的网络。可以说物联网是继计算机、互联网之后,世界信息产业发展的第三次浪潮。因此,越来越多的行业、企业投入物联网技术的革新中。

随着社会的飞速发展,交通越来越便捷,汽车行业得以飞速发展,这促进了车联网以及智能网联汽车的诞生与蓬勃发展。汽车厂商们通过便捷的互联网为汽车提供更多便利、新颖的功能,从最初的汽车导航、防盗追踪,到现在热门的自动驾驶、远程升级、智能化交通管理等功能,汽车已逐步接入互联网。Juniper Research 的数据显示,到2023年,将有4.75亿辆消费汽车通过远程信息技术或车载应用实现连接,相比于2018年的3.3亿辆有大幅增长。近年来,智能网联汽车被认为是物联网体系中最有产业潜力、市场需求最明确的领域之一,是信息化与工业化深度融合的重要方向,具有应用空间广、产业潜力大、社会效益强的特点,对促进汽车和信息通信产业创新发展,构建汽车和交通服务新模式新业态,推动自动驾驶技术创新和应用,提高交通效率和安全水平具有重要意义。国家发展改革委、中央网信办等11个部委于近期发布《智能汽车创新发展战略》指出,智能汽车已成为全球汽车产业发展的战略方向,发展智能汽车对我国具有重要的战略意义。

不过,汽车通过互联网获取便捷服务的同时,也承担着网络攻击的安全风险。对于网络安全而言,每一个新的服务和功能都会引入额外的风险和入口点。随着联网车辆和智能移动服务的增长,越来越多的网络欺诈和数据泄露事件将给企业和消费者带来危险。黑客们可以通过网络入侵汽车,扰乱车内通信网络,甚至通过解析车内网络通信协议以实现远程控制汽车。2015年,Charlie Miller

与 Chris Valasek 成功远程入侵一辆吉普车，并远程控制汽车的空调、刮水器甚至加速踏板和制动踏板，严重影响了司乘人员的人身安全，致使该公司召回了 140 万辆汽车。2016 年，百度安全员成功入侵 T-BOX，通过劫持 ARM 和 MCU 单片机之间的串口协议数据，修改传输数据实现汽车控制。在过去的 10 年里，汽车网络安全事件的数量一直在急剧增加。仅 2019 年一年，这个数字就翻了一番。随着越来越多的联网车辆上路行驶，每一起事故的潜在损害都在上升，将汽车厂商和消费者置于危险之中。

起初作为封闭系统设计的车载网络，在汽车逐步接入互联网的过程中漏洞百出，而汽车网络安全直接关系到司乘人员的人身安全，因此在汽车车载网络被入侵的同时，也刺激着汽车网络安全的迫切发展。近几年，汽车智能化、网联化逐渐加深，汽车网络安全研究也在国内外得到很大的重视和发展。车载网络包含 CAN、LIN、FlexRay、MOST、以太网等多种网络。其中获安全研究最多的是以太网和 CAN 总线网络两类。

CAN 总线网络是在车内网中使用最广泛的网络，因为其连接着车内多个控制单元，使其往往成为入侵汽车网络的最终目标网络。一旦黑客成功入侵车内的 CAN 网络，即能达到干扰甚至控制汽车的目的。

如今，随着汽车电子的不断发展，车内传感器数量上升，对带宽需求也在不断上升。激光雷达、高清摄像头使用传统总线技术已经不能满足需求。特别是未来的自动驾驶技术的发展，离不开全景摄像头和雷达技术，这给传统车内总线技术带来了挑战。而以太网则可以满足汽车电子的发展。但是由于以太网的电磁特性与汽车内部的传统总线技术相比较有很大劣势，并且传统以太网对实时信息传输的能力较弱，存在延迟和缓冲，其电气特性无法满足智能汽车的需要，直到最近几年才取得突破。

车载以太网是使用以太网连接车内各个电子部件的一种总线通信方式。传统以太网总共使用四对非屏蔽双绞线来传输信号，而车载以太网使用一对非屏蔽双绞线来传输信号，同时满足高带宽、高可靠性、强抗干扰能力、低延迟、高同步性的要求。

近期发布的《智能汽车创新发展战略》指出，增强产业核心竞争力需要推进智能操作系统、车载智能终端、智能计算平台等产品研发与产业化。智能网联汽车作为车联网的边缘节点，是数据采集的源头，是产生大数据的重要来源。操作系统是基础软件的重要组成部分，是国家信息产业发展和信息化建设的重要基础和支撑。车载操作系统不仅是连接车载硬件平台和软件应用程序的基础平台，还是网联技术、人工智能技术的承载平台以及海量车辆产生、汇聚和处理的平台，是支撑汽车"新四化"的平台技术。

随着 V2X 等业务与技术的快速发展，车辆逐渐融入互联互通的网络体系，将同大量的外部设备与系统协同。同时，车辆内部网络结构也越来越复杂，呈现出多种通信协议并存、高带宽应用越来越多的情况,并且车辆内部零部件呈现出多域融合的特性。因此,在零部件软件系统中处于基础地位的车载操作系统也将越来越复杂,代码量越来越大,面临的网络安全风险将更加突出。

综上,针对智能网联汽车的网络安全威胁可以从 CAN 总线网络、车载以太网以及车载操作系统三个层面展开研究,构建多层次成体系的网络安全监控能力。相关研究表明,对网络的安全监控技术中,常用的手段有网络入侵检测和网络入侵防御技术,这些技术也可以应用在智能网联汽车网络中。(国际电信联盟电信标准分局 ITU-T) SG17 工作组主要负责通信安全研究与标准制定工作,其所建立的 Q13 小组负责智慧交通、车联网安全方面的研究工作。该小组所制定的标准也建议在车载网络上使用入侵检测系统来对智能网联汽车的网络安全进行保护。

入侵检测技术源于安全审计技术,通过对系统的活动、用户的行为进行监控,检测试图绕过保护机制的行为、用户身份的跃进以及外部入侵等。入侵检测技术的模型由 Dorothy Denning 提出,目前的检测技术均是基于该模型进行扩展的。

由此可见,入侵检测是通过对审计记录、网络数据包、应用程序记录或者系统中的其他信息进行收集,来识别攻击和威胁。入侵检测系统则是通过收集网络的流量信息、用户节点的通信方式、系统的统计数据、日志报告等内容,来判断网络或系统是否存在异常的行为并以此作为依据进行告警或者入侵处理。

根据不同的分析方式和技术,入侵检测技术通常分为特征检测(误用检测)和异常检测。

1)特征检测(Signature-based Detection)也称作误用检测(Misuse Detection),是假设入侵活动可以用某种模式来表示,通过检测主体活动是否符合这些模式来判断是否是入侵活动。因此,特征检测主要是实现对已知攻击类型的检测。其技术难点在于如何设计模式能够清楚地区分入侵活动和正常活动。

2)异常检测(Anomaly-based Detection)是对主体正常工作模型进行特征提取和建模,通过检测主动活动与正常工作模型是否相同来判断是否为正常活动。这种检测方式有很高的兼容性,可以检测出未知的攻击,这种攻击方式的主要缺点在于容易存在漏报或误报。其技术难点在于如何建立正常工作模型以及如何设计统计算法,从而避免把正常的操作视为"入侵"以及避免忽略真正的"入侵"行为。

根据使用数据源不同又可以将入侵检测进一步细分为基于主机的入侵检测和基于网络的入侵检测。基于主机的入侵检测主要使用操作系统的审计、跟踪日志作为数据源;基于网络的入侵检测则使用网络上传输的原始流量作为数据源。

不管是特征检测还是异常检测,其目的都在于将入侵行为数据和正常数据尽可能正确地分开。当前应用广泛的分类算法都可以应用于入侵检测中,用于将数据区分为正常数据和异常数据。传统的入侵检测方法包括统计分析、预定义规则等。

5.1.1 基于统计分析的入侵检测方法

针对异常检测,该方法首先会初始化一份系统档案。在系统运行过程中,异常检测器不断对当前的系统状态和初始的系统档案进行对比,如果偏离超过阈值就认为是入侵。在一些系统中,当前的系统状态会更新到初始的系统档案中,这样可以让入侵检测系统自适应地学习用户的行为模式。其缺点在于需要依赖大量的已知数据,并且统计分析对于事件发生先后顺序的不敏感也使得系统丢失了事件之间的关联信息。在该方法中,误报与漏报率均严重依赖于阈值的设定。

5.1.2 基于预定义规则的入侵检测方法

将有关入侵的知识转化为规则库,以专家系统为例,其规则为if-then结构,前者为构成入侵的条件,(构成入侵的条件可以是入侵行为特征等),后者为发现入侵后采取的响应措施。该方法对已知的攻击或入侵有较高的检测率,但是对于不在预定规则中的情况则无法检测。该方法同样不能处理数据的前后相关性,另外,规则库往往需要动态更新,这样会导致维护较为困难,更改规则时还需要考虑对规则库中其他规则的影响。

随着人工智能的技术突破,现今的计算技术可从大数据平台中挖掘出有价值的信息,从而为人们在决策制订、任务执行方面提供建议对策与技术支持,将专业分析人员从复杂度高且耗时巨大的工作中解放出来。当今的智能网联汽车每天面临各种安全威胁,无论是恶意链接还是恶意软件的非法操作等,日新月异的攻击手段给用户安全带来了极大的困扰,造成了严重的安全威胁。

5.2 智能网联汽车信息安全威胁分析

智能网联汽车从架构上可分为四个不同的功能区,分别是基本控制功能区,如传感单元、底盘系统等;扩展功能区,如远程信息处理、信息娱乐管理、车体系统等;外部接口,如LTE-V、蓝牙、Wi-Fi等;手机、存储器、各种诊断仪表、云服务等外部功能区。每个功能区对于安全的定义和需求都不相同,这就需要定义合理规范的系统架构,将不同功能区进行隔离,并对不同区域间的信息流转进行严格控制,包括接入身份认证和数据加密,保证信息的安全传输,从而达到智能驾驶功能的高可用性、便利性和保护用户隐私信息的目的。根据分析研究,智能网联汽车系统面临的攻击主要来自两方面——内部攻击和远程攻击。其中，内部攻击主要由智能网联自身缺陷引起，如总线、网关、ECU 等安全程度不够所导致。未来智能网联汽车面临的信息安全威胁将来自云端、通道、终端三个维度。

5.2.1 终端层安全风险

5.2.1.1 T-BOX 安全风险

T-BOX（Telematics BOX）是车载智能终端，主要用于车与车联网服务平台之间通信。T-BOX 的网络安全系数决定了汽车行驶和整个智能交通网络的安全，是车联网发展的核心技术之一。恶意攻击者通过分析固件内部代码能够轻易获取加密方法和密钥，可实现对消息会话内容的破解。T-BOX 的安全风险主要有两类：一是来自固件逆向，攻击者通过逆向分析 T-BOX 固件，获取加密算法和密钥，从而解密通信协议，用于窃听或伪造指令；二是对信息的窃取，攻击者通过 T-BOX 预留调试接口读取内部数据用于攻击分析，或者通过对通信端口的数据抓包获取用户通信数据。

5.2.1.2 IVI 安全风险

车载信息娱乐系统（In-Vehicle Infotainment，IVI）是基于车身总线系统和互联网形成的车载综合信息处理系统，可实现三维导航、实时路况、辅助驾驶、故障检测、车身控制、移动办公、无线通信、在线娱乐等功能。IVI 的安全风险在于：IVI 具有附属功能众多、集成度高的特点，其攻击面大、风险多，所有接口都有可能成为黑客攻击的节点。

5.2.1.3 终端升级安全风险

智能网联汽车如不及时升级更新，就会由于潜在安全漏洞而遭受各方面（如 4G、USB、SD 卡、OBD 等渠道）的恶意攻击，导致车主个人隐私泄露、车载软件及数据被窃取或车辆控制系统遭受恶意攻击等安全问题。为具有联网功能的设备以按需、易扩展的方式获取系统升级包，并通过空中下载技术（OTA）进行云端升级，完成系统修复和优化的功能，现已成为车联网进行自身安全防护能力提升的必备功能。OTA 安全风险在于：在升级过程中修改升级包控制系统，或者在升级传输过程中升级包被劫持而遭到中间人攻击，或者是在升级过程中，因云端服务器被攻击而使 OTA 成为恶意软件源头。另外，OTA 升级包还存在被提取控制系统、获取设备超级管理权限（root 设备）等隐患。

5.2.1.4 车载 OS 安全风险

车载计算机系统常采用嵌入式 Linux、QNX、Android 等作为操作系统，其代码庞大且存在不同程度的安全漏洞，且车联网应用系统复杂多样，某一种特定的安全技术不能完全解决应用系统的所有安全问题。而智能终端还存在被入侵、控制的风险。车用操作系统主要面临启动攻击、虚拟化软件层网络安全威胁、开源操作系统网络安全威胁 3 类风险。

(1) 启动攻击

启动攻击主要涉及：①冷启动攻击；②系统镜像存储在未保护的 Flash 中容易被修改或替换，或实现 Rootkit 攻击；③旁路当前引导方式，从不可信设备引导（USB 设备或网络）。

(2) 虚拟化软件层网络安全威胁

虚拟化软件层的信息安全威胁主要包括拒绝服务、特权提升和信息泄露，攻击面来自 Hypercall、MMIO 和设备仿真、半虚拟化和 side-channels。攻击者可以通过虚拟化逃逸、虚拟机跃迁、虚拟机镜像修改、隐藏通道、资源掠夺、虚拟网络流等虚拟机监视程序（VMM）基础设施进行入侵。

(3) 开源操作系统网络安全威胁

开源操作系统的网络安全威胁主要来自内核缺陷、权限机制缺陷和宏内核架构等。

1）内核缺陷：Linux 内核中存在大量的缺陷，Coverity 公司发布报告称仅 2013 年就在 Linux 内核（版本 3.12）上发现新的安全缺陷共计 3299 个。

根据统计，Linux 驱动程序代码缺陷的出现频度（以平均每万行代码存在的缺陷数计）是 Linux 内核其他部分代码的 3 倍。攻击者可以利用内核缺陷来实现修改内核内存空间内容的目的，从而绕开内核安全机制。例如，Linux 内核的 Futex 漏洞（CVE-2014-3153）、本地提权漏洞（CVE-2015-3636）等可以利用内核代码存在的漏洞进行 root 提权。

2）权限机制缺陷：Linux 内核贯彻一切皆文件的设计理念（数据、文件系统、设备、进程间通信机制、网络通信能力）。Linux 的权限管理施加于文件之上，root 用户拥有对一切文件的一切权利。获取 root 权限，相当于完全控制了整个操作系统，甚至可以损害设备硬件。

3）宏内核架构：内核提供了机制动态加载设备驱动程序及扩展功能模块，加载后的代码运行在内核态。设备驱动程序一般包含中断处理和任务队列处理，一旦这两类内核线程出现程序缺陷，将可能导致内核崩溃。通过动态加载机制，可以修改 OS 服务或者注入非法模块。

5.2.1.5 移动终端安全风险

对于没有进行保护的 App 进行逆向分析挖掘，可直接看到（远程服务提供商 TSP）的接口、参数等信息。智能网联汽车普遍配套移动终端，用于实现与智能汽车、车联网服务平台的交互。当前，针对移动终端的安全分析和网络攻防技术已相对成熟，成为车联网网络攻击事件日益多发的诱因。一方面，移动 App 已成为当前车联网的标配，但由于车联网的移动 App 易于获取，攻击者可以通过对应用进行调试或者反编译，破解通信密钥或者分析通信协议，并借助车联网的远程锁定、开启天窗等远程控制功能来干扰用户的使用。另一方面，移动智能终端系统存在的安全风险也间接影响着车联网的安全。攻击者可以通过 Wi-Fi、蓝牙等无线通信方式直接连接车载娱乐系统，对 IVI 操作系统进行攻击，并通过渗透攻击智能网联汽车的控制部件。此外，移动 App 可能存储有车联网云平台的账户、密码等信息，攻击者可由此获取账户密码，通过云平台来影响联网汽车的安全。

5.2.2 传输通道安全风险

5.2.2.1 车载自动诊断系统接口

车载自动诊断系统（OBD）接口是智能网联汽车外部设备接入 CAN 总线的重要接口，可下发诊断指令与总线进行交互，完成车辆故障诊断、控制指令收发。在智能网联汽车内部都会有十几到几十个不等的 ECU，不同 ECU 控制不同的模块。OBD 接口作为总线上的一个节点，不仅能监听总线上的消息，而且还能伪造消息（如传感器消息）来欺骗 ECU，从而达到改变汽车行为状态的目的。OBD 接口风险在于：攻击者可借助 OBD 接口破解总线控制协议，从而解析 ECU 控制指令，为后续攻击提供帮助。而且，OBD 接口接入的外接设备可能存在攻击代码，接入后容易将安全风险引入汽车总线网络中，对汽车总线控制带来威胁。另外，OBD 接口没有鉴权与认证机制，无法识别恶意消息和攻击报文。

5.2.2.2 车内无线传感器安全风险

传感器存在通信信息被窃听、被中断、被注入等潜在威胁，甚至通过干扰传感器通信设备还会造成无人驾驶汽车偏行、紧急停车等危险动作。

5.2.2.3 车内网络传输安全风险

汽车内部相对封闭的网络环境看似安全，但其中存在很多可被攻击的安全缺口，如胎压监测系统、Wi-Fi、蓝牙等短距离通信设备等。CAN 总线是目前汽车使用最广泛的总线方式，其在数据的机密性、真实性、有效性、完整性和不可否认性等方面存在风险：一是在机密性方面，每个在 CAN 总线上传输的消息都是以广播方式传送至每一个节点，恶意节点很容易在总线上监听每个帧的内容；二是在真实性方面，CAN 总线不包括认证发送者的域，任意节点都能发送消息；三是在有效性方面，由于 CAN 总线的仲裁规则，攻击者可能在总线上进行拒绝服务攻击；四是在完整性方面，CAN 总线使用循环冗余校验来验证消息是否因为传输错误而被修改，但不足以完全避免攻击者修改正确消息和伪造错误消息；五是在不可否认性方面，目前没有办法让一个正常的汽车电子控制单元来证明是否发出或接收过某个消息。

5.2.2.4 汽车电子控制单元安全风险

汽车电子控制单元（ECU）被称为"汽车大脑"，是汽车微机控制器，主要安全风险体现在：一是 ECU 可能存在漏洞，如芯片和固件应用程序可能存在安全漏洞，易受到拒绝服务攻击，从而影响汽车功能的正常响应，同时 ECU 更新程序的漏洞也会导致系统固件被改写，如美国曾发生利用 ECU 调试权限修改固件程序解锁盗窃车辆的案件;二是 ECU 部署中存在安全隐患,如 ECU 之间因缺乏隔离而容易成为黑客攻击的入口。

5.2.2.5 网络传输安全风险

"车-X"(人、车、路、互联网等)通过 Wi-Fi、移动通信网(2.5G/3G/4G 等)、DSRC 等无线通信手段与其他车辆、交通专网、互联网等进行连接。网络传输安全威胁指车联网终端与网络中心的双向数据传输安全威胁。车联网通信网络安全主要包括车载蜂窝通信网络 4G/5G、LTE-V2X 和 802.11p 无线直连通信网络等安全。其风险包括:一是资源授权受限,恶意节点可能同时请求占用无线资源,从而导致合法的车辆节点无法进行通信;二是通信环境安全威胁,通过控制环境信息,向车辆节点或行人节点发送错误的 V2X 消息,或者通过控制 V2X 实体上的数据处理使 V2X 实体发送错误的 V2X 消息,误导周边的 V2X 实体做出错误的行为,进而可能发生交通事故。此外,无线直连 V2X 通信网络还存在其他的安全隐患,如以车际通信为例,不仅涉及无线通信领域的信号窃取、信号干扰等固有问题,也不能忽视恶意行为人对车间通信的安全性影响。

5.2.3 云平台安全威胁

目前大部分车联网数据使用分布式技术进行存储,主要面临的安全威胁包括黑客对数据恶意窃取和修改、敏感数据被非法访问。车联网信息服务平台是提供车辆管理与信息内容服务的云端平台,负责车辆及相关设备信息的汇聚、计算、监控和管理,提供智能交通管控、远程诊断、电子呼叫中心、道路救援等车辆管理服务,以及天气预报、信息资讯等内容服务。其安全风险主要表现在:一是服务平台面临传统的云平台安全问题,在平台层和应用层都可能存在安全漏洞,使得攻击者利用 Web 漏洞、数据库漏洞、接口 API 安全注入漏洞等攻击云平台、窃取敏感信息以及面临拒绝服务攻击等问题;二是车联网管理平台公网暴露问题,当前普遍采用车机编码或固定凭证等认证方式与车辆通信,安全认证机制较弱。

5.3 智能网联汽车信息安全关键技术

5.3.1 汽车安全技术

(1) 汽车总线安全技术

目前,主要通过安全加密、异常检测和安全域划分等技术来保证 CAN 总线安全。具体而言:一是安全加密,通过 CAN 总线加密来避免消息被没有解密密钥的节点读取帧内容,但存在的问题是足够有效的加密解密算法需要一定的计算能力,非常消耗时间和资源,对于车辆这种实时系统难以直接应用,现有解决办法是，在 ECU 中增加硬件安全模块，使车内以密文通信；二是异常探测，旨在监控 ECU 之间的数据传输来保证其合理性，异常探测常见的方案包括使用模块探测、使用二进制污染工具来标注数、建立一个系统实现每条总线上的每个帧 ID 对应一个 ECU，以及部署使用入侵检测系统等；三是安全域划分，即为车内所有 CAN 子网设置中心网关，将汽车内网划分为动力、舒适娱乐、故障诊断等不同的安全域，将高危要素集中到独立的"局域安全总线"，定义清晰的安全域边界，并在边界部署安全措施，通过安全网关保障动力总线与其他区域的安全通信。

（2）ECU 安全技术

对于 ECU 的安全，主要有通过软件和硬件两种方式来提升安全等级。在硬件安全方面，通过增加硬件安全模块，将加密算法、访问控制、完整性检查等功能嵌入 ECU 控制系统，以加强 ECU 的安全性，提升安全级别，具体可包括安全引导、安全调试、安全通信、安全存储、完整性监测、信道防护、硬件快速加密、设备识别、消息认证、执行隔离等功能。在软件安全方面，软件安全防护主要保护 ECU 软件的完整性，保证汽车关键软件不被攻击所影响。

（3）可信操作系统安全

为防止永恒之蓝等类似安全事件在车载系统上发生，需要建立可信车载操作系统。操作系统安全的核心目标是实现操作系统对系统资源调用的监控、保护、提醒，确保涉及安全的系统行为总是处于受控状态下。除收集所选操作系统版本的已知漏洞列表外，还应定期更新漏洞列表，同时确保第一时间发现、解决并更新所有的已知漏洞。同时，为保证操作系统的健壮性，要保证操作系统源代码安全，可通过对操作系统源代码静态审计，快速发现代码的潜在缺陷以及安全漏洞，及时修正缺陷和漏洞。此外，还需要加强操作系统的自身升级更新的受控性，以及确保操作系统中所有文件、通信、数据之间交互行为的可控和客观，监控全部应用、进程对所有资源的访问并进行必要的访问控制。

（4）OTA 安全技术

智能网联汽车在升级过程中需要建立安全升级机制，可通过数字签名和认证机制等确保增量升级包的完整性和合法性，同时按照时间、地区、设备数量等信息动态调整升级策略。在增量升级包传输过程中，通过通信加密保证整个升级包的传输安全，避免升级包被截获或者遭受中间人攻击等导致升级失败。另外，在 ECU 升级过程中，还应进行安全监控，以监控升级进程，确保 ECU 升级后能够正常工作。同时需要具备相应的固件回滚机制，保证即使升级失败后 ECU 也可恢复到原来状态。车载终端对更新请求应具备自我检查能力，车载操作系统在更新时，应对设备端合法性进行认证。车载操作系统在更新自身分区时，或向其他设备传输更新文件和更新命令时，要能够及时声明自己身份和权限。同时,升级操作应能正确验证服务器身份,识别出伪造服务器,或者高风险链接链路。升级包在传输过程中,应借助报文签名和加密等措施防修改、防伪造。

5.3.2 移动终端安全技术

车联网移动终端的安全防护,应注重内部加固和外部防御相结合,重点加强 App 防护和数据安全保护。一是关注应用软件安全防护,保证终端应用软件在运行中的安全,防止黑客的入侵,确保终端应用业务流的安全,尽快部署安全加固软件,以有效降低安全更新服务所带来的重大安全风险。二是加强操作系统安全防护,对终端进行各种操作的审计和管控,采取如软件管理、白名单技术等安全机制,进行终端操作系统漏洞检测,以实施终端恶意代码防护;采取恶意代码采集、查杀和防御技术,进行终端操作系统安全加固。三是加强硬件芯片安全防护,采取终端硬件芯片可信技术,确保可信根不能被非授权使用;同时,进行终端硬件的虚拟化,以降低终端硬件带来的风险,实现容灾备份与快速恢复。

5.3.3 通信网络安全技术

车联网的通信场景具有联网汽车高速移动、网络种类多样、网络拓扑结构复杂等特点。在网络传输安全方面,一是要采取网络加密技术,进行网络协议加密、网络接口层加密,在网络加密结构设计中采取密码体系并选用合适密钥;二是要建设可信的通信环境,通过建设可信平台环境,为通信传输安全提供保证,从根本上阻止网络攻击,提高数据传输可信度,并在传输网络中配置防火墙以保证传输信息可信;三是基于分级保护设计和实施相应技术方案,加强内部控制和安全保密管理,采取传输信息安全保护策略。

在通信网络边界安全方面,可采取三类车联网网络边界安全技术。一是分段隔离技术,不同网段(车内网、车车通信、车云通信等)实施边界控制(如白名单、数据流向、数据内容等),对车辆控制总线相关的数据进行安全控制和安全监测,对关键网络边界设备进行边界防护,如对中央网关等设备部署入侵检测系统等。二是鉴权认证技术,对接入车联网的终端设备(接入汽车的外部设备、移动终端设备等),加强鉴权认证,确保设备可信,避免未经认证的设备接入网络。三是车云通信双向认证技术,在车云通信场景下,除了采取安全接入方式,还应针对业务内容,划分不同的安全通信子系统,对关键业务系统采取认证机制,实现车、云的双向认证,确保访问的合法性。

5.3.4 信息服务平台安全技术

当前车联网信息服务平台均采用云计算技术,平台功能逐步强化。对智能网联汽车安全管理的强化措施可包括：一是设立云端安全检测服务，通过分析云端交互数据及车端日志数据，检测车载终端是否存在异常行为以及隐私数据是否泄露；二是完善远程 OTA 更新功能，加强更新校验和签名认证，适配固件更新（FOTA）和软件更新（SOTA），在发现安全漏洞时快速更新系统，大幅降低召回成本和漏洞的暴露时间；三是建立车联网证书管理机制，用于智能网联汽车和用户身份验证，为用户加密密钥和登录凭证提供安全管理；四是开展威胁情报共享，在整车厂商、信息服务提供商及政府机构之间进行安全信息共享，并进行软件升级和漏洞修复。

5.3.5　数据安全保护技术

5.3.5.1　数据分类

基于数据分类分级保护需求，建立车联网数据保护安全规范。与车联网信息服务相关的数据信息，按照数据的属性或特征可以分为五大类：属性类数据、行为类数据、车况类数据、环境类数据和用户个人数据。其中，属性类数据是指车联网信息服务相关主体的属性数据信息，可细分为车辆属性数据和移动终端属性数据两类。行为类数据是指与车辆驾驶行为、操控行为等相关的数据，细分为车辆行为数据、操控行为数据两类。车况类数据是指与车辆运行状态相关的数据，包括但不限于动力系统、底盘系统、车身系统、舒适系统、电子电气等相关的数据。环境类数据主要是与车辆所处环境相关的数据，可细分为车辆外部环境数据、车辆内部环境数据两类。用户个人数据是指车联网信息服务过程中所采集、使用和（或）产生的用户相关数据信息，包含用户基本信息、车辆及车主信息、个人位置信息、身份鉴权信息、个人生物识别信息、通信交互信息、金融支付信息、日志记录信息和其他信息等。

5.3.5.2　数据安全等级划分

在进行数据安全等级划分之前，应先将数据进行重要性分级。依据车联网信息服务数据的安全目标、车联网数据的重要性，以及可能发生的安全事件的影响范围和严重程度，对车联网信息服务相关的数据进行分级，并按照数据的分类分级实施安全保护。可将车联网信息服务数据划分为一般数据、重要数据和敏感数据，并分为基本级和增强级两个等级进行安全防护。基本级规定车联网信息服务数据安全保护的基本技术要求，包含基本级应支持的安全能力集合，车联网信息服务的一般数据将按照基本级要求实施保护。增强级规定在车联网信息服务数据安全保护应满足基本级要求以外，还应满足增强类安全技术要求，包含增强级应支持的安全能力集合，车联网信息服务的重要数据和敏感数据将按增强级实施安全保护。

5.4 智能网联汽车信息安全测试方法

为满足智能网联汽车发展的需求，国内外相继制定了一系列的信息安全标准法规，但联合国 WP.29 及 ISO 21434 等标准中均未提出明确的整车信息安全测试用例，仅明确了适用整车的信息安全风险评估方案，并列出了部分共性威胁点。整车生产企业开展整车信息安全测评时，需要根据车辆情况，依照 ISO 21434 中提供的信息安全风险评估方案，编制具体的测评流程并开展测试评价，但不同厂家的产品间缺少统一的评价方案。

5.4.1 符合性测试

在整车设计开发中，应选取合适的防护措施来满足概念设计阶段提出的方针和信息安全功能要求。通常来说，概念设计阶段会对安全审计、通信、密码支持、用户数据保护、标识和鉴别、安全管理、隐私、TSF 保护、资源利用、TOE 访问、可信路径/信道中的全部或部分类别提出要求，并选用合适的保障组件来满足信息安全功能需求。防护方案就是要对这些保障措施进行验证和评价。验证可以开发文档审查、测试、脆弱性分析等多种形式展开。

5.4.2 渗透测试

渗透测试的结果是汽车信息安全水平最直观的体现。对于汽车而言，从网络架构、ECU、无线电、T-BOX、IVI、云平台、App 七个方面对汽车产品进行渗透测试是保证汽车信息安全水平的重要手段。汽车产品渗透测试项目涵盖了硬件安全、软件安全、通信安全、数据安全等多个方向，可以较全面地体现汽车信息安全水平。

5.5 智能网联汽车信息安全评价方法

智能网联汽车信息安全评价包含信息安全管理体系的审核和车辆测试结果的评价两个部分，其中体系审核属于质量管理体系层面，本书不做论述。测试结果评价是对整车的信息安全水平进行综合评价，是依据各评价要素的权重分配，综合判定智能网联汽车信息安全的质量体系。

5.5.1 赋权方法调查

常用的权重分配方式有主观赋权法、客观赋权法、主客观综合赋权法，这三种方式的特点见表 5-1。

表 5-1 赋权方法特点对比

类　　别	具体方法	优　　点	缺　　点
主观赋权法	专家调查法 二项系数法 环比评分法 最小平方法	较为成熟的方法。充分利用专家的知识经验，属性权重与属性实际重要程度符合度较高	决策或评价结果具有较强的主观随意性，决策分析者的负担较重，应用中有很大局限性
客观赋权法	主成分分析法 熵值法 离差及均方差法 多目标规划法	客观性强，且不增加决策者的负担，方法具有较强的数学理论依据	确定的权重可能与实际情况不一致；通用性较差，计算方法繁琐
主客观综合赋权法	层次分析法 乘法集成法 加法集成法	最大限度地减少信息的损失，使赋权的结果尽可能与实际结果接近	层次分析法的分层数量受限。其他两个方法的数学推导过于烦琐，应用性差

5.5.2　层次分析法基本原理

层次分析法是美国匹兹堡大学教授 T. LSaaty 于 20 世纪 70 年代提出的一种系统分析方法。它是一种模拟人的决策思维过程的综合的定性与定量分析方法，适用于解决包含多个要素的复杂系统，特别是难以定量描述的多指标系统。它采用一种有序的递阶层次结构来表示一个复杂的问题，通过人的判断对决策方案的优劣进行排序，是一种系统、实用和简洁的综合赋权方法。

层次分析法根据多目标决策问题的性质和总目标建立一个由下而上的递阶层次结构。层次结构包括目标层、准则层和方案层。目标层是最高层，准则层描述约束条件，方案层是对不同问题的多种表达方式。

对于每个上层要素，将其下层要素的重要性进行两两比较，形成判断矩阵。该判断矩阵的最大特征值对应的特征向量就是该层次结构中每个要素的重要性权重排序。

假设将上层元素作为准则，记为 A_k，下层元素记为 $\{B_1, B_2, \cdots, B_n\}$。我们的目标是在准则 A_k 下按照其下各要素的相对重要程度赋予 $\{B_1, B_2, \cdots, B_n\}$ 相应的权重。

测试结果是以漏洞的形式体现的。需要为漏洞的严重程度制订评价方法。本文基于 SAE J3061 汽车安全指南、EVITA 威胁严重性分类模型、HEAVENS 模型、CVSS 通用漏洞评级系统，建立汽车漏洞评分系统（Vehicle Vulnerability Scoring System，VVSS）。

VVSS 建立在一系列的影响因子上，这些因子分为三类：场景参数、威胁参数、影响参数。

1) 场景参数。场景参数表征发动攻击前，对要利用的漏洞相关技术的掌握情况、对影响车辆的范围及状态进行描述的相关要素，包括技术掌握、攻击区域及车辆工况三类因子。

2) 威胁参数。威胁参数指成功利用漏洞发起攻击的相关因子，分为知识技能、窗口、攻击范围及设备四类因子。

3) 影响参数。影响参数是表征对汽车发动攻击后产生危害的相关因数，分为财产、人身安全、隐私、操作、危害持续时间、公共安全及法规六类因子。

影响因子根据程度的不同，有不同的分值，根据计算公式得出三类因子总的分值并确定漏洞的严重程度，可分为低危漏洞、中危漏洞、高危漏洞和严重漏洞。

5.6 本章小结

汽车的联网把汽车变成一个特殊的互联网节点，其好坏不仅仅关系到产品的使用体验，更关系到交通参与者的人身安全。现在国家层面在网络安全方面的宣传工作做得很丰富，消费者也开始关心汽车相关的信息安全。

本章对智能网联汽车的信息安全现状、关键技术、主要安全风险及测试评价方法进行了介绍，可以看出汽车的信息安全不是单一节点就能解决的，这需要整个汽车行业构建一个汽车信息安全生态圈，搭建一系列的汽车信息安全基础支撑平台来保障汽车在全生命周期的信息安全。这就要求行业在基础认知、人才培养和网络安全资源方面都要有所配置。另外，汽车网络安全不仅需要汽车行业共同推进，还需要互联网、通信行业共同推进，也需要把这个全生命周期从汽车的生命周期扩展到系统、芯片级的生命周期，即生态圈和生命周期都是一个立体式方式网络。网络越密集，信息安全保障能力越强。

综上，信息安全测试评价技术是信息安全网络的核心，也是进行态势感知和应急响应的基础，通过标准符合性测试和渗透测试能不断提升汽车信息安全。

参 考 文 献

[1] 全国信息安全标准化技术委员会. 信息安全技术 信息系统通用安全技术要求：GB/T 20271—2006 [S]. 北京：中国标准出版社，2006.

[2] 全国信息安全标准化技术委员会（SAC/TC 260）. 信息安全技术 网络安全等级保护测试评估技术指南：GB/T 36627—2018 [S]. 北京：中国标准出版社，2018.

[3] 中国国家标准化管理委员会. 电动汽车远程服务与管理系统技术规范：GB/T 32960—2016 [S]. 北京：中国标准出版社，2016.

［4］车载信息服务产业应用联盟. 车联网网络安全防护指南细则［Z］. 2017.
［5］全国信息安全标准化技术委员会（SAC/TC 260）. 信息安全技术 汽车电子系统网络安全指南：GB/T 38628—2020［S］. 北京：中国标准出版社，2020.
［6］OWASP. OWASP_Testing_Guide_v3［Z］. 2008.
［7］OWASP. OWASP_Top_10_2013_ V2.0［Z］. 2013.
［8］OWASP. OWASP_Top_10_2017_ V3.0［Z］. 2017.

第 6 章
智能网联汽车的功能安全测试

安全是未来汽车发展的关键问题之一，在驾驶辅助和动力驱动领域、车辆动态控制和主被动安全系统领域，新的功能越来越多地触及系统安全工程领域。这些功能的开发和集成将强化对相关系统开发流程的需求，并且要求提供满足所有合理的系统安全目标的证明。随着汽车智能化程度越来越高，智能网联汽车越来越普及，汽车上应用的技术日益复杂，软件和机电一体化应用不断增加，来自系统性失效和随机硬件失效的风险逐渐增加。基于国际标准 ISO 26262：2011（现已更新为 2018 版）所制定的 GB/T 34590—2017《道路车辆　功能安全》，通过提供适当的要求和流程来避免风险，该标准适用于道路车辆上特定的由电子、电气和软件组成的安全相关系统在生命周期内的所有活动。

功能安全的定义是指不存在由电子电气系统的功能异常表现引起的危害而导致不合理的风险。智能网联汽车拥有大量的辅助驾驶，甚至自动驾驶功能，非机械结构在车辆运行中所占的比重越来越大，功能安全是智能网联汽车量产的最基本保障。GB/T 34590—2017 中的功能安全开发流程如图 6-1 所示，本章

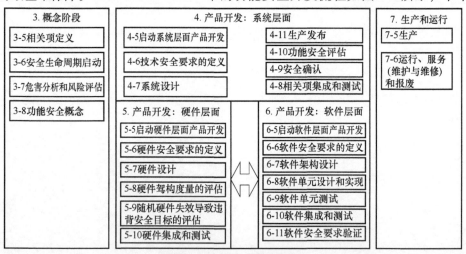

图 6-1　功能安全开发流程

将主要从功能安全概念阶段和整车层面的测试方面,以车道自动保持系统(ALKS)为例,对智能网联汽车的功能安全测试进行介绍。

6.1 功能安全概念阶段

6.1.1 相关项定义

功能安全中需首先确定研究对象——相关项定义。其目的是定义并描述相关项及其与环境和其他相关项的依赖性和相互影响,并为充分理解相关项提供支持,以便执行后续阶段的活动。相关项定义包括功能的定义、运行条件、环境约束以及对其他系统、车辆的依赖性和交互等内容。

6.1.2 危害分析和风险评估

根据相关项定义,可以进行危害分析和风险评估(Hazard Analysis and Risk Assessment,HARA)。其目的是识别相关项中因故障而引起的危害并对危害进行归类,制订防止危害事件发生或减轻危害程度的安全目标,以避免不合理的风险。

1. HARA 分析概述

HARA 分析是对功能故障进行识别并对其产生的危害进行分类,从而决定相应的功能安全目标并以此制订相应的措施来避免不合理的危害。危害事件应由运行场景和危害的相关组合确定:首先应对相关项的故障行为导致一个危害事件发生时所处的运行场景及运行模式进行描述,然后通过使用足够的技术手段系统地确定危害,以能在整车层面观察到的条件或行为来定义危害。危害识别的方法主要有故障树分析法(Fault Tree Analysis,FTA)、失效模式和影响分析(Failure Mode and Effect Analysis,FMEA)、危险与可操作性分析(Hazard and Operability Study,HAZOP)等,其中 HAZOP 分析法是目前评估最有效的分析方案。

2. ASIL 等级和安全目标

在进行 HARA 分析后,需要制订被称作汽车安全完整性等级(Automotive Safety Integrity Level,ASIL)的安全目标。按照这一标准,导入为实现安全目标所必要的安全技术和对策。

对于每一个危害事件,应基于确定的理由来预估潜在伤害的严重度等级(S)、暴露概率等级(E)和可控性等级(C),见表 6-1~表 6-3。

表 6-1 严重度等级

等级	S0	S1	S2	S3
描述	无伤害	轻度和中度伤害	严重的和危及生命的伤害(有存活的可能)	危及生命的伤害(存活不确定),致命的伤害

表 6-2　暴露概率等级

等级	E0	E1	E2	E3	E4
描述	不可能	非常低的概率	低概率	中等概率	高概率

表 6-3　可控性等级

等级	C0	C1	C2	C3
描述	可控	简单可控	一般可控	难以控制或不可控

每一个危害事件的 ASIL 等级应根据表 6-4 使用上述三个参数确定。

表 6-4　ASIL 等级的确定

严重度等级	暴露概率等级	可控性等级		
		C1	C2	C3
S1	E1	QM	QM	QM
	E2	QM	QM	QM
	E3	QM	QM	A
	E4	QM	A	B
S2	E1	QM	QM	QM
	E2	QM	QM	A
	E3	QM	A	B
	E4	A	B	C
S3	E1	QM	QM	A
	E2	QM	A	B
	E3	A	B	C
	E4	B	C	D

ASIL 等级分为 A、B、C、D 以及 QM，A 的安全等级最低，D 的安全等级最高，QM 则属于质量管理的范畴，而非功能安全。

3. 功能安全目标

安全目标是根据 HARA 分析得出的顶层安全要求，是针对驾驶员能感知到的危害故障（驾驶员或整车级），从管理人员的角度为避免危害的描述。GB/T 34590—2017《道路车辆　功能安全》的目标是提供一个没有"不合理风险"的系统，在该背景下，可以减轻不合理风险，但并不意味着该系统是无风险的，而是其残留风险被行业标准视为可以接受。

6.1.3　功能安全概念

功能安全概念的目的是从安全目标中得出功能安全要求，并将其分配给相关项的初步架构要素或外部措施，需要明确功能安全状态和功能安全需求。

6.2 ALKS 的功能安全分析

6.2.1 相关项定义

1. 功能描述

整车级功能需求：将车辆保持在车道中央。

2. 非功能性要求

（1）约束限制

1）环境要求：路面具有清晰车道线；无电磁场干扰（影响传感器性能）。

2）天气条件：大雨、下雪等恶劣天气条件会影响传感器的探测性能（无法探测或探测到的时间过晚），导致系统性能下降。

3）光照条件：夜晚或光照条件差，会影响传感器对行人的识别能力。

（2）运行条件

1）驾驶员处于正常驾驶状态，需要对如何驾驶以及如何避免危险情况发生最终负责，驾驶员不能过分依赖该系统的帮助，仍需保持注意力随时介入，并在最佳时刻提供制动，保证驾驶安全。

2）传感器能够识别到车辆、障碍物、行人等周边环境相关信息。

3. 系统要素

1）输入信号：纵向速度、横摆角速度、转向角。

2）实现方式：通过发送转向力矩给 EPS 进行横向控制，将车辆纠偏至车道中央。

3）相关项架构见表 6-5。

表 6-5 ALKS 相关项架构

项 目	内 容	信 号
感知端	环境信息、摄像头、转向盘、EPS 电机、驾驶员	车道线信息、转向力矩、EPS 电机实际力矩
决策端	ALKS 控制系统	发出期望力矩
执行端	EPS 控制器、EPS 电机	EPS 执行转向力矩

6.2.2 HARA 分析

通过 HAZOP 分析确定了五种 ALKS 可能产生的潜在危害，见表 6-6。

表 6-6 ALKS 的潜在危害

风险	潜在危害	危害描述
H1	横向调整不足导致车道偏离	ALKS 工作时无法提供足够的横向控制，从而使车辆偏离车道
H2	横向调整过度导致车道偏离	ALKS 工作时对车辆进行过度校正，从而使车辆偏离车道
H3	ALKS 意外断开	ALKS 意外断开（未事先通知驾驶员），不再能够提供横向控制
H4	驾驶员与 ALKS 间转换不当	驾驶员和 ALKS 之间的横向控制责任协调不当，其危险可能包括： 1. 没有为驾驶员提供足够的过渡时间（L2 或 L3 级自动驾驶车辆） 2. ALKS 无法按要求暂停或脱离接合
H5	ALKS 阻碍其他车辆系统	ALKS 由于无法脱离或未能实现横向定位请求（如来自上级控制器的请求）而干扰了其他车辆系统的运行

对第一种潜在危害（H1）进行 ASIL 等级分析，得到的结果见表 6-7。需要注意的是，在不同的运行工况（如行驶速度、运行环境等）下，会得到不同的风险等级。

表 6-7 H1 的 ASIL 等级

潜在危害	横向调整不足导致车道偏离		
运行工况	L2 级别自动驾驶（无人参与） 在有隔离带的高速公路上高速行驶（100~120km/h）		
ASIL 分析	严重度	S3	危及生命的伤害（存活不确定）或致命的伤害
	暴露概率	E4	高概率
	可控性	C3	难以控制或不可控
ASIL 等级	ASIL D		

对其余集中危害情况进行类似的分析，结果见表 6-8。

表 6-8 不同自动驾驶等级下 ALKS 各项潜在危害的风险等级

潜在危害	L1	L2（有人参与）	L2（无人参与）	L3 及以上
H1	ASIL B	ASIL B	ASIL D	ASIL D
H2	ASIL D	ASIL D	ASIL D	ASIL D
H3	ASIL B	ASIL B	ASIL D	ASIL D
H4	ASIL B	ASIL B	ASIL D	ASIL D
H5	ASIL B	ASIL B	ASIL D	ASIL D

6.2.3　安全目标

安全目标是根据 HARA 分析得出的顶层安全要求。基于前文中所确定的 ALKS 各项潜在危害及其相应的 ASIL 等级，在不同自动驾驶等级下确定了安全目标（表 6-9）。

表 6-9　ALKS 安全目标

级别	安全目标	L1	L2（有人）	L2（无人）	L3 及以上
SG1	当 ALKS 接合时，防止横向调整不足导致的车道偏离	ASIL B	ASIL B	ASIL D	ASIL D
SG2	当 ALKS 接合时，防止过度横向调整导致的车道偏离	ASIL D	ASIL D	ASIL D	ASIL D
SG3	防止 ALKS 意外失效	ASIL B	ASIL B	ASIL D	ASIL D
SG4	确保驾驶员和 ALKS 之间进行正确的控制转换	ASIL B	ASIL B	ASIL D	ASIL D
SG5	确保 ALKS 与其他车辆系统或功能协调运行	ASIL B	ASIL B	ASIL D	ASIL D

6.3　ALKS 的功能安全测试准备

6.3.1　测试内容和目的

ALKS 功能安全确认测试主要包括两个方面的内容：

1. 确认 ALKS 的功能实现

对 ALKS 的功能进行确认测试，根据设计要求，确认系统在其设计运行域（ODD）内及超出其运行域时，能够按照要求进行工作。

2. 确认 ALKS 的功能安全实现

根据危害分析和风险评估的结果，通过故障注入的方式测试 ALKS 在故障情况是否能够保证功能安全目标的实现。

上述两方面内容可以通俗地理解为正向测试和反向测试,在本章中,将主要进行 ALKS 功能安全测试,即反向测试(故障注入测试)的研究。

6.3.2 测试准备

1. 测试设备

测试设备要保证测试的实施,满足对被测车辆标定、配置及测试过程数据的监控及存储的要求。测试设备至少应实现如下功能:

1)测试数据的监控及存储,包括被测车辆速度、位置、时间、故障、制动及障碍物等信息。

2)被测车辆的标定及配置,包括对被测车辆功能的关闭及开启、对某些数据的标定修改等。

3)被测车辆故障注入,通过数据标定或物理破坏的方式进行故障注入。

测试设备的适用范围、精度、频率等要求,可参考 CNCAP 标准相关要求。

2. 被测车辆准备

1)车辆寿命要求:应该尽量考虑到寿命因素对车辆的影响,被测车辆可采用处于寿命阶段前期、中期及后期阶段各一辆。

2)整车载重要求:车辆载荷处于允许最大载荷或典型载荷情况,具体可参考 CNCAP 标准相关要求。

3)转向系统要求:转向系统应满足车辆转向系统规格说明书,具体属性可参考 CNCAP 标准相关要求;在测试前,应对转向系统做调试,确保其是符合转向系统规格要求的。

4)ALKS 抑制条件处理:对 ALKS 进行抑制的相关系统状态或故障进行检查,确定 ALKS 满足开启条件。

6.4 ALKS 的功能安全测试

6.4.1 测试场景

安全目标 1 中规定要在 ALKS 接合时,防止横向调整不足导致的车道偏离,表 6-10 描述了一种可能的 ALKS 功能安全测试场景,以测试该安全目标。

表 6-10 安全目标 1 的测试场景

测试的安全目标	当 ALKS 接合时,防止横向调整不足导致的车道偏离
自动驾驶级别	L2(有人参与)
ASIL 等级	ASIL B

(续)

驾驶场景	操作场景	在无中间隔离的城市道路上中速行驶（40~100km/h）
	系统输入	车辆偏离参考轨迹
		车辆朝向车道一侧边界行驶
故障注入	车道检测传感器	模拟其中一个车道检测传感器内部短路
		将车道检测传感器遮挡
	转向盘转角输入	模拟与ALKS的连接短路
		使转向盘角度传感器与ALKS之间的连接受到电磁干扰
	转向系统输出	在连接ALKS和转向系统控制模块的通信总线上引发通信故障
		模拟ALKS与转向系统控制连接断开
预期安全策略		检测到故障并将车辆保持在行驶车道内，或根据故障转换到适当的安全状态，如向驾驶员转换驾驶控制权

安全目标2与安全目标1相似，可以制订相近的测试场景。

安全目标3要求防止ALKS意外失效，表6-11描述了一种可能的ALKS系统功能安全测试场景，以测试该安全目标。

表6-11 安全目标3的测试场景

测试的安全目标		防止ALKS意外失效
自动驾驶级别		L2（无人参与）
ASIL等级		ASIL D
驾驶场景	操作场景	在无中间隔离的城市道路上中速行驶（40~100km/h）
	系统输入	车辆偏离参考轨迹
		车辆朝向车道一侧边界行驶
		驾驶员没有参与驾驶任务
故障注入	ALKS控制模块	模拟同时向ALKS控制模块提供主控制和辅助控制输入（例如，请求在激活转向信号的同时接合系统）
		切断ALKS控制模块的电源
		模拟ALKS控制模块内部短路
	主要/辅助控制	在脱离ALKS的主要或辅助控制中模拟短路或开路
	来自车辆其他系统的输入连接	模拟从另一个车辆系统向ALKS控制模块发出的"暂停"或"脱离"命令（如ESP或AEB）
预期安全策略		检测到故障并且ALKS保持工作状态，或根据故障转换到适当的安全状态，如向驾驶员转换驾驶控制权

安全目标 4 要求确保驾驶员和 ALKS 之间进行正确的控制转换，表 6-12 和表 6-13 分别描述了有人参与及无人参与车辆驾驶的条件下，可能的 ALKS 系统功能安全测试场景，以测试该安全目标。

表 6-12　安全目标 4 的测试场景（有人参与）

测试的安全目标		确保驾驶员和 ALKS 之间进行正确的控制转换
自动驾驶级别		L2（有人参与）
ASIL 等级		ASIL D
驾驶场景	操作场景	在无中间隔离的城市道路上中速行驶（40~100km/h）
	系统输入	驾驶员试图断开 ALKS
故障注入	ALKS 控制模块	模拟同时向 ALKS 控制模块提供主控制和辅助控制输入（例如，请求在取消转向信号的同时断开系统）
		模拟存储器故障，同时将当前操作模式写入存储器
		模拟 ALKS 控制模块内部短路
	主要/辅助控制	在脱离 ALKS 的主要或辅助控制中模拟短路或开路
		使主控制或辅助控制受到一定范围的电磁干扰
	来自转向盘角度传感器的输入连接	模拟转向盘角度传感器与 ALKS 控制模块之间的连接不稳定或开路
		在连接 ALKS 和转向盘角度传感器的通信总线上引发通信故障
预期安全策略		检测到故障并将车辆横向控制权转移给驾驶员，或根据故障转换到适当的安全状态

表 6-13　安全目标 4 的测试场景（无人参与）

测试的安全目标		确保驾驶员和 ALKS 之间进行正确的控制转换
自动驾驶级别		L2（无人参与）
ASIL 等级		ASIL D
驾驶场景	操作场景	在无中间隔离的城市道路上中速行驶（40~100km/h）
	系统输入	驾驶员没有参与驾驶任务

(续)

故障注入	ALKS 控制模块	切断 ALKS 控制模块的电源
		模拟 ALKS 控制模块内部短路
	驾驶员感知传感器	降低驾驶员感知传感器的报告频率或通信总线信号优先级
		将驾驶员感知传感器进行遮挡
	从 ALKS 向仪表显示屏的输出连接	延迟从 ALKS 到仪表显示屏的信号（例如，系统分离前的倒计时）
		从 ALKS 到仪表显示屏的连接受到电磁干扰
		模拟 ALKS 控制模块与仪表板显示屏之间的连接开路
预期安全策略		检测到故障，在驾驶员重新进入驾驶任务前不会终止控制，或根据故障转换到适当的安全状态

安全目标 5 要求确保 ALKS 与其他车辆系统或功能协调运行，表 6-14 描述了一种可能的 ALKS 功能安全测试场景，以测试该安全目标。

表 6-14 安全目标 5 的测试场景

测试的安全目标		确保 ALKS 与其他车辆系统或功能协调运行
自动驾驶级别		L2（无人参与）
ASIL 等级		ASIL D
驾驶场景	操作场景	在无中间隔离的城市道路上中速行驶（40~100km/h）
	系统输入	车辆偏离参考轨迹
		车辆朝向车道一侧边界行驶
		其他车辆系统请求 ALKS 暂停运作
故障注入	ALKS 控制模块	使 ALKS 控制模块受到一系列电磁干扰（EMI）和静电释放（ESD）
		向基础转向系统发出转矩指令（即模拟软件故障）
	来自车辆其他系统的输入连接	模拟发送至 ALKS 控制模块的损坏信号（短路、EMI 等）
		以错误的优先级暂停 ALKS 操作
预期安全策略		检测到故障并适当响应其他车辆系统，或根据故障转换到适当的安全状态，如向驾驶员转换驾驶控制权

在智能网联汽车的其他辅助驾驶系统中，可按表 6-15 所示的各项指标对测试场景进行设计。

表 6-15 指标设计

车辆运行模式	系统运行模式	情况	冻雨	大雨	大雪	雾	沙尘暴	常温	室外温度非常高(>40℃)	室外温度非常低(-40~0℃)	夜晚	强光	弱光	湿滑的地面(如树叶,湿气,冰,雪)	车内驾驶员	车外驾驶员
静止(关闭电源)	关闭	坡(下坡,上坡)														
		路边														
		停车场(室内)														
		停车场(室外)														
驾驶	关闭	坡(下坡,上坡)														
		路边														
		停车场(室内)														
		停车场(室外)														
	备用	起动														
	激活(驾驶)	前行														
		倒行														
		转弯														
		制动														
停车	关闭	坡(下坡,上坡)														
		停车场(室内)														
		停车场(室外)														
	备用	起动														
	激活(停车)	前行														
		倒行														
		转弯														
		制动														

6.4.2 测试步骤

以安全目标1中摄像头传感器失效为例，测试开始后，按图6-2所示步骤执行。

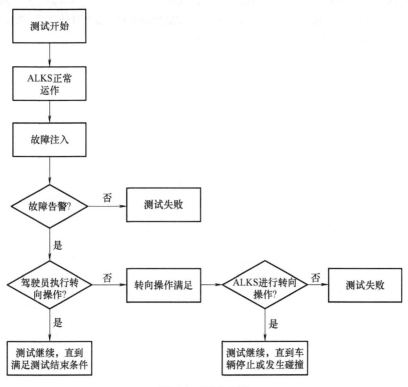

图6-2 测试步骤

6.5 本章小结

智能网联汽车的核心——自动驾驶功能的实现，依靠的是电子电气系统的集成和控制。随着自动驾驶和辅助驾驶的功能越来越全面，电子电气系统也随之变得越来越复杂，基于电子电气系统的功能安全问题正逐渐突显出来，成为汽车智能网联化发展过程中急需解决的关键问题之一。ISO 26262：2018 和 GB/T 34590—2017《道路车辆 功能安全》因此应运而生，为整个生命周期中与功能安全相关的工作流程和管理流程提供指导。本章内容基于上述标准，在功能安全概念阶段和整车层面的测试方面，以车道自动保持系统（ALKS）为例，通过相关项定义、危害风险和风险评估、安全目标的提出和安全概念的说明，对智能网联汽车的功能安全测试方法进行了简要介绍。

参 考 文 献

[1] 全国汽车标准化技术委员会（SAC/TC 114）. 道路车辆 功能安全：GB/T 34590—2017 [S]. 北京：中国标准出版社，2017.

[2] NHTSA. Functional Safety Assessment of an Automated Lane Centering System [Z]. 2018.

[3] 王俊明，周宏伟. 基于 ISO 26262 的车道保持辅助的功能安全概念设计 [J]. 重庆交通大学学报（自然科学版），2019，38（3）：135-142.

第 7 章
智能网联汽车系统级和整车级评价方法

7.1 系统级评价方法

智能网联汽车在系统层面需要对传感器、控制器等模块进行测试,并对所提交的模型、算法等进行在线测试、系统联调。测试内容主要是按照系统要求,建立统一的软件开发规范、多系统通信协议、诊断协议、电气接口规范、环境信息系统接口技术规范,形成数据层、处理层、决策层、执行层、应用层的统一架构并基于每层架构设计相应的功能行为准则和交互机制。在性能评价方面,实现自动驾驶功能测试和可靠性分析等评测体系的全方位建立,包括仿真测试、可控场地测试、示范场地测试、真实道路场景测试等四个阶段,充分考虑驾驶员的干预程度、任务的多样性以及道路交通环境的复杂性,对自动驾驶工况进行特征分解和矩阵重构,对整车感知、控制及执行系统形成测试评价的技术规范。

功能与场景测试是智能网联汽车系统级评价重要的一环,测试会考虑车辆的软件能力、硬件能力、环境影响和其他因素。其中,软件能力包括算法能力、场景适应、底层通信、资源调度等。硬件能力包含可靠性、防水、防尘、供电散热等。环境影响包括温度、湿度、天气等。对于测试功能,主要包括乘员选择目的地、人工接管、路径跟随、障碍物避让等。本节归纳了四个测试维度作为考虑的基准进行测试评价的研究,也可以根据需求增加更多的测试维度。智能网联汽车系统测试维度如图 7-1 所示。

测试功能及场景的多样性、覆盖性、典型性等都会影响测试的准确性,从而保证智能网联汽车的安全性。根据环境需求和具体设计确定功能范围,针对不同的场景进行分析并描述自动驾驶车辆的状态体现,随着功能需求的细分,场景测试也更加明确,详见表 7-1。

图 7-1　智能网联汽车系统测试维度

表 7-1　智能网联汽车系统典型功能测试场景

序号	功能	场景
1	乘客选择目的地	通过人机交互界面，调用系统导航地图，乘客可进行起始点、目的地的选择
2	人工接管	驾驶员可主动介入，分别介入横向、纵向或全部控制
3	全局路径规划	基于院区路网的自建高精度地图，自动生成导航路径，进行全局路径规划
4	路径跟随	0~55km/h 路径跟随，横向误差≤30cm
5	静态障碍物避让	对于静态车辆障碍物，采取变道、可行驶空间绕行等横向避让行为
6	动态障碍物避让	对于动态行人障碍物，选择起停、跟随等纵向避让行为
7	路口避撞	掉头、转向等场景下，针对动态障碍物主动制动避让
8	自动变道及变道抑制	在道路行驶时，通过驾驶员转向灯请求进行自动变道或抑制危险变道
9	V2X 交互	红绿灯交互
10	数据采集录制	目标级信息列表、车身状态信号、定位定姿等信息

智能网联汽车系统级测试评价流程（图 7-2）主要包括系统准备、系统标定、数据采集、回放分析、报告结论这五个步骤。其中，系统准备是测试系统的完备性，考虑场景设计、测试矩阵、硬件安装、软件部署等情况。系统标定

第 7 章 智能网联汽车系统级和整车级评价方法

包含静态标定和动态标定，静态标定考虑测距的精度，动态标定会考虑测速的精度和多车协同的状态。数据采集主要考虑总线数据、定位定姿的情况、通信信号、时间记录和感知结果。回放分析主要考虑时间同步、离线对比、地图数据、人工分析和自动处理。报告结论主要考虑感知范围、感知精度、误识别率、漏识别率和关键案例。

图 7-2　智能网联汽车系统级测试评价流程

在进行感知系统级测试时，需要选定不同的测试对象来进行测试分析。测试对象指的是在测试场景出现的其他人或者车，及其他影响自动驾驶车辆行为的物体，主要以该自动驾驶车辆上的传感器及其动态实时计算，预测车路的未来行驶方向，其测试方法也因测试对象而异，见表 7-2。

表 7-2　智能网联汽车感知系统测试对象

测试对象	测试方法	数据处理
车辆目标	至少 2 台测试平台样车，1 台作为被测目标，1 台作为待测载体。通过 RTK 记录两车的相对位置、速度等关系，通过底盘控制程序控制被测目标匀速行驶或根据场景需要的工况行驶	通过所记录数据回放分析，确定目标位置、速度、加速度、分类等数据有效性及每帧输出的识别率
行人目标	选取 1 台测试平台样车，搭载待测系统，记录激光雷达检测行人类目标检测结果，并同步记录视频	通过所记录数据回放分析，结合视频记录，分析数据有效性及每帧输出的识别率
车道线	选取 1 台测试平台样车，搭载待测摄像头，通过 RTK 记录车辆实时位置与车道线检测结果	通过记录数据，结合高精地图、定位结果分析车道线检测率
道路交通标示	选取 1 台测试平台样车，搭载待测系统，通过 RTK 记录车辆位置与检测结果	通过记录数据，结合高精地图、定位结果分析交通标示检测率
红绿灯	选取 1 台测试平台样车，搭载待测系统，通过 RTK 记录车辆位置、V2X 红绿灯信号与检测结果	通过记录数据，结合高精地图、定位结果、V2X 信号分析交通灯检测率

(续)

测试对象	测试方法	数据处理
SLAM 定位	选取 1 台测试平台样车，搭载待测系统，记录 RTK+IMU 车辆位置姿态	通过记录数据，分析每帧数据定位结果
可行驶区域	选取 1 台测试平台样车，搭载待测系统，记录激光雷达点云数据，并同步记录视频	通过所记录数据回放分析，结合视频记录，分析每帧数据 FreeSpace 有效性
泊车位	选取 1 台测试平台样车，搭载待测系统，记录场景设计、车速、识别结果等，并同步记录视频	通过所记录数据回放分析，结合视频记录，分析每帧数据泊车位检测有效性

对于感知系统的测试，分为目标检测数据、车辆总线测试数据、车辆控制测试数据、V2X 通信信号、泊车车位、测试路径等。针对三维环境可视化的目标检测场景，传感器可以获取目标的位置、尺寸、类型等，如图 7-3 所示。

图 7-3 感知系统目标、车道线、可行驶区域测试示例

对于高精度定位测试方法，App 内部某个应用部件"发起定位请求"，调用 SDK，从手机定位芯片获取 GNSS 卫星的原始观测量和导航星历，SDK 内部实现单点定位，并与服务器交互，获取增强信息，SDK 内部实现 RTK/PPP 算法，高精定位并返回给 App 应用组件，如图 7-4 所示。

下面以智能网联汽车感知系统测试为例，展示智能网联汽车系统级测试评价方法和关注的指标等。

第 7 章 智能网联汽车系统级和整车级评价方法

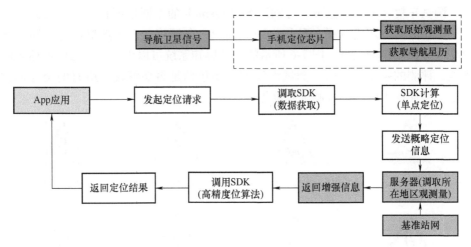

图 7-4　高精度定位系统图示

试验目的是通过收集视觉系统的测试数据，通过数据分析和对比验证的方法来判断视觉感知系统是否正常工作以及是否达到设计指标。下面是有关感知系统的测试示例，分为目标检测数据、车辆总线测试数据、车辆控制测试数据、V2X 通信信号、泊车车位、测试路径等。针对三维环境可视化的目标检测场景，传感器可以获取目标的位置、尺寸、类型等。通过大量的测试数据（视频/数据流）主观观察和数据评测，可以评价视觉感知系统的功能和性能指标。视觉感知系统在不同的测试维度下可以检查车道线、车辆、交通标识、交通灯等，在性能上可以有较好的检测精度、较低的时间延迟、较低的误报率等指标。感知系统目标检测测试数据示例如图 7-5 所示。

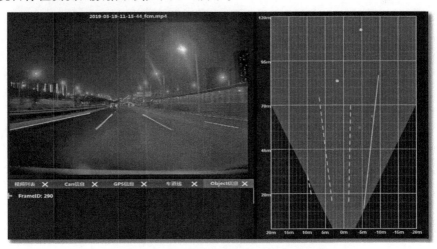

图 7-5　感知系统目标检测测试数据示例

测试车辆在上述场景下,分别以 5~130km/h 的不同速度在车道内驶向警告牌类标识方向。随机选择一种警告牌类标识,车辆将分五次随机进行感知系统对交通标识的检测测试。图 7-6 所示的是该感知系统可以识别的交通标识标志的种类,评测的维度在不同的测试维度下主要包括是否能够覆盖所有的交通标识标志、交通标识标志的检测准确度等。

图 7-6 感知系统可以识别的交通标识标志种类

测试车辆在上述场景下,分别以 5~130km/h 的不同速度在车道内驶向机动

第 7 章 智能网联汽车系统级和整车级评价方法

车信号灯。机动车信号灯初始状态为绿红黄色，车辆将分五次随机进行感知系统对交通灯的检测测试。图 7-7 所示的是该感知系统可以识别的交通灯，评测的维度主要包括在不同的测试维度下对交通灯的红黄绿以及指示箭头的检测准确度和误报率。

针对前视传感器系统的数据测试，评测的维度主要包括在不同的测试维度下对主要车辆和标识牌的检测准确度/误报率，以及位置速度等检测精度。感知系统 CAN 总线测试如图 7-8 所示。

图 7-7 感知系统交通灯识别测试

图 7-8 感知系统 CAN 总线测试

根据环视传感器系统的数据测试，可以显示地上停车场的停车位方向及尺寸，如图 7-9 所示。评测的维度主要包括在不同的测试维度下对停车位的检测准确度以及位置精度。

图 7-9 感知环视系统车位检测测试

针对动态距离测试，当本车运动、目标静止时，该场景下视觉纵向测距结果与激光雷达具有较小的误差，如图 7-10 所示。该图显示视觉系统的动态距离测试精度较高，在 40m 远的距离也可以取得较好的距离估计。

253

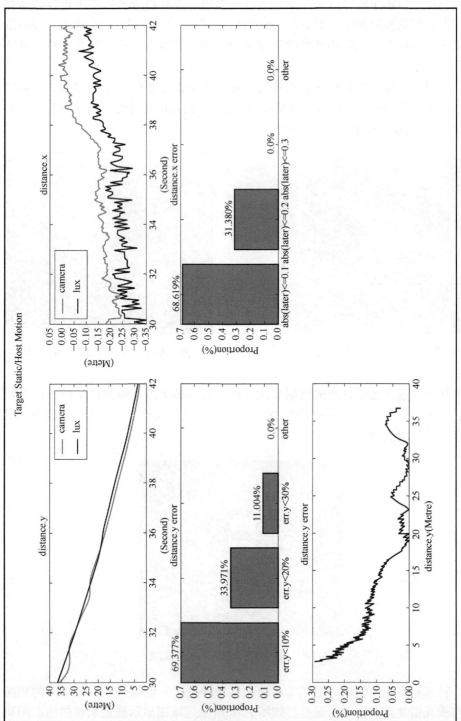

图 7-10 感知系统动态距离测试

第 7 章 智能网联汽车系统级和整车级评价方法

针对 V2X 交通信号测试，通过现有通信网络技术，实现 V2X 之间的信息流交换，工程师可以有效掌握车辆的状况，其 V2X 交通信号测试如图 7-11 所示。该图显示 V2X 通信收发正常，且时间延迟较小。

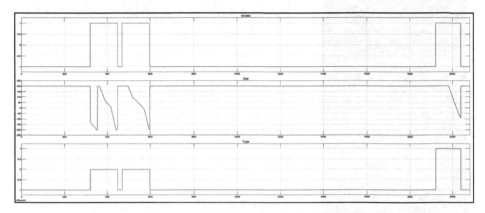

图 7-11　网联系统 V2X 交通信号测试

针对 SLAM 定位，基于地图特征，在样车行驶过程中，根据定位自车位置和姿态构建地图实现三维环境下的 SLAM 定位，采集园内的数据进行测试，如图 7-12 所示。该图显示利用激光雷达数据可以构建 3D 的点云地图，根据这些点云地图可以获得车辆的定位信息。

图 7-12　定位系统精度测试

针对高精度定位的测试，对使用 GPS，使用 GPS/DR 和使用高精 SLAM 融合定位的横、纵向误差实车数据进行对比，如图 7-13 所示。可以看出，使用高精定位的定位精度明显优于前两种定位方式，且横向、纵向误差均可稳定在米级精度。

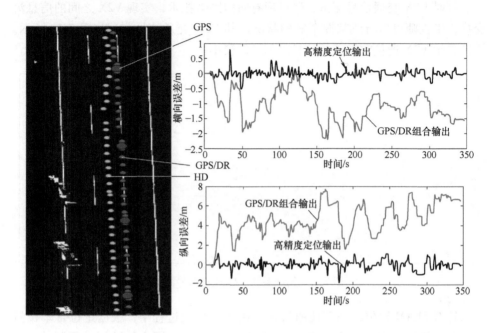

图 7-13 定位融合系统精度测试

针对高精度地图的测试，开展高精地图构建工作，对高精地图数据进行可视化、分析与评估，具体区域及数据如图 7-14 所示。该图显示了高精度地图系统具有良好的车道级信息、停止线信息、交通灯/标识信息，提供了自动驾驶车辆的行车引导线以及交通路口引导线。

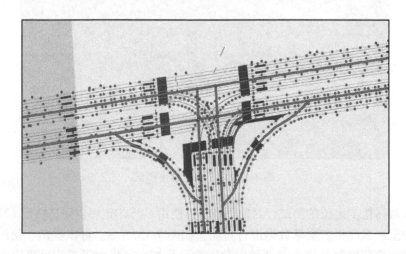

图 7-14 高精度地图可视化测试

7.2 整车级评价方法

7.2.1 智能网联汽车整车评价国内外研究现状

自动驾驶技术作为驾驶员辅助系统的终极实现形式,是当今汽车行业最热门的技术领域。其主要是指有条件的自动驾驶以及高度甚至完全的自动驾驶,可以替代人类驾驶员进行人员货物的运输工作。由于自动驾驶有诸多的优越性,因此成为未来汽车行业的发展趋势。从技术层面看,汽车始终是新技术应用的重要载体,智能网联汽车是一个集环境感知、规划决策、多等级辅助驾驶等功能于一体的总和系统,它集中运用了计算机、现代传感、信息融合、通信、人工智能及自动控制等技术,是典型的高新技术综合体。相比于传统汽车,智能网联汽车架构及功能复杂性急剧提升,潜在受影响的安全领域和场景显著增加,其产品技术、责任归属等方面与传统汽车已存在较大的差异。因此,为保证智能网联汽车安全有效地上路行驶,需建立一套多维度的自动驾驶测试评价体系,经过多方面的测试评价,以保证自动驾驶上路行驶的多种条件,如满足道路交通法律法规以保证安全性、满足驾驶员及乘客的驾乘舒适性、满足一定的效率及经济性等。

7.2.1.1 ALFUS 无人系统自动化等级评测框架

美国国家标准与技术研究院提出 ALFUS 无人系统自动化等级评测框架,如图 7-15 所示。无人系统的自主级别通过以下 3 个方面来确定:无人系统执行或能够执行的任务,各种环境中需要,以及人与人之间的交互级别。UMS

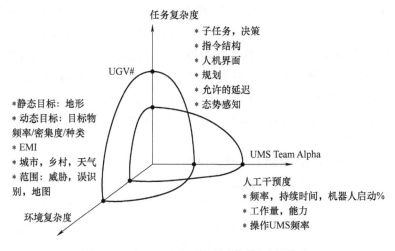

图 7-15 ALFUS 无人系统自动化等级评测框架

TeamAlpha 和 UGV 1 已经确定处于沿着 3 个轴的一定水平。然而，如何计算 UMS TeamAlpha 的分数以获得自主水平，仍然是一个悬而未决的问题。

ALFUS 的摘要模型使用一组线性量表（0～10 或 1～10）以及简明的描述语言来表示 UMS 的自主性水平。该模型的目的是提供一个概念级的自主权尺度，用于一般的参考曲面。ALFUS 自动化等级定义如图 7-16 所示。

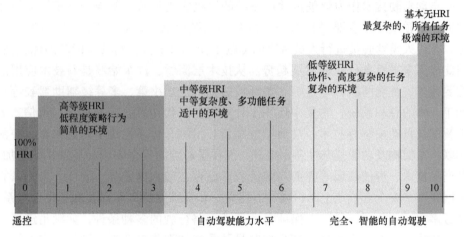

图 7-16　ALFUS 自动化等级定义

总体趋势是，机器人越能独立或协作地观察、学习、思考、计划和行动，以在困难的环境中实现指定的复杂目标，机器人的自主性就应该越高。机器人执行任务时是否有先验知识并不影响其自主性。

7.2.1.2　Pegasus 自动驾驶测试研究

Pegasus 项目主要由德国联邦经济事务和能源部（BMWi）推动，主要以 L3 级高速公路自动驾驶为研究对象，研究自动驾驶测试方法、测试工具链等内容，建立通用的技术标准、工具、自动驾驶场景，以促进自动驾驶的快速实施，为德国智能网联汽车测试认证做铺垫。为此，Pegasus 项目汇集了奥迪、宝马、TUV、IPG、dSPACE、DLR 等主机厂、供应商以及研究机构。

Pegasus 项目主要针对自动驾驶安全性测试评价，对智能网联汽车测试评价具有一定的借鉴意义。

7.2.1.3　联合国 WP29 自动驾驶标准研究

联合国世界车辆法规协调论坛（UN/WP29）智能网联汽车工作组（GRVA）是联合国在制动与行驶系工作组（GRRF）的基础上，整合智能交通/自动驾驶（ITS/AD）非正式工作组设立的新工作组，负责统筹开展联合国有关智能网联汽车法规的协调任务，其组织架构如图 7-17 所示。

GRVA 主要研究自动驾驶安全性相关标准，内容主要包括智能网联汽车的审

第 7 章 智能网联汽车系统级和整车级评价方法

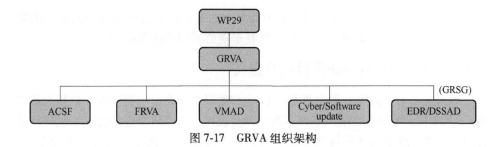

图 7-17 GRVA 组织架构

查及评估、仿真测试、封闭场地测试、开放道路测试以及功能安全、信息安全、人机交互、数据记录存储等安全性相关的多方面内容。

通过研究国内外的自动驾驶测试评价体系现状，自动驾驶测试评价可以从安全、舒适、能效、智能 4 个维度进行开展。

7.2.1.4 北京理工大学无人驾驶车辆智能水平等级划分

关于智能水平，通过调研国内外相关研究发现，北京理工大学的孙扬在 2014 年也提出了无人驾驶车辆评测模型，从任务复杂度（完成任务的数量、任务难易程度）、环境复杂度（路标情况、路况类型、路面谱、道路拓扑情况、光照、天气、障碍物以及外界干扰等）、人工干预程度（全程人工干预所占比率）3 个维度确定自动驾驶车辆智能水平（图 7-18）。另外，上述论文还基于环境类型（高速公路、城市道路、乡村道路）、关键交通环境元素的变化性及其数量、天气、光照条件和外界干扰将环境复杂度划分为 5 个等级。依此类推，论文还根据自动驾驶车辆独立完成任务的数量和任务的难度，将任务复杂度划分为 1~

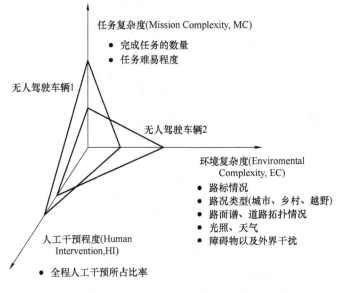

图 7-18 北京理工大学无人驾驶车辆评测模型

5 共 5 个等级，从简单的起步制动到中等难度的避让障碍物掉头以及到复杂的禁令标志情况下的路径规划，考察自动驾驶车辆的感知和决策能力。

7.2.2 智能网联汽车评价目的及意义

2020 年 2 月，国家发展改革委等 11 个部委联合印发了《智能汽车创新发展战略》，其中提到要完善智能网联汽车测试评价技术，重点研发虚拟仿真、软硬件结合仿真、实车道路测试等技术和验证工具以及多层级测试评价系统，推动企业、第三方技术试验及安全运行测试评价机构能力建设。智能网联汽车是我国从汽车大国迈向汽车强国的重要升级路径，智能驾驶作为战略性新兴产业的重要组成部分，是由互联网时代到人工智能时代过程中，出现的第一个精彩乐章，也是世界新一轮经济与科技发展的战略制高点之一。发展智能网联汽车产业，对于促进国家科技、经济、社会、生活、安全及综合国力有着重大意义。智能网联汽车的评价是整个产业中重要的环节，评价技术发展的目标是为智能网联汽车的发展方向、技术要求以及功能评测提供清晰可靠的评价依据。从智能网联汽车发展的本质要求入手，结合智能网联与自动驾驶汽车的特征性进行综合分析，全方面、多维度地评价智能网联汽车的安全性、舒适性、能耗性以及智能度指标。

智能网联汽车评价技术的发展成熟对整个智能网联汽车产业具有规范意义。在安全方面，智能网联汽车评价技术促进汽车由交通工具演变成智能平台，并推动智能网联汽车成为信息安全的焦点；在交通方面，智能网联汽车评价技术大大促进了汽车交通效率以及管理效率，为智能交通、智能城市建设奠定了基础；在社会方面，智能网联汽车评价技术推动智能产业发展，缓解劳动力短缺的矛盾；在经济方面，智能网联汽车评价技术促进智能网联汽车产业更新升级，是信息化与工业化融合的典型代表，并有潜力引领第四次工业革命；在环境方面，智能网联汽车评价技术严格评测智能驾驶能耗性，可以有效改善汽车对城市环境的污染。因此，作为技术服务中极为关键的测试评价技术，智能网联汽车测试评价技术对智能网联汽车产业以及整个社会环境都具有深刻意义。

7.2.3 智能网联汽车评价方法流程分析

智能网联汽车产业发展已经纳入国家顶层规划，地方政府、企业也在积极布局，低等级智能网联汽车开始市场渗透，行业发展将进入快车道。另一方面，国内外智能网联汽车在实际使用中和极端环境下出现的各种性能问题和安全问题也引发了消费者、行业和媒体的关注，亟待进行客观评价和引导。目前，在我国智能网联汽车产业竞争力指数评价中，大部分指标均落后于欧美日，但是在消费竞争力与社会竞争力方向具有明显优势，这说明智能网联汽车的发展对我国交通、道路、环境与能源的益处最大，在市场需求规模等层面，我国具有较好基础。

智能网联汽车（ICV）涉及汽车、电子与信息等多个万亿级市场领域，对国民经济起着重大的推动作用，各个国家均纷纷布局 ICV 相关产业。然而，目前 ICV 相关政策法规并不完善，各国 ICV 示范区的测试规程也存在差异，不利于测试结果的互认。一方面增加了企业负担，一方面也会影响 ICV 产品出口认证。中国作为全球汽车市场的重要组成部分，迫切地需要联合行业力量共同开展智能网联汽车相关测试评价技术研究，构建全球互认的评价指标，支撑智能网联汽车产品落地。

智能网联汽车测试评价流程可从评价指标体系制定、测试场景、权重制定、测试、评价 5 个方面进行开展。

基于智能网联汽车整车结构、算法的复杂性等，应从多方面多角度进行考虑智能网联汽车评价指标体系的制定，评价指标体系的制定需保证智能网联汽车评价的全面性、客观性与实用性，同时应兼顾市场中消费者对智能网联汽车功能需求与实际功能匹配程度的满意度分析，科学、严谨、全面地为智能网联汽车评价提供参考。

确定体系指标之后，需要确定各指标在体系结构中所发挥影响的大小，即各指标的权重。针对每一项评价指标赋予相应的权重，用于评分。权重评分表示在评价过程中，对被评价对象不同侧面的重要程度的定量分配，对各评价指标在总体评价中的作用进行区别对待。某一指标的权重是指该指标在整体评价中的相对重要程度。比较常见的权重确定方法有层次分析法、专家打分法、模糊分析法、最大熵技术法、主成分分析法、特征值法、灰色关联法、概率统计法等。

确定了评价指标及相应权重后，基于智能网联汽车定义的设计运行域（ODD）及自动驾驶功能制定测试场景和测试用例，应通过仿真测试、封闭场地测试、开放道路测试等进行多维度的测试。仿真测试的手段可通过模型在环（MIL）、软件在环（SIL）、硬件在环（HIL）、驾驶员在环（DIL）以及车辆在环（VIL）等多种技术开展；封闭场地测试则是通过真实的车辆在封闭场地真实道路上进行实车测试，目标物如车辆、行人等采用假车、假人，以保证封闭场地测试的安全性；开放道路测试为实车在真实的交通道路上进行测试，主要考察车辆在真实的随机交通流里的反应情况。

通过不同的测试手段进行测试后，需要对测试进行评价，而评价则需要制定评价标准，如车辆是否与目标物发生碰撞、车辆的制动减速度是否在合理的要求范围内等。通过评价标准来给每个指标进行相应的打分，最终得到评价结果。

7.2.4 智能网联汽车评价指标框架

为保障智能网联汽车测试评价指标的全面性、客观性及实用性，智能网联汽车测试评价体系可包含安全性、舒适性、能效性、智能性等方面，如图 7-19 所示。其中，安全性方面应从行驶安全、功能安全、信息安全等方面进行测评，行驶安全是指自动驾驶汽车在 ODD 内保证可预见、可预防的场景下的安全性，

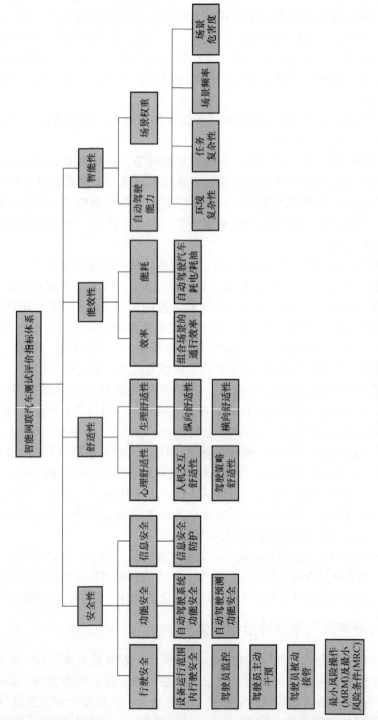

图 7-19 智能网联汽车测试评价指标体系图

以及在 ODD 边界涉及人机交互（包含驾驶员监控、接管提醒、最小风险策略以及驾驶员主动干预等评价指标）方面的安全性；功能安全包含车辆电子电器系统故障方面的功能安全，以及系统功能受限、驾驶员误用方面的预期功能安全；信息安全主要从信息安全防护水平等角度进行评价。舒适性从驾乘人员的心理舒适性和生理舒适性两方面进行测评，心理舒适性分别考虑自动驾驶汽车整车行驶状态下和涉及人机接管提醒时的驾乘人员的心理状态反应，生理舒适性分别考虑自动驾驶汽车运行状态下的最大纵向指标和最大横向指标是否在驾乘人员生理接受范围内。能效性包含运行效率和能耗两方面的评价，效率可采用自动驾驶汽车在组合场景下进行测试评价，通过时间、平均速度等指标来评价自动驾驶汽车的效率；而能耗则需通过在不同工况下评价自动驾驶汽车的油耗/电耗。智能度主要从自动驾驶能力、场景权重等多方面进行评价。

7.2.5 安全性评价

智能网联汽车的安全问题一直是公众关注的焦点，也是验证测评的首要任务。一直以来，公众对自动驾驶安全性都存在广泛质疑，一点"风吹草动"都会引起外界的重点关注，任何涉及自动驾驶汽车的事故都可能会动摇用户对自动驾驶汽车的信任，如何评价智能网联汽车安全性成了留给行业的一大难题。从安全性测评需求角度考虑，自动驾驶汽车仍面临着许多安全性方面的问题，如通过多传感器的融合全面感知车辆周围目标物的准确度及精度；设计运行域内，在可预见的和可预防的场景下，保证不发生交通事故；人机接管方面的事故责任问题等。因此，需要单独从安全性方面进行测试及评价，保证智能网联产品的安全性。

根据上节的智能网联汽车测试评价指标体系，智能网联汽车的安全性测试评价应综合考虑行驶安全、功能安全、信息安全等多方面，其中功能安全和信息安全在前面章节已经提到，本节不再赘述，行驶安全方面分为 ODD 内的行驶安全以及人机接管方面的安全，人机接管包含接管提醒、驾驶员主动干预、驾驶员监控等指标。

7.2.5.1 ODD 内行驶安全评价方法

智能网联汽车需保证在 ODD 内与其他道路交通使用者以及交通环境交互的行驶安全。基于智能网联汽车定义的 ODD 及自动驾驶功能，应通过场景库的建设、仿真测试、封闭场地测试、开放道路测试等多维度的测试，综合评价智能网联汽车的行驶安全性。

1. ODD 定义及分类

根据《汽车驾驶自动化分级》推荐性国家标准，ODD 定义为设计时确定的驾驶自动化功能的运行条件（如：道路、交通、速度、时间等）。该标准中只是简单定义了设计运行范围，目前尚无明确的标准定义如何详细设计运行范围，而自动驾驶系统设计时需从多方面进行考虑,确定自动驾驶汽车开启自动驾驶模式的条件。自动驾驶汽车所实现的自动驾驶功能与设计运行范围息息相关,如交通拥堵巡航功能(TJP)、高速公路巡航功能(HWP)、自动代客泊车功能(AVP)等都与设计运行范围相关联。

美国国家公路交通安全管理局(NHTSA)的报告"*A Framework for Automated Driving SystemTestable Cases and Scenarios*"提到,自动驾驶汽车ODD的设计应考虑道路结构、操作限制、目标物信息、环境、网联信息、区域信息等多角度,见表7-3所示。

表7-3 ODD的组成元素

ODD元素信息	道路结构	操作限制	目标物信息	环境	网联信息	区域信息
详细信息	道路类型	速度限制	交通标志	天气	车辆网联信息V2V(Wi-Fi/DSRC…)	高速/快速路
	道路表面	交通流状况	道路使用者	天气引起的路面状况	交通密度信息(V2I)	城市(特殊区域,如学校、工作区等)
	道路边缘	—	非道路使用者介入	能见度	远程管理系统	城郊/乡村
	道路几何结构	—	其他	—	—	—

下面以交通拥堵巡航(TJP)功能为例,说明ODD的定义,见表7-4。

表7-4 交通拥堵巡航ODD的定义

ODD组成元素	ODD详细信息	TJP ODD
区域信息	—	高速/快速路等封闭道路
道路结构	道路类型	双向分开道路(中间有隔离)、无交叉路口、无上下匝道
	道路表面	沥青、水泥
	道路边缘	车道线清晰、路肩、护栏、无临时车道线
	道路几何结构	直道、弯道、坡道
操作限制	速度限制	60km/h以下
	交通情况	拥堵情况(本车前、左、右都有车辆,或左、右为道路边界)

(续)

ODD 组成元素	ODD 详细信息	TJP ODD
目标物信息	交通标志	国家标准标志
	道路使用者	车辆（轿车、货车、摩托车……）
	非道路使用者	动物、行人、二轮车、交通事故、石头等临时障碍
环境	天气	晴天、多云、阴天
	天气引起的路面条件	积水、冰、积雪……
	能见度	>500lx
网联信息	V2V、V2I 等	无
	高精地图	有

2. 自动驾驶功能及测试

每个自动驾驶系统的能力可以拆分成不同的自动驾驶功能，自动驾驶功能为自动驾驶系统能够实现对车辆周围交通目标物及道路环境的识别及响应的能力，如跟随前车行驶、遵循车道线行驶、雨雪天气行驶等能力。在自动驾驶测试时，需针对每个自动驾驶系统的设计运行范围所包含的元素，划分不同的自动驾驶功能，见表 7-5，针对不同的自动驾驶功能设计测试场景和用例进行测试评价。例如，对于交通拥堵巡航系统，可分析的自动驾驶功能有跟随前车起步、跟随前车稳定行驶、跟随前车停车、邻车切入识别及响应、前车切出识别及响应等功能。针对该不同的自动驾驶功能进行设计测试场景和测试用例，用于仿真测试、封闭场地测试及开放道路测试。

表 7-5 自动驾驶典型功能示例

序 号	场 景	高速公路/快速路	城 市 道 路	乡 村 公 路
1	跟车行驶（包括停车、起步、邻车切入、前车切出等）	√	√	√
2	循线行驶	√	√	√
3	变道行驶	√	√	√
4	障碍物检测及响应	√	√	√
5	行人和非机动车识别及避让		√	√
6	对动物的识别及响应		√	√
7	对交警指挥手势检测和响应	√	√	√
8	应急车辆避让	√	√	√

(续)

序 号	场 景	高速公路/快速路	城 市 道 路	乡 村 公 路
9	超车	√	√	√
10	交通标志和标线识别及响应（包括限速、信号灯等）	√	√	√
11	道路尽头掉头		√	√
12	靠路边停车	√	√	√
13	交叉路口通行		√	
14	环形路口通行		√	
15	停车场通行		√	
16	坡道停走	√	√	√
17	匝道汇入汇出	√		
18	施工区域通行	√	√	√
19	收费站通行	√		
20	通过隧道	√	√	√
21	通过公共汽车站		√	
22	通过学校区域		√	
23	特殊天气行驶（雨、雪、雾）	√	√	√
24	夜间行驶	√	√	√
25	自动泊车		√	
26	路径规划	√	√	√

仿真测试可基于建设的场景库，通过模型在环（MIL）、软件在环（SIL）、硬件在环（HIL）、驾驶员在环（DIL）和车辆在环（VIL）等仿真测试方法，集成感知层、决策层、执行层，通过大量的仿真测试场景及测试用例进行仿真测试，并寻找极限危险场景，用于封闭场地测试。目前阶段，由于仿真测试所用的仿真工具、仿真模型的精确度、符合度等与真实的车辆存在较大的误差，因此仿真测试仅可作为测试功能性的手段，无法达到评价自动驾驶功能和性能优劣的目的，企业可用仿真测试评估其自动驾驶系统开发过程中的功能性验证。

封闭场地测试则更多是基于仿真测试中得到的极限危险场景，进行有针对性的自动驾驶功能及性能测试，具体测试方法以及评价标准可参考《智能网联汽车自动驾驶功能测试规程》。同时，可通过对比仿真测试与封闭场地测试，验证仿真测试结果。

开放道路测试基于开发的自动驾驶系统ODD，进行开放道路测试路段、测试时长或里程确定，并在开放道路测试路段进行测试。测试过程中，应覆盖自动驾驶功能涉及的场景。

3. 评价指标

（1）封闭场地测试评价指标

封闭场地测试主要针对多个自动驾驶功能进行不同的测试场景及用例进行测试，针对 L3 级以上的自动驾驶汽车，评价指标应为在 ODD 内，符合道路交通法规、不发生交通事故，否则其自动驾驶功能不应属于设计运行域内。

（2）开放道路测试评价指标

开放道路评价主要根据在测试过程中与外界环境及道路交通使用者之间交互过程中的表现，在自动驾驶车辆实际道路安全性原则基础上，选择对自动驾驶功能的碰撞事件、违反交通规则、主车跟车距离、驾驶员接管次数、自动驾驶功能异常和用户安全手册等指标进行综合评价。

7.2.5.2 人机交互评价方法

随着汽车驾驶智能化程度的不断提高，智能汽车逐步具有了自适应巡航、特定工况自动驾驶等更高级别的智能控制技术。在这个过程中，控制系统的智能化水平不断提高，其在车辆运动中所起的作用也越来越大，而驾驶员的作用逐渐被弱化。但是，完全自动驾驶（L5）级别的智能车辆距离全面商业化依然还有很长的路要走。无论是企业还是政府及行业协会，对 L5 级别自动驾驶车辆的落地商用时间均预期至少在 2030 年之后才能实现。因此，在未来很长一段时间内，智能汽车都将处于一个需要驾驶员（人）和控制系统（机）共同参与完成驾驶任务的状态。人机共驾和接管提醒如图 7-20 所示。

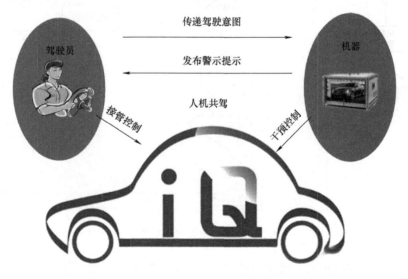

图 7-20 人机共驾和接管提醒

智能汽车的人机协同控制是一种典型的人在回路中的人机协同混合增强智能系统。人机协同控制是指驾驶员和智能控制系统同时在环，协同完成驾驶任务。现阶段国内外研究成果显示，按照不同的研究侧重和思路，大致可将人机协同控制的研究分为三类，即增强驾驶员感知能力的智能驾驶辅助、基于特定场景的人机驾驶权切换和人机共驾车辆的驾驶权动态分配。同时，由于驾驶员的状态、意图和行为对于驾驶过程有着至关重要的影响，因此，在研究人机协同控制的过程中，驾驶员的状态监测、意图识别和驾驶行为建模也占有至关重要的地位。

作为自动驾驶汽车测试评价体系中安全性的重要组成部分，人机接管与交互的安全性评价是指自动驾驶系统在出现系统极限、系统故障或驾驶员状态不可用等情况下应发出接管请求信号，请求将控制权移交给驾驶员的情况。自动驾驶系统主要从驾驶员状态、周边环境和车辆状态来分析是否应发出接管请求。人机接管与交互逻辑如图 7-21 所示。

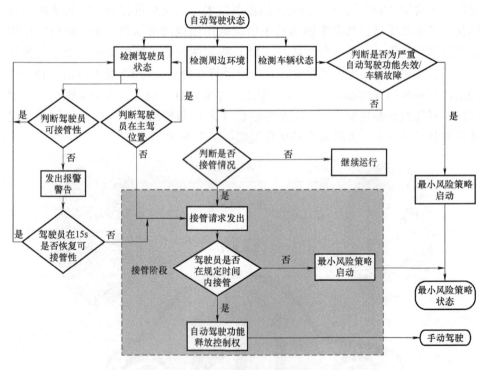

图 7-21 人机接管与交互逻辑

人机交互领域研究方面在未来的自动驾驶系统中，将更加强调"以人为本""自然、和谐"的交互方式，以实现人机高效合作。具体来讲，新一代的人机交互技术的发展将主要围绕以下几个方面：

1) 集成化。人机交互将呈现出多样化、多通道交互的特点。桌面和非桌面界面、可见和不可见界面、二维与三维输入、直接与间接操纵、语音、手势、表情、眼动、唇动、头动、肢体姿势、触觉、嗅觉、味觉以及键盘、鼠标等交互手段将集成在一起，是新一代自然、高效的交互技术的一个发展方向。

2) 网络化。无线互联网、移动通信网的快速发展，对人机交互技术提出了更高的要求。新一代的人机交互技术需要考虑在不同设备、不同网络、不同平台之间的无缝过渡和扩展，支持人们通过跨地域的网络（有线与无线、电信网与互联网等）在世界上任何地方用多种简单的自然方式进行人机交互，而且包括支持多个用户之间以协作的方式进行交互。

3) 智能化。在人机交互中，使计算机更好地自动捕捉人的姿态、手势、语音和上下文等信息，了解人的意图，并做出合适的反馈或动作，提高交互活动的自然性和高效性，使人-机之间的交互像人-人之间的交互一样自然、方便，是计算机科学家正在积极探索的新一代交互技术的一个重要内容。

4) 目前在人机交互领域，ISO已正式发布了许多的国际标准，例如，ISO/TR 21959：2018、ISO 2575：2010和ISO/TR 23049：2018等，以指导产品设计、测试和可用性评估等。然而，人机接管与交互标准的设定是一项长期而艰巨的任务，并随着社会需求的变化而不断变化。

本节内容主要包括人机接管提醒、驾驶员主动干预和驾驶员可用性监控的系统安全性测试评价。

1. 人机接管提醒

（1）一般要求

作为保证自动驾驶安全的重要措施，自动驾驶系统在出现系统极限或故障时，应尽早发出接管请求，给驾驶员足够的时间去接管车辆。如果驾驶员未及时恢复对车辆的控制，系统应能保证进入最小风险策略。因此，这就要求自动驾驶系统被激活后，能够识别驾驶员需要接管的所有情况。车辆制造商应声明车辆将对驾驶员发出接管请求的情况类型。如果出现了可预期事件，导致自动驾驶系统无法继续运行，则应尽早发出接管请求，给驾驶员足够的时间去接管车辆。一般由系统发起的接管请求称为"人机接管"，由驾驶员发起的主动去控制车辆的情况称为驾驶员"主动干预"。

因此，接管信号发出的时机特别重要。对于系统发出接管请求的情况可以分为两种，一种是系统可以预见的，比如前方驶出ODD、前方有不能识别的目标物等情况，系统应能在危险情况发生前一段时间给驾驶员发出接管请求，使驾驶员有一定时间来接管车辆；另一种是系统不可预见的，如系统功能突然失效或出现故障，则应立即发出接管请求信号。接管控制时序如图7-22所示。

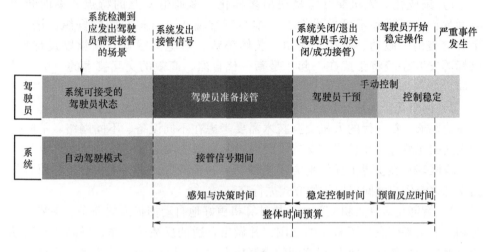

图 7-22 接管控制时序

企业可以根据自身产品设计风格及特点,设计不同的报警形式如光、声、触觉,其可通过仪表盘、安全带和座椅等具体方式来体现。每种报警形式都应确保能够被驾驶员清晰及时地获取到,其主要影响的是驾驶员接管中的感知时间。

(2)评价指标

人机接管的评价指标主要从"接管时间"和"接管质量"两方面进行评价。

接管时间是"感知与决策时间"与"稳定控制时间"之和,指从驾驶员感知到报警信号,之后通过观察周围环境做出决定再到通过控制转向盘或制动等稳定控制车辆,接管时间越短,说明驾驶员反应越快。

另一方面,接管时间的前提是接管报警信号的发出,国外有相关标准要求系统在启动最小风险策略前给驾驶员预留 10s 的接管时间,可以作为研究预警时间的参考时间。各主机厂可根据各自功能特点、车辆自身性能及不同场景,设计不同的预警时间。

接管质量是指驾驶员在"稳定控制时间"内的与前车的碰撞时间(TTC)、本车加速度等。TTC 越小说明危险程度越大,接管质量越差,本车加速度越小(制动力度越大)接管过程越剧烈,接管质量越差。

(3)场景及测试方法举例

1)场景一:高速公路段遇障碍物/即将驶入匝道——在接管请求期间解除系统控制权。

① 测试场景及用例。车辆开启自动驾驶功能后,车辆即将驶出自动驾驶功能 ODD,如图 7-23 所示。

② 测试方法。在系统发出接管请求后,驾驶员依次单独操作如下用例:

第 7 章 智能网联汽车系统级和整车级评价方法

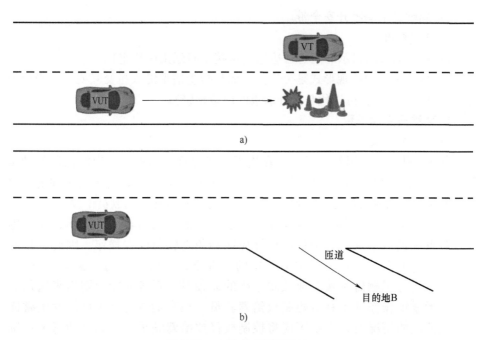

图 7-23 人机交互测试场景一

a) 驾驶员注视方向确认为主要注视前方道路+控制转向+响应接管请求。
b) 驾驶员注视方向确认为看后视镜+控制转向+响应接管请求。
c) 驾驶员根据车辆制造商定义的其他专心驾驶标准行动+控制转向。

③ 通过标准。

a) 在驾驶员完成上述 3 项操作后,车辆解除控制权的时间是否满足要求。
b) 解除系统控制权的显示方式是否清晰。

2) 场景二:高速公路平直路段(或其他 ODD 范围内),车辆处于自动驾驶功能。

① 测试场景及用例。测试道路为长直道,如图 7-24 所示。

图 7-24 人机交互测试场景二

② 测试方法。车辆在自动驾驶状态,驾驶员分别做如下动作:

a) 驾驶员站起身离开驾驶位时间>1s。

271

b）驾驶员主动解开安全带。
　　③ 通过标准。
　　a）接管信号的显示时间是否达标（可接受时延指标待定）。
　　b）接管信号的体现形式是否达标（满足接管请求的人机交互要求，安全带提醒作为二级预警，可以代替接管请求的声学预警）。

2. 驾驶员主动干预

（1）一般要求

　　自动驾驶功能在运行过程中，在周围环境允许的情况下，应能保证驾驶员顺利控制车辆。根据周围环境是否允许驾驶员的干预操作，将主动干预情况分为"无风险时驾驶员的主动干预"和"有风险未提醒时的驾驶员干预"。

　　自动驾驶系统工作时，驾驶员可以通过一定门限的转向、制动、加速等行为对系统进行干预。门限值的设计应能避免驾驶员的误操作。因此，自动驾驶系统应能在驾驶员正常主动干预的情况下，及时获取对车辆的控制权。在驾驶员无意识触碰到接管或关闭系统的途径时，系统应能识别出来这是驾驶员的无意识操作并不释放控制权给驾驶员。在车辆本身处于可能发生碰撞或其他危险的情况时，系统不应将控制权释放给驾驶员，比如自动驾驶系统正在执行制动指令来避免可能发生的碰撞时，驾驶员去踩加速踏板，此时系统不应该将控制器释放给驾驶员，即应该对驾驶员的主动干预情况进行抑制。

（2）评价指标

　　"无风险时驾驶员的主动干预"的评价主要是驾驶员的控制指令超过一定门限时，系统应立即将控制权释放给驾驶员，不存在争夺控制权的情况。同时，系统应设计最小门限，避免驾驶员的误接管情况。因此在设计评价场景时，应同时考虑误接管场景和正常场景两种情况，而具体的控制门限则根据产品不同会存在差异。

　　"有风险未提醒时的驾驶员干预"的评价主要是指当系统正在通过制动或转向来避免碰撞等危险事件发生时，驾驶员则通过加速等行为迫使危险事件发生，此时系统不应将控制权释放给驾驶员。通过模拟危险工况，使系统处于避撞行为阶段而驾驶员在加速的场景进行测试，通过判断此时是否将控制权移交作为评价的指标。

3. 驾驶员可用性监控

　　驾驶员在接管时的状态对接管质量和行驶安全有很大的影响，自动驾驶系统需要获取驾驶员在接管前的一段时间的行为状态是否具备接管能力。不同的驾驶员状态，会影响系统发出接管信号的时机，例如驾驶员在看手机时，系统就要提前一段时间发出预警信号，而如果驾驶员正在观察车辆行驶前方道路及行驶状态，那么系统就可以在稍晚的时刻发出接管信号。另外，如果驾驶员因自身原因接管失败,车辆会进入最小风险状态,这也与驾驶员状态监控有密切关系。因此,需要对系统的驾驶员状态监控系统的功能和性能进行测试评价。

(1) 一般要求

一些国内外的法规对驾驶员可用性监测进行了技术要求。ECE-TRANS-WP29-2020-081e 中对 ALKS 的自动驾驶系统接管及人机界面功能提出了具体的标准要求。此外,该标准对驾驶员的可接管性识别进行了详细要求,其相比于 FRVA 以及韩国自动驾驶相关标准,对驾驶员的状态更为严格。本标准从两个层面划定驾驶员的状态:第一层级为驾驶员的可驾驶性,具体指标为是否在驾驶位以及安全带是否扣紧;第二层级为驾驶员的可接管性,具体指标即驾驶员对车辆的控制输入、眨眼、闭眼、有意识的头部或身体移动等可体现驾驶员接管能力的动作。第一层级中任意一个可驾驶性条件不满足时,系统会立刻发出接管请求。第二层级当 30s 内满足少于两个接管性动作指标时,会判定驾驶员不具备接管能力,进而发出警报,警报 15s 后驾驶员仍未响应,即发出接管请求。

韩国国土、基础设施和运输部在全球首次制定并发布了 3 级自动化车辆制造和商业化的安全标准,自动驾驶系统安全标准对于部分自动驾驶系统接管与人机交互进行了规范要求。该标准主要涉及接管对系统的要求、接管请求的场景以及时机要求、接管请求进行过程、接管请求的体现形式、接管请求终止条件、人机交互界面、驾驶员状态监控等方面。在驾驶员可接管性方面,其相比较于 ECE-TRANS-WP29-2020-081e 更为宽松,提供了 3 个和驾驶员动作相关的指标(控制车辆、移动头部、连续睁眼),满足其中任意一个具体指标即可认为驾驶员是具备可接管性的。在驾驶员不具备可接管性后发出警告,接管请求在警告 15s 未得到响应后启动(与 ECE 一致)。

(2) 测试评价

在驾驶员状态测试方面,主要包括"公式法"和"试验法"。"公式法"利用数学模型,如模糊粗糙集评价法、层次分析法,能够将人心理感受进行量化,但主观性较强;"试验法"通过仪器测量被试者在体验时的生理反应,如脑电测试、眼动测试、功能核磁共振测试,测试结果具有较强的客观性,目前还停留在实验室探索阶段,如图 7-25 所示。

利用监测车辆运行状态参数监测驾驶员状态,具有可连续测量、价格低、无干扰的优点,即使在非常苛刻的环境条件下也具有良好的鲁棒性,且不会因驾驶员的不同而变化。可监测的数据有转向盘转向、车道偏离、紧急制动和车辆轨迹等。

在对驾驶员疲劳程度的监测方面,研究主要集中在利用视觉手段处理摄像

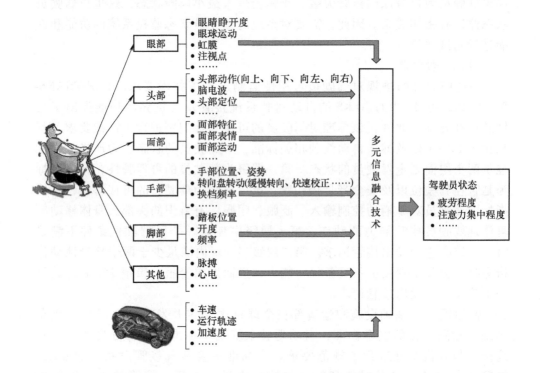

图 7-25 驾驶员可接管性测试数据来源

头采集的图像来监测驾驶员的疲劳程度。例如，通过使用配备主动红外照明器的远程定位照相机获得视频图像，通过眼部运动、头部运动、面部表情等视觉线索建立驾驶员疲劳模型。

7.2.6 舒适性评价

近年来，随着智能化技术的飞速发展，消费者对汽车智能化、网联化的需求日益提升。除了安全性等基本属性外，智能车辆新增功能对乘员驾乘舒适性的影响也受到越来越多的关注。智能车辆的驾乘舒适性通常可以分为两个层面，即驾驶性能和乘坐性能。驾驶性能是指智能车辆对驾驶者输入的响应，例如驾驶员通过转向、制动、加速等控制车辆运动状态。乘坐性能是指外部输入引起的智能车辆振动响应，例如路面不规则引起的车辆振动，车辆加减速引起的自身俯仰等。目前，世界范围内最常用的评估智能驾驶车辆驾乘舒适性的方法是主观测评方法。主观测评方法由测试者主观评级决定智能车辆驾乘舒适性的优良。国际上常用的舒适性主观评分基准见表 7-6。

第7章 智能网联汽车系统级和整车级评价方法

表 7-6 舒适性主观评分基准

评分	1	2	3	4	5	6	7	8	9	10
评价	极差			差		边界	一般	较好	好	优秀	完美
用户满意度	很不满意			不满意		不太满意	接受	较满意	满意	很满意	
产品可用度	不可用					可用					
投诉的用户	所有用户			一般用户			挑剔用户		受过培训的用户及专业人员		无用户

针对自动驾驶汽车而言，乘坐舒适性更加偏向于传统汽车的车身垂向振动、运动姿态的舒适性评价，因此自动驾驶汽车的舒适性评价应该针对驾乘舒适性进行评价。驾乘舒适性应从驾乘人员的生理舒适性和心理舒适性两方面进行测试评价。

1. 生理舒适性评价

生理舒适性是指智能网联汽车在加减速、变道、转弯过程中产生的车辆运动姿态对驾驶员和乘员生理上产生的舒适性的影响，可通过不同的场景进行有针对性的测试。除了主观评价方法外，还可以通过客观参数评价车辆纵向相关舒适性和横向相关舒适性，其中纵向相关舒适性指标包含最大纵向减速度、最大纵向加速度、匀速时速度波动率等指标，横向相关舒适性指标包含在车辆变道和转弯情况下的最大横向加速度等指标。

在舒适性测试中，如果测试用例的参数较为极限，导致车辆与目标车辆有碰撞风险，则应将涉及安全性的测试用例去除，仅测试非极限情况下的测试场景和用例。下面以最大纵向减速度舒适性测试评价为例进行介绍。

（1）测试场景及用例

测试道路为至少包含两条车道的长直道，中间车道线为白色虚线。测试车辆和目标车辆在各自车道内行驶，在测试车辆接近目标车辆过程中，目标车辆切入测试车辆所在车道，如图 7-26 所示。

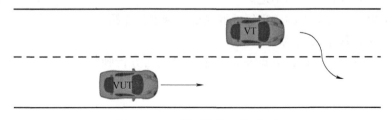

图 7-26 生理舒适性测试场景示例

(2) 测试方法

测试车辆在自动驾驶模式下以规定速度在车道内行驶,目标车辆以规定速度沿相邻车道中间匀速同向行驶。当两车纵向车距到达规定距离时,目标车辆在规定切入时间内切入测试车辆所在车道,生理舒适性测试参数见表 7-7。

表 7-7 生理舒适性测试参数

本车速度/(km/h)	目标车速度/(km/h)	开始切入相对距离/m	目标车切入过程用时/s
40	20	50	3
		30	3
60	20	50	3
60	40	50	3
		30	3
80	60	50	3
		30	3

(3) 评价指标

1) 测试车辆应能根据目标车辆切入的距离和速度,自适应调整自身速度。

2) 测试车辆应不与目标车辆发生碰撞。

3) 测试车辆不应出现过大的易引起驾驶员的生理不适的纵向减速度和减速度变化率。(其中,最大纵向减速度和减速度变化率的指标,应通过大量的驾乘人员在同一场景下进行测试体验,并进行驾乘人员的生理数据统计而得出)。

2. 心理舒适性评价

心理舒适性是指驾乘人员在乘坐自动驾驶汽车时,车辆在正常行驶过程中的行为以及在接管提醒过程中导致的驾乘人员心理上的变化。例如,自动驾驶汽车在跟车过程中距离较近,虽然自动驾驶系统能够保证车辆的安全性,不与前车发生碰撞,但从驾乘人员的心理反应上认为该种情况下是不安全的,从而会导致驾乘人员心理上的不适。

以正常行驶情况下的心理舒适性测试为例进行介绍。

(1) 测试场景及用例

测试道路为长直道,测试车辆沿车道接近前方行驶的目标车辆,如图 7-27 所示。

(2) 测试方法

测试车辆在自动驾驶模式下,以规定速度沿车道中间接近目标车辆,目标车辆以规定速度缓慢匀速行驶,心理舒适性测试参数见表 7-8。

第 7 章 智能网联汽车系统级和整车级评价方法

图 7-27 心理舒适性测试场景示例

表 7-8 心理舒适性测试参数

本车速度/(km/h)	目标车速度/(km/h)
60	20
80	40
80	60

（3）通过标准

1）测试车辆应自动调节速度实现稳定跟随目标车辆行驶并不与目标车辆发生碰撞。

2）稳定跟车距离不能超过一定限值，以避免影响心理舒适性。

人机接管情况下的心理舒适性评价可通过主观评价的方式，其评价内容主要为自动驾驶过程中车辆与驾乘人员交互过程中的图像交互、声音交互、触感交互和接管交互等对驾乘人员心理造成的不适程度。其评价指标见表 7-9。

表 7-9 心理舒适性评价指标

评价项目	交互功能	评价指标
图像交互	显示效果	提示时机
		屏幕清晰度
		图像亮度
声音交互	声音效果	提示时机
		声音大小
		声音响度
		声音频度
		声音交互品质
触感交互	触感效果	提示时机
		振动大小
		振动频度
接管交互	接管效果	提示准确性
		提示清晰度
		接管难易度

7.2.7 能效评价

自动驾驶的能效包含自动驾驶汽车运行过程中的效率和能耗。效率是考察自动驾驶汽车功能的具体性能表现，主要用来评价自动驾驶汽车场景通过效率，可通过组合场景进行效率方面的测试评价，可用平均速度、等待时间代价函数、最大理论通过速度的达成比例等指标进行评价。能耗一般以一定车速或循环行驶工况为基础、以车辆行驶一定里程的能耗或一定能耗行驶的里程数来评价。

本节提出的能效为针对单车通行效率和一定行驶里程下的能耗进行评价，即将单车放入组合测试场景中，进行综合性场景的评价。对于自动驾驶汽车的能效测试评价，以下面的测试评价方法举例。

以从 A 点到 B 点为长距离行程，在 A 点到 B 点之间测试影响效率相关的场景，包括直线路起步、前车缓行识别及响应、本车道内障碍物识别及响应、通过红绿灯路口、限速等场景。

1. 测试场景

测试道路为至少包含双向四车道的长直道与红绿灯十字路口的组合，中间车道线为黄色实线。长直道至少 2000m，整条长直道限速 60km/h，如图 7-28 所示。

2. 测试方法

本测试由起步、遇本车道内慢行车辆、本车道内遇障碍物以及通过红绿灯十字路口四组场景组合而成：①本车初始状态为静止，开启自动驾驶模式，起步行驶；②本车行驶稳定后，遇前车以 15km/h 的车速在本车道内缓慢行驶；③遇本车道内障碍物；④通过红绿灯路口，红绿灯初始状态为绿色，当本车到达路口前 50m 变成红色，10s 后变为绿色。

3. 评价指标

1）效率：3 次试验，取 3 次试验实际通过时间的最小值作为实际通过时间，评价指标为最小理论通过时间与实际通过时间的比值>80%。

2）能耗：通过组合场景循环测试 20 次，取得总电耗，转换为百公里电耗，与中国轻型汽车行驶工况（CLTC）人工驾驶工况（电动汽车）的百公里电耗对比。

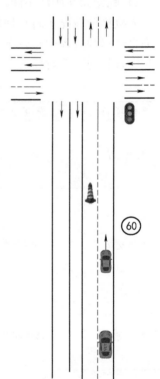

图 7-28 能效评价示例

7.2.8 SAW 智能度评价

7.2.8.1 SAW 自动驾驶智能度评价框架

从国内外目前研究成果看,智能度的评价与场景的结合不够紧密,SAW 自动驾驶智能度评价方法为"基于场景的评价",与客观场景评估模型和客观场景权重模型相结合,可实现自动驾驶智能度的客观评价。

SAW 智能度评价方法对特定自动驾驶能力进行场景测试,通过场景评价模型为测试结果进行评价,结合场景权重模型并通过加权平均对自动驾驶能力进行评价,进而实现整体自动驾驶智能度评价。SAW 自动驾驶智能度评价框架如图 7-29 所示。

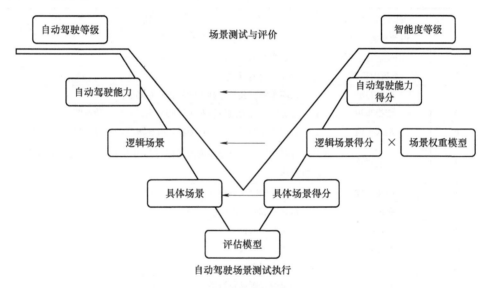

图 7-29　SAW 自动驾驶智能度评价框架

SAW 智能度评价方法是基于场景的评价方法,实际执行过程中基于道路的里程测试效果也可以进行结合。

SAW 自动驾驶智能度评价方法的核心除"场景"外,还有"评估模型"。评估模型是在场景的评价标准基础上建立起来的,这些评价标准体现了自动驾驶的智能性,评估模型的结果直接体现了当前自动驾驶系统与预期之间的差距。在应用此方法进行评价的过程中,企业可跟踪产品迭代过程中智能度的变化,针对性地进行策略优化。

SAW 自动驾驶智能度评价方法可实现同一级别自动驾驶车辆智能度评价横向对比,结合 SAE J3016 还可实现不同自动驾驶等级车辆的智能度评价的纵向对比。不过,评价指南的目的是为企业提供内部开发指导,针对不同级别自动驾驶车辆纵向智能度评价方法，本书不进行介绍。

7.2.8.2 自动驾驶能力

SAW 智能度评价内容是以自动驾驶能力进行定义的，自动驾驶能力是指自动驾驶车辆在遇到的交通条件下运行的能力，包括保持车辆在车道上、遵守交通法规以及应对其他车辆、道路使用者或常见危险的能力。NHTSA 和 PATH 等研究机构对自动驾驶车辆应具备能力进行了研究，自动驾驶公司 Waymo、TROC 等也发布过相应的自动驾驶能力。

SAW 智能度评价在已有研究成果的基础上，提出 21 项自动驾驶能力用于智能度评价，自动驾驶能力定义见表 7-10。

表 7-10 自动驾驶能力定义

序号	自动驾驶能力	说明
1	识别交通信号灯	识别信号灯状态，并按交通规则行驶
2	识别交通标志标线	识别交通标志及标线，并按交通规则行驶
3	车道内行驶	所在车道内行驶
4	跟随行驶	跟随车辆行驶，包括跟随停止和跟随起步
5	变换车道	通过转向行为进行行驶车道的变更，满足行驶意图
6	汇入车流	通过变换车道或转弯行为驶入有连续行驶障碍物的目标车道
7	智能避障	行驶车道内通过小幅度的转向行为对占用部分车道的障碍物进行避让
8	掉头行驶	通过转向以达到向反方向行驶目的
9	靠边停车	临时停靠时在路边进行停车
10	自动泊车	自动泊车入位，也包括自动泊出车位
11	通过路口	按交通规则通行路口
12	通过环道	按交通规则通行环岛
13	通过匝道	按交通规则通行匝道
14	通过主辅路	按交通规则通行主辅路
15	通过隧道	按交通规则通行隧道
16	通过桥梁	桥梁下方或立交桥上行驶
17	通过收费站	驶入并驶离收费站
18	通行服务区	驶入并驶离服务区
19	通过道路变更区域	识别道路特征的变化，并按交通法规行驶
20	识别并应对切入	识别并正确应对切入障碍物
21	识别并应对临近障碍	识别并正确应对相邻车道内行驶或静止障碍物

7.2.8.3 评价场景的选择

在进行自动驾驶能力评价时，首先要做的是如何选择评价场景以及场景参数。评价与测试不同，无法穷尽场景对一个能力进行全面的测试，需要做的是通过有限的场景实现相对全面的评价。为实现这一目的，通过对数据的分析可

第 7 章 智能网联汽车系统级和整车级评价方法

以得到一个场景分布，选取典型场景对一个能力进行相对全面的评价。

SAW 智能度的评价场景设计，主要是通过数据选取出典型场景，从多维度对自动驾驶能力进行评价。典型场景可以是从交通事故数据中选取的，也可以是从自然驾驶数据中基于场景出现的频率选择的。AAA Foundation Studay 闯红灯致死事故数据如图 7-30 所示。

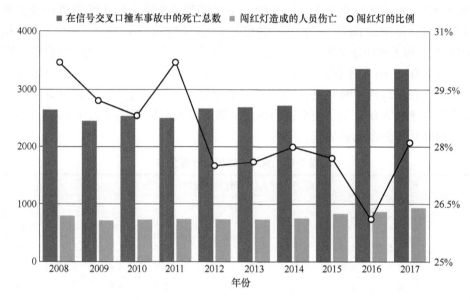

图 7-30　AAA Foundation Studay 闯红灯致死事故数据

以"识别交通信号灯"能力评价为例，AAA Foundation Study 数据显示，信号灯路口的死亡事故 28% 是由于闯红灯造成的，那么"识别交通信号灯"能力评价首先要考虑的就是自动驾驶车辆是否会出现闯红灯行为。闯红灯致死事故场景分布见表 7-11。

表 7-11　闯红灯致死事故场景分布

事故类型	分布（%）	RLR 索引	第一影响因素	分布（%）	RLR 索引
直角弯道	84	2.8	未指示（空白）	2	1.0
正面碰撞	0	0.0	无视停车信号	64	3.2
左转弯	15	0.3	无视停车标志或指示灯	15	3.0
追尾	0	0.0	驾驶员注意力不集中	4	0.7
侧滑	0	0.0	未能控制速度	1	0.1
其他类型两车事故	0	0.0	未能左转	2	0.1
单车事故	1	0.2	其他	12	0.5
总计	100	—	总计	100	—

在闯红灯的场景中,主要场景为直行遇垂直车道直行车辆、左转遇对向车辆以及单车事故,从数据可以看出,闯红灯的场景都发生在车辆直行和左转过程中。因此,评价自动驾驶车辆是否会在路口闯红灯的场景确定为直行和左转。

路口直行/路口左转的评价场景设计,涉及的主要参数为主车速度、黄灯持续时间和主车距离停止线距离,其中主车速度和主车距离停止线距离比较容易确定,黄灯持续时间的参数选择需要根据信号灯设计规则进行确认。根据NHTSA工程手册中定义的黄灯持续时间计算公式,路口黄灯持续时间设置范围应该在3.0~6.0s范围内。从理论上讲,在黄灯持续时间为3.0s的路口不闯红灯,那么在黄灯持续时间更长的路口也不会发生闯红灯行为,因此黄灯时间典型值可以选择3.0s。为了更全面的测试,黄灯持续时间可选择3.0~6.0s。黄灯持续时间计算分布见表7-12。

表7-12 黄灯持续时间计算分布

速度/	黄灯持续时间/s								
(km/h)	接近率(%)								
	-4	-3	-2	-1	0	1	2	3	4
30	3.5	3.4	3.4	3.3	3.2	3.1	3.1	3.0	3.0
35	3.9	3.8	3.7	3.7	3.6	3.5	3.4	3.3	3.3
40	4.4	4.2	4.1	4.0	3.9	3.8	3.8	3.7	3.6
45	4.8	4.7	4.5	4.4	4.3	4.2	4.1	4.0	3.9
50	5.2	5.1	4.9	4.8	4.7	4.6	4.4	4.3	4.2
55	5.6	5.5	5.3	5.2	5.0	4.9	4.8	4.7	4.6
60	6.0	5.9	5.7	5.5	5.4	5.3	5.1	5.0	4.9

除闯红灯相关评价场景外,还要设计其他典型场景以评价自动驾驶系统是否足够智能以应对这些场景,如待转区、方向指示信号灯、掉头信号灯、铁路信号灯、潮汐车道信号灯、人行横道信号灯等与"识别交通信号灯"能力相关的典型场景。

7.2.8.4 评价模型设计

SAW智能度的评价模型核心内容为评价标准,以评价标准为基础对场景评价模型进行设计。以"识别交通信号灯"能力闯红灯评价场景为例,在测试车辆左转或直行通过路口过程中遇到信号灯绿灯变黄灯时,评价标准除了要判断测试车辆是否会出现闯红灯行为,也要判断测试车辆是否会出现急制动行为、停车后与停止线距离是否符合人类驾驶行为习惯。图7-31所示为人类驾驶员停止线停车距离分布,从数据看,85%驾驶员停车后与停止线之间的距离为0~1.5m,则可以选择0~1.5m作为评价标准,也可选择众数 0.6~0.9m 作为评价标准。

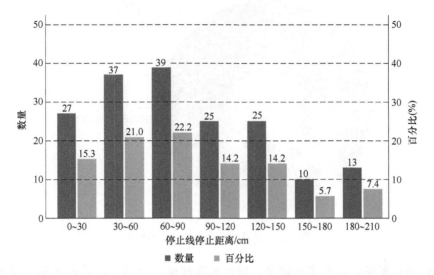

图 7-31 人类驾驶员停止线停车距离分布

为场景确定好交通规则（闯红灯）、行驶舒适（急制动）和驾驶智能（停止线停车距离）类评价标准后，可以通过减分方式或设计数学公式进行评价模型设计。闯红灯评价场景可采用减分方式进行评价模型设计，每个测试场景分数为 1 分：闯红灯扣 1 分，制动过程中出现急制动扣 0.25 分，停车后距离停止线距离不合理扣 0.25 分。

对于跟随行驶场景，评价内容为速度控制精度和跟随时距（THW），速度控制精度标准为±2km/h，跟随时距标准根据人类驾驶数据可以定义为 1.0~2.0s，也可以定义为典型值 1.5s。跟随行驶评价场景设计为

$$\text{Score} = (2 - \Delta V / \Delta V_0) \times (1 - \Delta \text{THW} / \text{THW}_0) \times \text{Points} \tag{7-1}$$

式中，ΔV 是场景测试时速度控制精度与标准差值；ΔV_0 是标准值；ΔTHW 是场景测试时 THW 与标准差值；THW_0 是标准值；Points 是测试场景定义的总分数。

7.2.8.5 场景权重

场景是存在难易的，无任何障碍物的直行行驶和路口直行遇多个连续左转车辆的场景在得分一样的情况下，对最终结论的影响程度仍是不同的，因此在进行整体分数计算时要充分考虑到场景的权重。自动驾驶场景权重模型框架如图 7-32 所示。

此方法设计的场景权重模型基于场景曝光率、场景风险性以及场景复杂性 3 个维度。场景曝光率指的是场景的概率，可以通过时间占比或者次数占比的方式进行计算，ISO 26262《道路车辆功能安全》中有相应的成果，本书参考 ISO

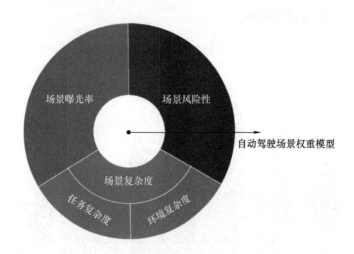

图 7-32　自动驾驶场景权重模型框架

26262 进行了场景曝光率的定义。场景风险性通过交通事故数据分析，得出行人、骑行者、车辆、摩托车等交通参与者在交通事故中的致死概率，分析得出场景中涉及这些参与者时的危险程度，形成危险性的定义。场景的复杂性从任务复杂度和环境复杂度两方面分析，基于数据对道路类型、交通流量、天气条件、光照条件、路面条件、湿度条件、温度条件以及气压条件对复杂性的影响，得出各条件发生变化时场景的复杂性，形成场景复杂性定义。最终结合 3 个要素结果形成场景权重。

SAW 智能度场景权重由"场景概率""场景风险性"以及"场景复杂性"组成。场景复杂性定义为 C1、C2、C3 3 个等级，场景风险性定义为 R1、R2、R3 3 个等级，场景概率定义为 P1、P2、P3 3 个等级。根据场景处于 3 个维度的等级，场景权重定义见表 7-13 所示。

表 7-13　自动驾驶场景权重定义

场景复杂性	C1	C1	C1	C2	C2	C1	C2	C2	C1	C3	C2	C1	C2	C2	C3	C2	C2	C3	C1	C3	C3	C2	C3	C3	C3
场景风险性	R1	R1	R2	R1	R1	R2	R1	R2	R3	R1	R2	R3	R1	R2	R1	R2	R3	R2	R3	R1	R2	R3	R1	R2	R3
场景概率	P1	P2	P1	P1	P2	P2	P3	P1	P1	P1	P2	P1	P3	P2	P2	P3	P2	P3	P2	P3	P3	P1	P3	P2	P3
总和	3	4	4	4	5	5	5	5	5	5	6	6	6	6	6	6	7	7	7	7	7	8	8	8	9
权重		1					2											3							4

2017 年，美国死亡事故报告系统（FARS）的数据显示，每 10 万注册的乘用车中交通事故受伤率为 1151，数据与每 10 万注册摩托车交通事故受伤率 1018 几乎相同，但对于致死率来说，每 10 万注册乘用车交通事故死亡

率为 10.05，但每 10 万注册摩托车的死亡率达到了 59.34，是乘用车的 6 倍。数据说明在交通事故中，摩托车比乘用车更容易发生致死事故。行人和摩托车与乘用车相比，由于无法得到额外的保护措施，在交通事故中更易发生致死事故。不过，随着科技的进步，乘用车中的乘客因获得更为合理的保护，死亡事故的占比也有所下降。SAW 场景权重模型在进行场景风险性定义时，将行人、骑行者和摩托车作为一类群体，车辆作为另一类群体进行场景风险性定义，使用过程中也可将行人、骑行者和摩托车单独考虑。SAW 场景风险性定义见表 7-14。

表 7-14 SAW 场景风险性定义

场景风险性	R1	R2	R3
描述	无碰撞风险	车辆碰撞风险，车与车之间的碰撞，也包括车与交通设施的碰撞	行人碰撞风险，包括车与行人、车与骑行者、车与摩托车之间的碰撞
例子	无障碍道路行驶	变换车道遇障碍车	行人横穿马路

参考 ISO 26262 中对场景概率的定义，SAW 场景概率定义见表 7-15。

表 7-15 SAW 场景概率定义

场景概率	P1	P2	P3
描述	低概率，对于大多数驾驶员一年发生几次或更少	中等概率，平均每月发生一次或多余一次	高概率，平均每次驾驶都会发生
例子	冰覆盖的道口	行人横穿马路	变换车道

场景复杂性考虑因素为场景所处环境以及场景涉及的驾驶任务，结合场景环境属性和任务类别对场景复杂性的影响程度，对场景复杂性的定义见表 7-16。

表 7-16 场景复杂性定义

类型	场景复杂性	等级	运动控制	道路类型	相关障碍数量	气候条件	灯光条件	路面条件
C1	容易	0	纵向	直路	≤3	良好	白天	良好
		1	纵向和横向	直路	≤3	良好	白天	良好
		1	纵向	其他	≤3	良好	白天	良好
		1	纵向	直路	>3	良好	白天	良好

（续）

类型	场景复杂性	等级	运动控制	道路类型	相关障碍数量	气候条件	灯光条件	路面条件
C2	正常	2	纵向和横向	其他	≤3	良好	白天	良好
		2	纵向和横向	直路	>3	良好	白天	良好
		2	纵向	其他	>3	良好	白天	良好
		2	纵向	直路	≤3	恶劣的天气之一，夜晚和光滑的路面		
		3	纵向和横向	其他	>3	良好	白天	良好
		3	纵向和横向	直路	≤3	恶劣的天气之一，夜晚和光滑的路面		
		3	纵向	其他	≤3	恶劣的天气之一，夜晚和光滑的路面		
		3	纵向	直路	>3	恶劣的天气之一，夜晚和光滑的路面		
C3	困难	4	纵向和横向	其他	≤3	恶劣的天气之一，夜晚和光滑的路面		
		4	纵向和横向	直路	>3	恶劣的天气之一，夜晚和光滑的路面		
		4	纵向	其他	>3	恶劣的天气之一，夜晚和光滑的路面		
		5	纵向和横向	其他	>3	恶劣的天气之一，夜晚和光滑的路面		
		6	—	—	—	更多恶劣的天气，夜晚和光滑的路面		

7.3 本章小结

本章基于智能网联汽车的整车级和系统级评价研究工作，提出了整车级测试评价指标体系框架，并阐述了安全性、舒适性、能效及智能度的测试评价方法。其中，安全性包含了设计运行范围内的行驶安全以及人机接管相关的安全性评价，舒适性包含驾乘人员的生理舒适性和心理舒适性，能效包含效率和能耗，智能度则为基于SAW方法提出的智能度评价方法。系统级评价方面从传感器、控制器等模块进行了测试评价介绍，并以感知层系统级测试评价为例，概述了现阶段业内关于系统级评价的研究状况。

参 考 文 献

[1] 孙扬, 杨贺. 无人驾驶车辆智能水平等级划分 [J]. 科技导报, 2017, 35 (17)：80-83.

[2] 孙扬. 无人驾驶车辆智能水平的定量评价 [D]. 北京：北京理工大学, 2014.

[3] ANON. Taxonomy and Definitions for Terms Related to Driving Automation Systems for On-Road Motor Vehicles [J]. SAE International. 2018, 6：1-35.

[4] 于晓东. 基于驾驶人生理指标的驾驶疲劳量化方法研究 [D]. 长春：吉林大学, 2015.

[5] 李享泰. 智能汽车人机共驾系统测试评价方法研究 [D]. 长春：吉林大学, 2020.

[6] 汪选要, 王其东, 高振刚, 等. 基于人机共驾的车道偏离防避控制 [J]. 汽车工程, 2017, 39 (7)：839-848.

[7] 赵俊玮,华珺,刘永涛.等. 不同警告方式下驾驶人应激反应能力模拟试验研究[J]. 中国安全生产科学技术. 2019 (6): 162-167.

[8] 胡云峰. 智能汽车人机协同控制的研究现状与展望[J]. 自动化学报, 2019, 45 (7): 1261-1280.

[9] 杨贵栋, 张帅乾, 王亚飞, 等. 智能驾驶汽车驾乘舒适性测评方法研究综述[J]. 上海汽车, 2019 (8): 13-21.

[10] 杨磊. 纯电动汽车能耗经济性分析[J]. 上海汽车, 2007 (8): 11-13.